Inhalt

Dokumente und Berichte

Ökumenische Persönlichkeiten

Zu diesem Heft

Liebe Leserinnen und Leser,

Welche Rolle spielen die Kirchen in Ostmitteleuropa fast 30 Jahre nach
der Wende? Bilden Sie ein tragendes Element in den Zivilgesellschaften der
ehemaligen Ostblockländer? Müssen wir unsere Ekklesiologien überarbei-
ten, um ihre Situation besser zu berücksichtigen? Um solche Fragen ging es
in einem Workshop mit ökumenischer Besetzung aus Deutschland und mehreren ostmitteleuropäischen Ländern (Rumänien, Ukraine, Tschechien, Polen, Ungarn), der im Oktober 2016 im ungarischen Berekfürdö von der Gesellschaft für Evangelische Theologie veranstaltet worden ist. Das Treffen
vermittelte einen beeindruckenden Einblick in die Pluralität ostmitteleuro-
päischer Kontexte, was wir in diesem Heft durch die Publikation der Beiträge dokumentieren. Sie zeigen, dass Situation und Rolle der Kirchen in
Ostmitteleuropa sehr unterschiedlich zu beschreiben sind. Generell gilt,
dass die Lage im Kontext eines neuen Populismus den Kirchen außerordent-
lich zu schaffen macht und sie darin eine innere wie äußere Zerreißprobe zu
bestehen haben.

Der Politikwissenschaftler *László Levente Balogh* von der Universität
Debrecen (Ungarn) beschreibt mit Sorge die wachsenden Strukturen des Populismus der Gegenwart nicht nur in der ungarischen Gesellschaft. Die
Sorge resultiert aus der Diagnose, dass der demokratische Aufbau in und
nach der Wende in einigen Kontexten verletzlich und kurzatmig vonstatten
gegangen sei, so dass dem Populismus keine zivilgesellschaftliche Kultur ent-
gegenstehe und es von der Wende zur Kehrtwende komme. *Sándor Fazakas,* Theologieprofessor an der Universität Debrecen, ergänzt dieses Bild
durch eine konzentrierte Analyse des ungarischen Transformationsprozes-
ses, in dem sich eine noch unaufgearbeitete Geschichte mit den neuen Herausforderungen regelrecht verheddert. Die Aufgaben der Kirchen sieht er

insbesondere in der versöhnungspolitischen Aufarbeitung der jüngsten Vergangenheit(en) Ostmitteleuropas.

Stefan Tobler, Professor an der Evangelisch-Theologischen Universität Sibiu, entwickelt interessante Grundlinien für das Verständnis einer Kirche, die sich als Raum einer ethnischen Minderheit (Siebenbürger Sachsen) versteht bzw. verstehen muss. Im Korreferat arbeitet die polnische römisch-katholische systematische Theologin *Elżbieta Adamiak,* seit 2016 Professorin an der Universität Koblenz-Landau, Campus Landau, heraus, wie gerade aus der katholischen theologischen Tradition Grenzlinien gegen ein Selbstverständnis als Nationalkirche erfolgen müsste. Im innertheologischen polnischen Diskurs gilt es, dieses Potential gegen Positionen stark zu machen, die in der Gefahr stehen, die Nation in einem ontologisierenden Konzept zu hypostasieren. Unter „Dokumente und Berichte" kann man eine ergänzende Beschreibung polnischer Situation lesen, die von dem evangelischen Theologen *Jakub Slawik,* Professor an der Christlich-Theologischen Akademie in Warschau, verfasst ist. Slawik berichtet vom erfolgreichen Versuch der römisch-katholischen Kirche in Polen, Themen des öffentlichen Diskurses zu bestimmen. Er weist aber auch auf skeptische Stimmen innerhalb wie außerhalb dieser Kirche hin, dass sie sich in eine konservativ-völkische (sic!) Institution entwickeln könnte. Von fortgeschrittener Säkularisierung kann hier nicht die Rede sein; die nicht-katholischen Minderheitskirchen haben ihre spezifischen Probleme in dieser Situation. *Miriam Rose,* Professorin an der evangelischen Theologischen Fakultät der Universität Jena, stellt demgegenüber Gedanken zur Neuentdeckung kreativer Potentiale von Diasporakirchen vor, die u. a. aus der Reflexion der Kulturwissenschaften zu diesem Thema gewonnen werden könnten.

Wie anders die Situation in Tschechien ist, beschreibt der katholische Privatdozent *Tim Noble* von der Karls-Universität Prag: Hier ist ein weitgehender Abbruch mit der religiösen Tradition bei gleichzeitig sich neu entwickelnden zivilreligiösen Tendenzen zu verzeichnen. Auch *Marie Anne Subklew,* die Stellvertretende Beauftragte des Landes Brandenburg zur Aufarbeitung der Folgen der kommunistischen Diktatur aus Potsdam, macht im Teil „Dokumente und Berichte" deutlich, dass die Kirchen in Ostdeutschland gesellschaftlich keine starke Nachfrage zu verzeichnen hätten.

Und wie sieht es mit Fremdenfeindlichkeit innerhalb der Kirchen aus? *Andreas Lob-Hüdepohl,* Professor an der Katholischen Hochschule für Sozialwesen in Berlin, überrascht mit Zahlen aus Deutschland: ca. 25 Prozent der Mitglieder von evangelischer und katholischer Kirche sympathisieren mit der AfD oder sind Mitglied in dieser Partei. Während des Workshops in Ungarn hatte *Pfarrer László Lehel,* der Direktor der Ungarischen Ökumenischen Hilfsorganisation „Interchurch Aid" in Budapest, das flüchtlings-diakonische Engagement seiner Organisation in verschiedenen ostmitteleuropäischen Krisenregionen dargestellt und damit ein Gespräch über die Rolle von kultureller Pluralität in einer Gesellschaft entfacht. Leider hat er seine Bereitschaft, seinen Beitrag zur Publikation freizugeben, zurückgezogen.

Zum Abschluss plädiert *Michael Welker* von der Evangelischen Theologischen Fakultät Heidelberg für eine Ekklesiologie mit theologischer Primärorientierung, mit der der Gefahr der Rechauvinisierung Europas entgegenzutreten sei. Kirche müsse sich mit theologischer Bildung und praktischer sozial-diakonischer Professionalität aufstellen.

„Dokumente und Berichte" enthält außer den beiden erwähnten Schilderungen Ostdeutschlands und Polens einen weiteren persönlichen Erfahrungsbericht: *Sergii Bortnyk* von der Ukrainischen Orthodoxen Kirche des *Moskauer Patriarchats* in Kiew gibt Einblick in Spannungen und politische Verschränkungen der orthodoxen Kirchen in der Ukraine. Er möchte aber die unterschiedlichen Strukturen seiner und der ukrainisch-orthodoxen Kirche des *Kiewer Patriarchats* nicht einfach in der Polarität von prorussisch und antirussisch aufgehen sehen.

Der Workshop wurde gefördert durch Zuschüsse von der Nordkirche, der Evangelisch-Lutherischen Kirche in Bayern, Oldenburg, im Rheinland und in Hannover, vom Lothar-Kreyssig-Ökumenezentrum in Mitteldeutschland, vom Reformierten Kirchendistrikt Jenseits der Theiss/Debrecen, von der Laubach-Stiftung, Renovabis, dem Gustav-Adolf-Werk und dem Reformationsjubiläums-Fonds der ungarischen Reformierten Kirche „Reformacia 500".

Zu allerletzt gilt es, auf einen Nachruf hinzuweisen: Der unermüdliche Ökumeniker, mit dessen Namen die deutsche ökumenische Bewegung seit der zweiten Hälfte des 20. Jahrhunderts verbunden ist, ist tot: *Günther Gaßmann.* Wir trauern, auch um das Ende einer Ära.

Im Namen des Redaktionsteams

Ulrike Link-Wieczorek

Von der Wende zur Kehrtwende – Politische Transformationsprozesse in Zentral- und Osteuropa nach 1989

László Levente Balogh[1]

Einleitung

1991 erschien ein schmaler Band mit dem rätselhaften Titel „Haben wir es kommen sehen?". Es war eine Essaysammlung, die eine Tagung vom 7. Dezember 1990 in Budapest dokumentierte.[2] Dabei wurden in erster Linie Philosophen, Soziologen und Politikwissenschaftler aus Ungarn gefragt, ob und inwieweit sie die Wende von 1989 vorhersahen und wie sie sie bewerten. Alle Teilnehmer versuchten, Erklärungen und ausführliche Analysen zu geben, aber am Ende stellten sie meistens ehrlich fest, dass sie sich die Umbrüche in dieser Tiefe und Geschwindigkeit gar nicht vorstellen konnten. Diese abgründigen und raschen Umwälzungen überraschten offensichtlich nicht nur die Sozialwissenschaftler, sondern die Politiker, die Experten und die breite Bevölkerung. Die Unmöglichkeit aller Prognosen lag aber nicht allein am Mangel entsprechender sozialwissenschaftlicher Methoden, sondern entstammt auch der politischen Natur der Wende.

Im Symboljahr 1989 haben sich viele langwierige Vorgänge verdichtet, die seit Mitte der1980er Jahre die politische Landschaft von Mittel- und Osteuropa deutlich bestimmten und sich nach dem Höhepunkt der friedlichen Revolutionen von 1989 noch viele Jahre auf die Zukunft – bis zur heutigen Gegenwart hin – auswirkten. Der Unabsehbarkeit entsprechend

---

[1] Dr. László Levente Balogh ist Dozent am Lehrstuhl für Politikwissenschaft der Universität Debrecen und Autor mehrerer Fachaufsätze der Aufarbeitung und politischer Ethik sowie Referent auf internationalen Tagungen der Bundeszentrale für politische Bildung.

[2] Láttuk-e, hogy jön? Twins Konferencia-Füzetek I. T-Twins Kiadói és Tipográfiai Kft, Budapest 1991.

erlebten die Menschen in Mittel- und Osteuropa die Ereignisse als eine Art Wunder. Demnach wurde das Jahr 1989 *annus mirabilis* genannt. Obwohl die Bedeutung des Jahres 1989 außer Frage steht, waren die Konsequenzen in den darauffolgenden Jahren, die damals noch kaum erahnt werden konnten, viel wichtiger. Wenn wir annehmen, dass das Hauptmerkmal dieser historischen Epoche, im Hinblick auf die „sanften" Revolutionen und ihre Konsequenzen, die Unabsehbarkeit war, so stellt sich die Frage: Was folgt aus dieser grundlegenden Charakteristik der Ereignisse?

Da die Akteure, sowohl die Bevölkerung als auch die Elite, völlig unvorbereitet auf die Umbrüche waren, mussten sie von Anfang an improvisieren und meistens auf Bekanntes zurückgreifen. Dies hatte zur Folge, dass die neuen Eliten darüber nicht lange nachdenken wollten, wie es weitergehen sollte und was für ein neues System aufgebaut werden sollte. Das Nachdenken über ein politisches System, das als Alternative zur liberalen Demokratie und Marktwirtschaft hätte dienen können, wurde völlig ausgespart. Dies geschah aber nicht aus intellektueller Bequemlichkeit oder Faulheit, sondern weil es den Eliten von Anfang an klar war, dass sie ein westliches System errichten wollen, sowohl im wirtschaftlichen als auch im politischen Sinne, unter welchem aber oft der westliche Wohlstand und nicht unbedingt die westliche Freiheit verstanden wurde. Ob und inwieweit die dazu nötigen Bedingungen in Mittel- und Osteuropa zur Verfügung standen, war keine Frage. In diesen Vorstellungen spielten offensichtlich Naivität und Fatalismus eine entscheidende Rolle, die mit einem weit verbreiteten, aber unbegründeten Enthusiasmus einhergingen. Diese Einstellungen sahen aber meistens nur einfache und schnelle Lösungen für schwierige und dringende Probleme vor, die sich aber über Jahrzehnte hinwegzogen und tief in der Gesellschaft verwurzelt waren. Nach diesen Vorstellungen brauchte man nur entsprechende politische und wirtschaftliche Institutionen einzuführen, und der Wohlstand käme von selbst. Das Rezept, wie die Länder Mittel- und Osteuropas ein neues System begründen wollten, war fertig, aber es war ein „Kochbuch-Kapitalismus und eine Kochbuch-Demokratie" – jedoch ein Kochen ohne Zutaten.

Nicht allein Naivität und Fatalismus spielten dabei eine erhebliche Rolle, sondern auch der Kontext und der Zeitgeist der Lehre vom „Ende der Geschichte" von Francis Fukuyama. Sie war ja ursprünglich mit einem Fragezeichen versehen, aber das verschwand angesichts der weltpolitischen Geschenisse von 1989–1991 spurlos. Die Behauptung eines unaufhaltsamen Vormarsches der liberalen Demokratie bedeutete, dass die Überlegenheit der westlichen Werteordnung bekräftigt wurde und deshalb überall von den westlichen Mächten anerkannt und unterstützt sowie mit dem Versprechen ergänzt wurde, dass die Länder Mittel- und Osteuropas

144 bald in die Institutionen des Westens integriert würden.[3] Der Fall des real existierenden Sozialismus wurde als Sieg interpretiert und verstärkte das Gefühl der Alternativlosigkeit. Das westliche Modell der Marktwirtschaft und der Sozialstaatlichkeit erschien plötzlich als Erfolgsmodell, dessen Krisensymptome und inhärente Spannungen verschwiegen oder zumindest in Klammern gesetzt wurden. Die Betonung dieser beiden Aspekte erübrigte das Nachdenken über reale Alternativen für ein neu aufgebautes politisches System. Wenn man den damaligen Akteuren gerecht werden möchte, muss jedoch hinzugefügt werden, dass diese Entscheidungen am Beginn des Tranformationsprozesses nicht ein für alle Mal über Erfolg und Misserfolg des ganzen Prozesses entschieden.

1. Charakteristik der Wende – Revolution oder Reform?

Nach einer allgemeinen Vorstellung ist eine Revolution durch ihre Geschwindigkeit und Gewalttätigkeit gekennzeichnet, die sie als deutlichste Merkmale von einer evolutionären Entwicklung grundsätzlich unterscheiden. Im Fall von 1989 handelte es sich um eine Reihe unkonventioneller Revolutionen, deren formelle Merkmale waren, dass sie sich meistens ohne Gewalt und Radikalisierungstendenzen – mit Ausnahme von Rumänien – abspielten und oft als ständige Reformprozesse durchgeführt wurden. Die gemeinsame Unkonventionalität heißt aber noch lange nicht, dass sich die Tranformationen in den verschiedenen Ländern bezüglich Länge und Intensität gleich abgespielt hätten. Jedes Land ist anders, und eine eher normative Annäherung, die die Unterschiede außer Acht lässt, kann auf die Einzelheiten nicht eingehen und muss sich mit den oberflächlichen Ähnlichkeiten der Zeit und der weltpolitischen Situation begnügen. Die Umstände der Umbrüche hingen von der politischen Kultur und Qualität der Diktatur in den jeweiligen Ländern ab. Daher muss man die Relevanz der nichtpolitischen, wirtschaftlichen und gesellschaftlichen strukturellen Faktoren hervorheben, weil sie auf den Gesamtprozess einen starken Einfluss hatten. Ohne diese Faktoren zu berücksichtigen, könnte die Transformation nur als mangelhaft interpretiert werden. In Ungarn und in Polen spielten sich die „Revolutionen" bei den Verhandlungen am runden Tisch ab, die dann erhebliche Kontinuitäten für die alten Eliten ermöglichten. Trotz aller formellen Ungewöhnlichkeit waren sie inhaltlich doch Revolutionen, weil der Prozess mit der Gründung einer neuen politischen Ord-

---

[3] *Dieter Segert:* Transformationen in Osteuropa im 20. Jahrhundert, Wien 2013, 163.

nung einherging. Hier handelte es sich also um eine Mischung von Revolution und Reform, was das von Timothy Garton Ash gebildete Wort *Refolution* – halb Reform und halb Revolution – deutlich auszudrücken vermag.[4] In der Tschechoslowakei und in der DDR waren die Revolutionen von Anfang an mit dem Adjektiv „sanft" versehen, das besagt, dass die alten Eliten unter dem Druck der Massen handelten und auf ihren Legitimitätsverlust mit dem Verzicht auf ihre Macht reagierten.

Bei der Analyse der Ereignisse dürfen wir die Rolle der damaligen „Dissidenten" nicht vergessen, obwohl sie auch nicht überbewertet werden darf. Die Annahme eines weit verbreiteten Einflusses der „Dissidenten" wäre wahrscheinlich falsch, weil sie, trotz ihres unbezweifelbaren Mutes und ihrer Standhaftigkeit, in ihrer Situation nur in bestimmten Kreisen der Bevölkerung eine Wirkung haben konnten. Die „Dissidenten" verfügten über keine einheitlichen politischen Programme oder Vorstellungen. Was ihre Anliegen auszeichnete, war die nicht- oder sogar antipolitische Natur ihrer Forderungen, die also nicht auf eine Machtübernahme abzielten, sondern sich in erster Linie auf die normalisierenden Tendenzen der Umbrüche – wie der Wiederherstellung der Menschenrechte und der freien Zivilgesellschaft – bezogen. In diesem Sinne können wir nach Jürgen Habermas über „nachholende Revolutionen"[5] sprechen, die also keine genuin neuen Ideen der Politik aufbringen, sondern „lediglich die Angleichung an die im Westen bereits erkämpften Rechte einforderten".[6]

2. Der Prozess der Konsolidierung

Nach der Krise und dem Legitimitätsverlust der alten Regime kam der mehr oder weniger freiwillige Machtverzicht der regierenden kommunistischen Parteien, die aber an bestimmten Stellen – Wirtschaft, Gewaltapparat, Geheimdienste – ihren Einfluss oft weiterhin beibehielten. Trotz der erheblichen Kontinuitäten auf dieser Ebene konsolidierten sich die Verhältnisse der Politik sehr schnell. Durch neue Verfassungen oder Verfassungsänderungen wurde es möglich, die grundsätzlichen Freiheitsrechte – Versammlungsfreiheit, Meinungsfreiheit, Pressefreiheit – zu etablieren, die

[4]   *Timothy Garton Ash:* Revolution in Hungary and Poland, New York Review of Books, 17. August 1989.
[5]   *Jürgen Habermas:* Die nachholende Revolution: Kleine politische Schriften, Franfurt a. M. 1990.
[6]   *Aron Buzogány:* 25 Jahre 1989: Osteuropa zwischen Euphorie und Ernüchterung; in: Aus Politik und Zeitgeschichte 24–26 (2014), 10–15.

dann zur Beschleunigung der Transformationsprozesse deutlich beitrugen. Nach der Phase der Liberalisierung kam eine rasche Demokratisierung, als die Institutionen der Demokratie, wie die Parteien, Verbände und Gewerkschaften, neu- oder wiedergegründet wurden. Diese gesellschaftlichen Instanzen waren am Anfang entweder durch eine belastete Vergangenheit oder durch lose und niedrige Organisation gekennzeichnet, die dann als eine sehr schwach und sporadisch organisierte Zivilgesellschaft beim Vertreten der gesellschaftlichen Interessen kaum eine Rolle spielen konnte. Zu Beginn war dies paradoxerweise von großem Vorteil, weil die geringe Beteiligung von Massenakteuren an politischen Prozessen zu einer schnelleren Etablierung der demokratischen Institutionen führen konnte. Dieser anfängliche Vorteil erwies sich aber später als erheblicher Nachteil, da die Bürger und Bürgerinnen ihre Macht und Möglichkeiten bei der Einflussnahme der Politik nicht erfahren konnten und dadurch auch entmutigt wurden. Die Politik wurde im Ganzen eine Sache der Parteieliten, die ihre Tätigkeit ohne Einmischung und Kontrolle der Zivilgesellschaft für einfacher und reibungsloser hielten. Unter diesen Umständen kam der Konsolidierungsprozess schnell voran, jedoch mit schweren Widersprüchen. Die Stabilisierung der politischen Institutionen bedeutete noch lange keine Gewöhnung an das demokratische Verfahren. Die politische Kultur muss eigentlich bis heute mit den Problemen der antidemokratischen Traditionen der Zwischenkriegszeit und des Staatssozialismus ringen. Diese belasteten und belastenden Traditionen können die „Herausbildung einer Staatbürgerkultur als soziokulturellen Unterbau der Demokratie" deutlich erschweren. Die Etablierung einer demokratischen politischen Kultur kann tatsächlich „Jahrzehnte dauern und erst durch einen Generationswechsel besiegelt werden".[7]

„Trotz der bleibenden Probleme der demokratischen Konsolidierung (...) können zumindest für die ostmitteleuropäische Region deutliche Erfolge verbucht werden. (...) Gemessen an historischen Maßstäben drängt sich dabei der Eindruck auf, dass die Ausweitung der Demokratie in diesem Teil Europas als großer Erfolg gewertet werden muss: Bessere Jahre als die zurückliegenden zwei Dekaden hat es in der Region kaum gegeben. Auch im Vergleich mit Lateinamerika, Asien oder Afrika steht die demokratische Entwicklung Ostmitteleuropas beeindruckend da."[8] Wenn man den Ge-

---

[7] *Wolfgang Merkel:* Gegen alle Theorie? – Die Konsolidierung der Demokratie in Ostmitteleuropa; in: *Uwe Backes, Tytus Jaskulowski* und *Abel Polese* (Hg.): Totalitarismus und Transformation. Defizite der Demokratiekonsolidierung in Mittel- und Osteuropa, Göttingen 2009, 27–48.
[8] *Buzogány,* 25 Jahre, 11.

samtprozess bewerten möchte, muss man auch verstehen, dass die gewollten Veränderungen sehr oft unintendierte Nebeneffekte haben, und es wäre billig und ungerecht, die damaligen Akteure für unsere heutigen Schwierigkeiten verantwortlich zu machen.

3. Zwischen Hoffnung und Ernüchterung

Nach dem Abklingen des großen, aber kurzlebigen Enthusiasmus der „Stunde null" kamen sehr schnell schwere Irritationen auf.[9] Es stellte sich plötzlich heraus, dass der Mangel an demokratischen Traditionen und das postkommunistische Erbe den Nachvollzug der gleichzeitigen Entwicklung der Demokratie und Marktwirtschaft erschwerten oder sogar unmöglich machten. Die Probleme gingen einerseits von dem Mangel an demokratischen Traditionen, andererseits von der Wende selbst aus. Damit tauchten auch die Schwierigkeiten der „Gleichzeitigkeit" auf, die darauf verwiesen, dass die Transformationsländer alles – Demokratie, Marktwirtschaft und Wohlstand – auf einmal und möglichst schnell vollbringen müssen, was aber eine Denkunmöglichkeit darstellt.[10] Diese Art von Transformationen waren und sind historische Prozesse, die in der Entwicklung des Westens auch Jahrhunderte oder mindestens Jahrzehnte brauchten. Dieses Dilemma ist bis heute eine große Herausforderung, da trotz aller Erfolge die Ansprüche an Demokratie und Martwirtschaft deutlich wuchsen, was dann notwendigerweise zur Überlastung und dadurch auch zur Enttäuschung führte. Man kann an dieser Stelle natürlich nicht alle sich dadurch ergebenden Schwierigkeiten auflisten, daher werden hier nur drei wichtige politisch-kulturelle Aspekte hervorgehoben.

Nach dem Zusammenbruch des realexistierenden Staatssozialismus entstand ein ideologisches Vakuum. Aus der Wende konnten sich wegen der Zeitnot und wegen der eindeutigen Verpflichtung zur westlichen Demokratie keine neuen politischen Ideen oder Gesellschaftsvorstellungen herauskristallisieren. Viele erklärten diese Phase als ein postideologisches Zeitalter, das nach dem stark ideologisierten Kommunismus endlich alle Ideen als Utopie brandmarken und dadurch auch erübrigen kann. Jede Epoche braucht aber ihre Ideen, damit das politische System legitimiert werden kann. In dieser Region versuchte man, anstatt neue Ideen zu einer

---

[9] *Segert,* Transformationen, 165.
[10] *Claus Offe:* Das Dilemma der Gleichzeitigkeit. Demokratisierung und Marktwirtschaft in Osteuropa; in: Merkur. Bd. 4, Nr. 505 (1991), 279–292.

postdiktatorischen Identität zu entwickeln, sich an die Ideen der Zwischenkriegszeit anzuschließen, die aber keineswegs den demokratischen Forderungen der neuen Epoche entsprachen. Mit der wiedergewonnenen staatlichen Souveränität kam auch ein starker Nationalismus auf, der oft an die Stelle der ehemaligen Leitideologie trat. Nach der Unterdrückung der nationalen Gefühle war dies als eine Art Gegenreaktion auf den Internationalismus gewissermaßen verständlich, führte aber oft zu Reibungen zwischen den Nationen Mitteleuropas und verhinderte ein natürliches Zusammenwirken unter den Nationen. Dass dieses Problem nicht überall verschärft wurde und nicht wie in Jugoslawien zu Krieg oder Bürgerkrieg führte, war meistens der Europäischen Union zu verdanken, die als Reformanker diente und den Nationalismus nicht duldete.

1. Von Anfang an gab es Probleme mit unbewältigter Vergangenheit, die sich sowohl auf die Zwischenkriegszeit oder auf den Zweiten Weltkrieg selbst als auch auf die Epoche des Kommunismus bezogen. Der Abschied von alten kollektiven Identitäten brachte jedoch gleichzeitig die Bildung neuer Identitäten mit sich, die aber nie abgeschlossen waren, sondern sich ständig im Fluss befanden, da sie immer von den jeweiligen politischen, gesellschaftlichen, wirtschaftlichen und kulturellen Situationen abhängig sind. Weil politische und kulturelle Identitäten allerdings äußerst fragil und vergänglich sind, benötigen sie fast immer eine langfristige, zumeist imaginierte Kontinuität, die jedoch mmer wieder neu konstruiert werden muss. In diesem Kontext gewährleistet die Imagination eine Kontinuität und die politische Instrumentalisierung ist für den ständigen Wandel verantwortlich.

Die Umbrüche in der Form einer „sanften Revolution" machten eine Kontinuität möglich, was unter anderem dazu führte, dass auch dieser Abschnitt der Geschichte bis heute noch nicht historisiert wurde und die Vergangenheitsaufarbeitung mit allen damit verbundenen Konsequenzen zu einem Spielball der Parteipolitik wurde, der für die jeweiligen Zwecke instrumentalisiert wurde. Man könnte sagen, dass mit den politischen, gesellschaftlichen und kulturellen Umbrüchen in Mittel- und Osteuropa in den Jahren 1989/90 die eigene Geschichte in die Politik zurückkehrte. Die Rückkehr der Geschichte wird immer dann bemüht, wenn Brüche mit der Vergangenheit entstehen und die Geschichte als Begründung und als Legitimationsinstanz einer neuen Gegenwart umgeschrieben werden muss, um Kontinuitäten oder Diskontinuitäten auf verschiedenen Ebenen zu konstruieren. Im Zuge dieses Prozesses wurden dann die Schichten der Erinnerungen neu strukturiert und hierarchisiert, wodurch eine neue kollektive Identität entstand, in der neue und alte Elemente miteinander verwoben wurden. Durch den Zusammenbruch der ehemaligen staatssozialistischen Systeme entstand eine Kluft zwischen Vergangenheit und Zukunft, die ein Signal für die Infragestellung der politischen Legitimation darstellte. Durch diese Leerstellen entstand aber auch die Notwendigkeit einer neuen Basis der Legitimation, die sozusagen ein „neues altes Gedächtnis" benötigte. Zu diesem Zwecke mussten neue Orientierungspunkte gesetzt werden, die natürlich nicht ohne einen Rückgriff auf die Vergangenheit auskommen konnten. Da die Geschichte in diesem historischen Moment neu bewertet wurde, fielen bald zahlreiche alte Tabus, und es wurde mit angeblichen historischen Notwendigkeiten gebrochen. Dies alles führte zu einer Pluralisierung der Geschichte, in deren Folge auch kompetitive Erinnerungen und Identitäten zu Tage gefördert wurden, von denen allerdings keine mehr eine dominante Rolle spielen konnte. Dadurch begann aber auch unter verschiedenen Elitegruppen ein Kampf um Deutungshoheit und Identitätsstiftung. Die Kämpfe wurden in erster Linie politisch ausgetragen, da Identitäten auch eine Art parteiische Stellungnahme darstellten. Diese Debatten über die Vergangenheit verweisen auf eine extreme Polarisation innerhalb der Gesellschaft und unter den Parteien, die aber überall auf der Ebene der symbolischen Politik zu erfahren sind, wo die Meinungsäußerungen zu historischen Fragen politische Stellungnahmen darstellen und parteiliche Bruchlinien markieren.[11] Solche Probleme sind klare Zeichen eines Mangels an Streitkultur und Kompromissfähigkeit.

2. Es ist ein Widerspruch in sich, dass in diesen Ländern ein sehr starkes Misstrauen gegenüber Institutionen mit hohen Erwartungen an den Staat einhergeht. Dies führt einerseits zu einem übermäßigen Etatismus, andererseits aber notwendigerweise zur Enttäuschung, weil der Staat nicht mehr in der Lage ist, seine angeblichen – und ständig wachsenden – Aufgaben zu erfüllen. Der Staat wurde nach der Wende im Namen der Ideologie des wirtschaftlichen Neoliberalismus – alles, was staatlich oder gemeinnützig ist, ist ineffektiv und vewerflich; alles, was privat ist, ist gut und effektiv – deutlich geschwächt. So ging der Abbau des Sozialstaates in diesen Ländern ohne Widerstand voran und die deutlichen sozialen Verluste wurden als Preis der Transformation angesehen. Das soziale Netz funktio-

---

[11] *László Levente Balogh/Harald D. Gröller:* „Mit Geschichte will man etwas!" Erinnerungs- und Gedächtnisorte in Debrecen, Wien 2011.

nierte nicht mehr und die Ungebildeten und Schwachen wurden die ersten Verlierer, die bis heute eine sich ständig erweiternde und völlig ausgelieferte Unterschicht bildet. Diese Schicht war nicht in der Lage, sich aus eigener Initiative heraus zu gründen. So haben sich ihre hohen Erwartungen gegenüber dem Staat bis heute erhalten, weil sie ihn für den einzigen Garanten für das Überleben halten. Dies alles verweist auf eine schwache Zivilgesellschaft, die nicht in der Lage ist, diese Vorgänge zu bremsen oder ihnen entgegenzusteuern. Die Zivilgesellschaft etabliert sich nur in den oberen, gebildeten und wohlhabenden Schichten, die dann meistens ihre eigenen Interessen vertreten und nicht für soziale Gerechtigkeit und Solidarität einstehen. Die Organisationsfähigkeit der unteren Schichten ist im allgemeinen sehr schwach und dementsprechend werden sie von der Politik und anderen Schichten vernachlässigt. Diese Schwachheit erscheint als ein institutionelles Problem, obwohl sie in erster Linie auf gesellschaftliche und politische Gründe zurückzuführen ist. Die Gewerkschaften und Verbände sind oft diskreditiert und schwach organisiert und können daher ihre Interessen weder vertreten noch verteidigen. Breite Schichten der Bevölkerung bleiben ohne irgendwelchen Schutz und suchen oft die Hilfe des Staates oder im schlimmsten Fall der populistischen Parteien.

4. Krise? Welche Krise?

„Nachdem zuerst alles möglich gewesen schien, entstand nunmehr der Eindruck, als gehe gar nichts mehr. Die Annäherung des unglücklichen Ostens an den glücklichen Westen schien für einen großen Teil der Gesellschaften des ehemaligen Staatssozialismus zu Ende, bevor sie überhaupt richtig begonnen hatte.“[12] Nach der Wende wurden bürgerliche Freiheit erreicht und politische Institutionen etabliert, aber die Verbesserung der wirtschaftlichen Situation kam nur zum Teil und immer verbunden mit einer Vergrößerung der sozialen Ungleichheit zustande. Da die Ungleichheiten innerhalb der jeweiligen Gesellschaften deutlich wuchsen, verstärkte sich ein allgemeines Gefühl sozialer Ungerechtigkeit, die aber eigentlich mit dem tatsächlichen Niveau der Lebenshaltung oft gar nichts zu tun hatte. Die tatsächlichen Verlierer der Transformationsprozesse konnten sich nicht zu Wort melden, aber ihre wachsende Anwesenheit in der Ge-

---

[12] *Segert,* Transformationen, 166.

sellschaft bekräftigte verschiedene Statusängste, die eine sehr breite Wirkung hatten. Die Demokratie brachte keinen Wohlstand mit sich und machte die Menschen nicht glücklich. Dagegen verbreitete sich aber ein allgemeines Unbehagen in der Politik. In allen Transformationsländern kam es im Verlauf der 1990er Jahre zu Frustrationen, auf deren Grundlage langsam eine politische Lage entstand, die die Demokratie zwar nicht verwarf, aber den Boden für eine antidemokratische oder populistische Wende bereitete.

In vielen Ländern in Ost- und Mitteleuropa herrscht ein Dualismus zwischen formalen und informalen, demokratischen und antidemokratischen Institutionen und Vorgehensweisen. Das ist kein exklusives Merkmal dieser Länder, da der Prozess der Informalisierung auch die etablierten westlichen politischen Systeme erreichte. Sie werden daher als Postdemokratien charakterisiert.[13] Trotz aller Ähnlichkeiten kann man in Mittel- und Osteuropa nicht über eine Postdemokratie reden, da hier eher ein unterentwickeltes Sensorium für demokratische Verpflichtung und politische Kultur zu beobachten ist. Seit der Mitte der 1990er Jahre entstand im postsowjetischen Raum eine Grauzone, die nicht mehr ohne weiteres für demokratisch gehalten werden kann, sondern je nach Ländern mit verschiedenen Adjektiven versehen wird, die immer eindeutig auf Beschränkungen der Demokratie hinweisen.[14] Dies bezieht sich keineswegs ausschließlich auf den engeren Bereich des politischen Systems wie Regierungen und Parlamente, sondern auch auf Zivilgesellschaft, politische Kultur und Wirtschaft. Die Regelung des Systems läuft durch eine allgemeine institutionalisierte Korruption. In der Praxis bedeutet dies, dass Klientelismus und Patronage an die Stelle des verfassungsmäßigen und legitimen offenen Konflikts von divergierenden Interessen treten.[15] Die Institutionen der parlamentarischen Demokratie – periodische Wahlen, Wahlkämpfe, Parteienkonkurrenz, Gewaltenteilung – sind rein formal gesehen weiterhin intakt, aber das System funktioniert eigentlich auf der Basis von persönlichen Kontakten und korruptionellen Vorgehensweisen. Diese „illiberalen" oder „gelenkten" Demokratien unterscheiden sich grundlegend eben durch ihre demokratische und rechtliche Fassade von früheren diktatorischen Herrschaftsformen.[16] In diesem Fall ist die herkömmliche Unterscheidung zwischen Demokratie und Diktatur obsolet geworden.

[13] *Colin Crouch:* Postdemokratie, Frankfurt a. M. 2008.
[14] *Wolfgang Merkel:* Das Ende der Euphorie. Der Systemwettlauf zwischen Demokratie und Diktatur ist eingefroren; in: Internationale Politik, Mai/Juni 2010, 18–23.
[15] *Siegmar Schmidt:* Demokratien mit Adjektiven. Die Entwicklungschancen defekter Demokratien; in: Entwicklung und Zusammenarbeit 41 (2001), Nr. 7/8, 219–223.

In diesen Systemen ist das zentrale Machtmittel nicht mehr die Gewalt, sondern die Manipulation der Bevölkerung und ihrer sozialen Bedürfnisse.[17] In diesen Ländern gibt es weiterhin periodische Wahlen, die aber oft manipuliert sind, und der Zugang zur Öffentlichkeit zwischen Regierung und Opposition ist sehr ungleich verteilt. Die Wahlen sind eine Art Akklamation und dienen meistens der Bekräftigung des starken Mannes und der Inszenierung der politischen Einheit. Dies erklärt aber noch lange nicht, warum so viele Anhänger trotz aller Schwierigkeiten diese Systeme unterstützen. Hier gibt es eine große Sehnsucht nach dem starken Mann, der angeblich immer sehr volksnah und fähig ist, alle Probleme des Volkes zu lösen, obwohl oft erst allein durch seine Kommunikationmittel von ihm bestimmt worden ist, was das Problem für die Gesellschaft ist. Das ist die Vorbedingung des Populismus, den wir auch im Westen kennen, wo der Rückfall der etablierten Parteien zwar auch zu beobachten ist, aber die Chance, dass die Populisten an die Regierung kommen, bisher immer noch ziemlich gering war. In Mittel- und Osteuropa kamen die Populisten oft mit einem „Law and Order"-Programm an die Macht, das nach den Verwirrungen und manchmal chaotischen Verhältnissen große Anziehungskraft hatte. Oft ist dies aber die Stimme der Rattenfänger, die die tatsächlichen Frustrationen der Gesellschaft und die verschiedenen Krisen der EU und der Welt gnadenlos ausnutzen. Sie sind zumeist pure Machttechniker, was aber oft allein dem Vertuschen der tiefliegenden gesellschaftlichen Probleme und der Korruption der neuen politischen Klasse dient. Sie haben zur Zeit große Chancen an der Macht zu bleiben, aber ob dies wirklich eine echte Alternative für Mittel- und Osteuropa ist, die gewünschten Ziele des Wohlstands und der Freiheit erreichen zu können – da ist ein großes Maß Skepsis angebracht.

[16] *Herfried Münkler:* Lahme Dame Demokratie. Kann der Verfassungsstaat im Systemwettbewerb noch bestehen?; in: Internationale Politik, Mai/Juni 2010, 11–17.

[17] *Segert,* Transformatinen, 238.

Bedeutung und Folgen der Wende in den mittel-osteuropäischen Gesellschaften aus kirchlich-theologischer Sicht

Sándor Fazakas[1]

Der Schweizer Schriftsteller Max Frisch schrieb das Drama „Die chinesische Mauer". In diesem Drama heißt es: Der Kaiser von China verkündet einen Festtag – „zur Friedenssicherung", wie er sagt – und verordnet den Bau der chinesischen Mauer. Die Mauer solle, so erklärt er, den Zweck erfüllen, „die Zeit aufzuhalten" und die Zukunft zu verhindern.[2] Aber das geht nicht, wie der Fortgang der Geschichte gezeigt hat.

Vor 26 Jahren aber im Spätsommer und Herbst des Jahres 1989 sind solche Mauern gefallen: Mauern (und Stacheldrahtzäune), die mehr als ein Vierteljahrhundert lang als „Friedensgrenze" oder als „Schutzwall" gepriesen worden sind, erwiesen sich plötzlich als überwindbar. Errichtet wurden diese Mauern von fremden Mächten – fremd nenne ich eine Staatsmacht (auch wenn sie aus den Reihen des eigenen Volkes hervorgeht), die von der eigenen Bestimmung und dem Zweck des Amtes entfremdet ist, die eine totale Kontrolle über den Menschen, inklusive des „inneren Menschen" anstrebt, die das Unrecht als Recht, die Unfreiheit als Freiheit, die Verkehrtheit menschlichen Zusammenlebens als Ordnung bezeichnet. Aber wenn eine fremde Macht den Frieden, die Freiheit und die Sicherheit schenkt, nimmt sie sie früher oder später wieder weg.

Der Fall der Mauern und der Stacheldrahtzäune in Mittel- und Osteuropa gelten seither als eine Wende; sie steht für das vermeintliche Ende einer vermeintlichen Weltordnung, aber gilt auch als Symbol für die Sehn-

---

[1] Sándor Fazakas ist Professor für Systematische Theologie und Sozialethik an der Reformierten Theologischen Universität Debrecen/Ungarn.

[2] *Max Frisch:* Die Chinesische Mauer; in: *Ders.:* Gesammelte Werke in zeitlicher Folge, Bd. II.: 1944–1949, hg. v. *Hans Mayer et al.,* Frankfurt a.M. 1976, 139–216, hier: 141.

sucht dieser Völker nach einer besseren Welt, für die drängende Frage nach mehr Gerechtigkeit, zugleich aber auch für den Schmerz über bleibende Verluste.

Aber warum *vermeintliches* Ende einer *vermeintlichen* Weltordnung? Weil wir lange Zeit nicht wahrgenommen haben, dass die Balkankrise Anfang der 1990er Jahre, die Krise in der Ukraine, der arabische Frühling, der andauernde Bürgerkrieg im Nahen Osten Zeichen dafür waren, dass nach den zwei Weltkriegen und den Friedensbemühungen des 20. Jahrhunderts eine Weltordnung geschaffen wurde, die keineswegs vollkommen war und ist. In der Tiefe hat unsere Welt die Gärung nicht wahrgenommen, und dieses Brausen scheint – zusammen mit den Folgen weiterer wirtschaftlicher Ungerechtigkeit und ökologischer Krisen – in einem epochalen, geschichtlichen, bisher unbekannten Phänomen zu kulminieren: der heutigen Flüchtlingskrise. Und parallel dazu wächst wieder der Wunsch nach Grenzen, Stacheldrahtzäunen, Toren und Türen mit Seitenflügeln, Transitzonen usw. (egal, wie wir es nennen) an der Stelle einer schon entgrenzten Welt.

Das Jahr 1989 haben wir als *annus mirabilis* erlebt. Mit Jacques Rupnick gesagt: die „Plötzlichkeit und Leichtigkeit, mit der Diktaturen und die vom Kalten Krieg bestimmte internationale Ordnung zusammenbrachen"[3], hat uns überrascht – hat eine Gesellschaft und eine Kirche überrascht, die mit einem dauernden Zusammenleben im damaligen politischen System gerechnet haben. Das Jahr war zunächst von Ereignissen wie dem Paneuropa-Picknick, der Grenzöffnung von Sopron und dem Fall der Berliner Mauer gekennzeichnet, bald sollte es aber als eine Zäsur gelten, als das Ende des kurzen 20. Jahrhunderts, als Beginn der Freiheit und Meinungsäußerung für Mittel- und Osteuropa, als Revolution und Auftakt für die Demokratisierungsprozesse dieser Gesellschaften.

Doch die großen Versprechen dieser Transformationsprozesse, wie etwa der Abschied von totalitären Tendenzen in der Politik, Wohlstand sowie das Ende des wirtschaftlichen West-Ost-Gefälles, eine neue Weltordnung mit „Gerechtigkeit, Frieden und Bewahrung der Schöpfung" ohne andauernde politische-moralische Krisen – sie sind ernüchternden Erfahrungen gewichen. Wir haben uns nach einem Europa ohne Mauern und Grenzen gesehnt – anscheinend sind wir aber nicht darauf vorbereitet, die Herausforderungen einer – in vielfacher Hinsicht – entgrenzten Welt gemeinsam zu bewältigen. Oder haben wir uns geirrt, als wir gedacht haben, dass es gegenüber Mauer und eisernem Vorhang nur eine einzige Alternative gibt, nämlich die Aufhebung aller Grenzen?

---

[3] *Jacques Rupnik:* 1989 als Weltereignis. Die große Transformation in Europa und die Globalisierung; in: Lettre International 104 (2014), 15–21, hier: 15.

Nach der politischen Wende 1989/90 befand sich Ungarn, genau wie die meisten anderen Staaten Osteuropas, vor einem langwierigen Wandlungsprozess, in dem sich das Land auf ökonomischer, sozialer und politischer Ebene von einem autoritär-totalitären System zu einer freiheitlichen Demokratie verwandeln sollte.[4] Dieser Prozess verlief aber in den Ländern dieser Region nicht überall gleichmäßig: Erfahrungen mit demokratischen Aufbrüchen aus der eigenen Geschichte (etwa der Volksaufstand 1956 in Ungarn oder der Prager Frühling 1968), der Grad der Menschenrechtsverletzungen und Repressionen in den früheren Regimen, kulturelle Hinterlassenschaften der sozialistischen Systeme, die Reminiszenz der alten und die Unzufriedenheit mit den neu erworbenen gesellschaftlich-politischen Strukturen beeinflussten die Geschwindigkeit und Tiefe der Transformationsprozesse in den einzelnen Staaten.[5]

Der Übergang von einem totalitären System zu einer freiheitlichen Demokratie lässt sich, sowohl in Ungarn als auch in weiteren mittel-osteuropäischen Gesellschaften, anhand zwei konträrer Merkmale charakterisieren: durch einen *selektiven Umgang mit der eigenen Vergangenheit* und durch die *Eröffnung einer starken, fast unbegründeten Zukunftsperspektive für die Bürger.* Die Unterlassung einer umfassenden Vergangenheitsaufarbeitung stand seit der Wende 1989/90 unter dem Diktat der Bewahrung der nationalen Einheit, des gesellschaftlichen Friedens, nicht zuletzt der Gewährleistung einer kontinuierlichen Funktion des Staatsapparates und des öffentlichen Lebens. Eine zu lange oder zu intensive Auseinandersetzung mit den dunklen Seiten der Vergangenheit wurde eher als Belastung empfunden. Die Suche nach mehr Gerechtigkeit, die Sehnsucht nach juristischer, wissenschaftlicher und geistiger wie geistlicher Aufarbeitung der Vergangenheit sowie das Bemühen um eine angemessene Erinnerungskultur erwies sich aus der Sicht eines friedlichen Übergangs vom Sozialismus zur freien Marktwirtschaft als irrelevant (oder als zu gefährlich).

---

[4]   Näher ausgeführt in: *Sándor Fazakas:* Protestantische Identität und gesellschaftliche Gestaltungsaufgabe. Europäische Integration und ‚soziales Europa' als Herausforderungen des ungarischen Protestantismus; in: *Traugott Jähnichen/Torsten Meireis et al.* (Hg.): Soziales Europa? Jahrbuch Sozialer Protestantismus, Band 7, Gütersloh 2014, 227–245.

[5]   Vgl. *Gert Pickel:* Nostalgie oder Problembewusstsein? Demokratisierungshindernisse aus der Bewältigung der Vergangenheit in Osteuropa; in: *Sigmar Schmidt/Gert Pickel/Susanne Pickel* (Hg.): Amnesie, Amnestie oder Aufarbeitung? Zum Umgang mit autoritären Vergangenheiten und Menschenrechtsverletzungen, Wiesbaden 2009, 129–158.

Übrig blieb ein selektiver Umgang mit der Geschichte im Dienste aktueller politischer Interessen: das heißt, es wurden und werden noch heute nur diejenigen Aspekte aus der Geschichte hervorgehoben, die die eigenen politisch-gesellschaftlichen Interessen legitimieren und die der Gegner aber delegitimieren können. Das zweite Merkmal schließt unmittelbar hieran an: Durch die Einführung marktwirtschaftlicher Verhältnisse erhofften sich nicht wenige Bürger die Verbesserung ihrer eigenen materiellen Situation bis zum Niveau eines Wohlstands westlicher Art. Innerhalb weniger Jahre erwiesen sich diese Erwartungen aber als unhaltbar.

Die Begleiterscheinungen wirtschaftlicher Umwälzungen (wie Arbeitslosigkeit, Kostenexplosion, Inflation, Korruption), das andauernde Wirtschaftsgefälle zwischen den östlichen und westlichen Teilen Europas, das neu entstandene massenhafte soziale Elend und die neuere Migrationswelle in Richtung wohlhabender Gesellschaften haben zu bitteren Enttäuschungen und oft auch zu Nostalgie und zu Sehnsucht nach der alten sozialen Sicherheit aus der Zeit des Sozialismus geführt.

Die Herausbildung einer neuen Gesellschaftsordnung des Landes erwies sich als schwierig. Sozialwissenschaftliche Studien und weitere Analysen weisen darauf hin, dass Ungarn gerade seinen dritten Modernisierungsversuch erlebt.[6] Den ersten wollte der aufgeklärte Besitzadel Mitte des 19. Jahrhunderts durchführen, um das Elend der europäischen Großstädte als Begleiterscheinung des damaligen Kapitalismus zu vermeiden. Die Herausbildung einer dazu nötigen tragenden Schicht des Bürgertums kam gerade in Schwung, als die Heere des österreichischen Kaisers und des russischen Zaren und die darauffolgende Terror- und Vergeltungswelle nach der Märzrevolution 1948 diesen Reformbestrebungen ein Ende bereiteten. Der zweite Modernisierungsversuch setzte mit der österreichisch-ungarischen Doppelmonarchie ein, also mit dem Ausgleich 1867 und dem Realismus im politischen Denken. Die Entwicklung war atemberaubend – um die Jahrtausendwende war die Infrastruktur von Budapest auf dem Niveau Berlins. Die Kriegsniederlage im Ersten Weltkrieg und die darauffolgenden Jahre führten aber zu einem vollkommenen Zusammenbruch. Nach dem Zweiten Weltkrieg drängten die Sowjets ihre politische, gesellschaftliche und ökonomische Struktur Ungarn (und den umgebenden Gesellschaften der Region) auf. Während der Jahrzehnte des Kádár-Regimes setzte ein bescheidener Wohlstand ein, aber der Preis dafür war eine katastrophale Verschuldung des Staates und das Aufblühen einer Schattenwirtschaft als Überle-

---

[6]   Siehe dazu ausführlich: *Péter Nádas:* Der Stand der Dinge. Warum der Versuch einer dritten Modernisierung Ungarns nicht gelungen ist; in: Lettre International 95 (2011), 39–49.

bensstrategie der Bevölkerung. Der dritte, mit der Wende um 1989/1990 einsetzende Modernisierungsversuch litt und leidet immer noch unter dem schweren Erbe früherer Jahrzehnte: Überlebensstrategien, die Suche nach Gesetzeslücken, gegenseitiges Misstrauen, Geheimnisse bezüglich der früheren Zusammenarbeit mit der kommunistischen Staatsmacht, das Auseinanderfallen der öffentlichen und der privaten Sphäre. Was die wirtschaftliche Leistung des Landes angeht: Eine tragfähige bürgerliche Mittelschicht konnte sich noch nicht vollständig herausbilden und das schwer verschuldete Land, dem eine kapitalstarke Unternehmerschicht fehlt, konnte im Wettbewerb mit den westlichen Großkonzernen und Investoren nicht standhalten. Nur ganz wenigen ist es gelungen, in der neuen kapitalistischen Wirtschaftsordnung Fuß zu fassen – vor allem gelang es der früheren politischen Elite, die ihre ideologisch-politische Macht zur Wirtschaftsmacht konvertiert hatte – eine Tatsache, die bis heute im Lande äußerst irritierend wirkt.

Die süd-mittel-osteuropäischen Länder des heutigen Europa hatten wegen ihrer geopolitischen Lage und der historischen Ereignisse nie die Möglichkeit gehabt, den Status einer Wohlfahrtsgesellschaft und eines Nationalstaates als Ergebnis der Modernitätsentwicklung zu erreichen.[7] Die westeuropäischen Länder konnten geschichtlich gesehen – wie Historiker und Soziologen mit Recht feststellen – durch eine relative Ausgewogenheit der sozialen Sicherheit, der Rechtsstaatlichkeit, der Wirtschaftsinteressen und Moral ihr Gesellschaftsleben strukturieren. In Mittel- und Osteuropa verlief dieser Prozess umgekehrt: es gehört zum schwierigen Erbe der braunen und nicht zuletzt der roten Diktaturen. Die Erinnerung an die Zeit der Erniedrigung und Entwürdigung bzw. die innere und äußere Zerrüttung, die diese Regime hinterlassen haben, wirken immer noch nach. Und diese negative Entwicklung wird jetzt durch den Unmut gegenüber noch mehr Europa ergänzt: Aus der Perspektive süd-mittel-osteuropäischer Gesellschaften wird es noch durch das sog. *Zentrum-Peripherie-Syndrom*[8] vertieft: das heißt, die starken Staaten im Zentrum Europas sind durch eine unglaublich starke, an der Oberfläche kaum wahrnehmbare nationalstaatliche Identität gekennzeichnet. Sie handeln und agieren aus einem selbstbewussten wirtschaftlichen Interesse heraus, während die Länder an der Peripherie weiterhin als billiger Arbeitsmarkt und zugleich als teurer Absatzmarkt fungieren dürfen. Dieses Wohlstandsgefälle zwischen Zen-

---

7 Vgl. *Richard Münch:* Globale Dynamik, lokale Lebenswelten. Der schwierige Weg in die Weltgesellschaft, Frankfurt a. M. 1998, 75–88.
8 Vgl. *Immanuel Wallerstein:* Bevezetés a világrendszer-elméletbe (Einleitung in die Welt-Systemtheorie), Budapest 2010.

trum und Peripherie soll – wegen der Monopolisierungsinteressen im Kern – zementiert werden. Diese Situation erklärt die anwachsende Migrationswelle der letzten Jahre aus den neuen EU-Mitgliedsländern Richtung Westen.

Diese mehr als zwei Jahrzehnte zurückliegenden Entwicklungen ließen die anfängliche enthusiastische Überzeugung, dass ein autoritäres politisches System wie der Kommunismus endgültig der Vergangenheit angehört, einem nüchternen Pragmatismus weichen. Die mittel-ost-europäischen Gesellschaften befinden sich also in einem Zustand zwischen Kontinuität und Abbruch. Einerseits wird der Umgang mit der Geschichte durch eine Ambivalenz gekennzeichnet und mit Unbehagen betrachtet. Andererseits bemüht man sich zwar, den institutionellen Rahmen für Demokratie und Rechtsstaatlichkeit weiter auszubauen – aber dieses Bestreben wird durch die mangelhafte demokratische Bürgerkultur, durch andauernde wirtschaftliche Krisensituationen, durch die Banalität des Politischen, den mangelnden Respekt vor der Meinung des Anderen und den Verlust an Diskurs und Argumentation überschattet. Soziale Fragen, Wirtschaftsphilosophien, Debatten über die Rolle des Staates werden statt als nüchtern-fachliche Diskussionen wie „Glaubenskriege" geführt.

2. Die Wende – ein theologisches Thema?

Die Wende bzw. die strukturellen Änderungen im politischen, wirtschaftlichen und sozialen Leben der Gesellschaft wurde und wird theologisch kaum reflektiert. Meines Erachtens hat das zwei Gründe: *Einerseits* haben die unterschiedlichsten Vorstellungen über die Neustrukturierung, den Neubeginn oder über die Reformen der Kirchen dazu geführt, dass in weiten Kreisen der Kirchen außer der Ausbildung zum Pfarramt eher pragmatische Kompetenzen (organisatorische, soziale und kommunikative, betriebswirtschaftliche usw.) gefordert werden. Der Wiederaufbau kirchlicher Strukturen nach der Wende und die neue, vom Staat übernommene Verantwortung im sozialen Bereich sowie im Schulwesen verlangte *einerseits* Praxisbezogenheit (ohne theoretisch zu klären: Was heißt Praxisbezogenheit?). *Andererseits* stand die wissenschaftliche theologische Arbeit lange Zeit unter dem Schatten der Vergangenheit, weil in der sozialistischen Zeit die Anerkennung einer kommenden neuen Gesellschaftsordnung gefordert wurde und dies zur Gleichschaltung von Kirche und Theologie geführt hatte (z.B. „Theologie der Diakonie", „Kirche im Sozialismus"[9] usw.).

Doch für theologische Reflexionen und kritisch-analytische sozialethische Arbeit bildeten sich auch gute Anknüpfungspunkte:

1948 hielt z. B. Karl Barth einen Vortrag in Ungarn unter dem Titel *„Die Christliche Gemeinde im Wechsel der Staatsordnungen"*[10]. Das war in der Zeit der totalen Machtübernahme der kommunistischen Regierung im Land, die auch für die Kirchen Konsequenzen haben sollte: Nicht nur kirchliche Einrichtungen und Immobilien wurden verstaatlicht und Vereine aufgelöst; es sollte auch zu einem Wechsel in den kirchlichen Führungspositionen kommen. Vom Staat ausgewählte und akzeptierte Persönlichkeiten sollten unter dem Vorschein eines intakten kirchenrechtlichen Wahlvorgangs die Ämter übernehmen. In dieser Lage bat die alte Kirchenleitung um theologischen Rat und die Meinung Barths, der in diesem Vortrag die These vertrat: „Die christliche Gemeinde ist im Wechsel der Staatsordnungen darin unabhängig, dass sie [...] in keiner alten oder neuen Staatsordnung mehr als einen unvollkommenen, bedrohten und befristeten menschlichen Versuch sehen kann, dem zu Lieb oder zu Leid sie sich an ihrem eigenen Auftrag nicht irre machen lassen darf."[11] Gerade auf Grund dieser Freiheit und des Auftrags der Kirche für die Bewahrung dieser Freiheit unter den Umständen einer noch nicht absehbaren gesellschaftlichen Entwicklung fordert Barth, die vor der Kirche liegenden praktischen Fragen „statt strategisch und taktisch *geistlich* zu denken, zu urteilen, zu entscheiden"[12]. Handelt die Kirche geistlich, orientiert sie sich an „ihrer Sache" und nicht an politisch-diplomatischen Ermessensgründen. Die Kirche könnte ihre Freiheit nämlich in zweifacher Hinsicht preisgeben. Einerseits dadurch, dass sie die ideologische Verklärung von Menschenwerk von gestern und die ideologische Diskriminierung des Menschenwerks von heute zur eigenen Sache bzw. zur Sache Gottes macht. Andererseits würde die Kirche ihre Freiheit verlieren, wenn sie aus dem Eifer der Selbsterhaltung und aus Angst, den Anschluss zu verlieren, die neue Ordnung der Gesellschaft bzw. des Staates zur ihrigen und zur Sache Gottes macht.[13] Diese

---

[9]   Siehe dazu *Vilmos Vajta:* Die diakonische Theologie im Gesellschaftssystem Ungarns, Frankfurt a. M. 1987; *Zoltán Balog/Gerhard Sauter* (Hg.): Mitarbeiter des Zeitgeistes? Die Auseinandersetzung über die Zeitgemäßheit als Kriterium kirchlichen Handelns und die Kriterien theologischer Entscheidungen in der Reformierten Kirche Ungarns, 1967–1992, Frankfurt a. M. 1997.

[10]   *Karl Barth:* Die christliche Gemeinde im Wechsel der Staatsordnungen; in: Evangelische Theologie 8 (1948/49), 1–15.

[11]   Ebd., 7.

[12]   Barth an ungarische reformierte Christen, 1948; in: *Karl Barth:* Offene Briefe 1945–1968, hg. v. *D. Koch,* Zürich 1984, 139–147, hier: 143.

[13]   Vgl. *Barth,* Die christliche Gemeinde, 8.

Freiheit bedeutet wieder eine zweifache Herausforderung: Der Wechsel der Staatsordnungen soll für die Kirche Anlass sein, sich selbst durch Gottes Wort in Buße und Gebet *erneuern* zu lassen und sich unter dem Maß des prophetischen Wächteramtes am gesellschaftlichen Prozess zu *beteiligen* – und zwar so, dass sie „die Sache des Menschen, deren Gott sich selbst angenommen hat"[14] zu vertreten versucht.

Solche Erneuerung und der entschlossene Mut zum Neuaufbau könnte nicht nur für die eigene Kirche entscheidend sein, sondern könnte auch von exemplarischer Bedeutung für andere Kirchen im Osten und Westen werden. Barth hat sich diese geistliche Entscheidung für die ungarische Kirche erhofft und dazu geraten, auch wenn er sich bewusst war, dadurch Missverständnisse und Kopfschütteln im eigenen Volk und im Ausland hervorzurufen. Gerade darum empfiehlt er solchen osteuropäischen Christen nicht westliche Besserwisserei, sondern Solidarität.[15]

2.2 Ervin Vályi Nagy 1989: Warnung vor der Wiederbelebung der Geschichtstheologie

In einem grundlegenden Aufsatz hat es der namhafte reformierte Theologe *Ervin Vályi Nagy*[16] unternommen, die christliche Lesart der Wende und Wandlung, die sich um das Wendejahr 1989 vollzogen hat, zu beschreiben. Er notiert: „[D]ie Wandlung, die *mutatio rei publicae*", dieser typisch europäische Gedanke jüdisch-christlicher Tradition, „ist an sich nicht schlecht, bedeutet nicht unbedingt Dekadenz, Auseinanderfallen oder den Verlust des Gleichgewichtes", denn nur in Märchen werde ein gleichbleibender Zustand als Glück angesehen. Doch auf der anderen Seite gelte auch: „[D]ie Wandlung an sich ist weder heil- noch glückbringend"[17], der Gedanke des *panta rhei* löst allein noch keine Begeisterung aus, auch wenn der neuzeitliche Fortschrittsoptimismus – allen Katastrophen und geschichtlichen Erfahrungen des 20. Jahrhunderts zum Trotz – aufzublühen scheint. E. Vályi Nagy fürchtete an der Schwelle der gesellschaftlichen und politischen Umwälzungen in Mittel-Osteuropa 1989/1990 nichts mehr und nichts weniger als die Wiederbelebung älterer und neuerer „Ge-

---

14 Ebd., 13.
15 Näher ausgeführt habe ich das in: *Sándor Fazakas:* Karl Barth im Ost-West-Konflikt; in: *Michael Beintker/Christian Link/Michael Trowitzsch* (Hg.): Karl Barth im europäischen Zeitgeschehen (1935–1950). Widerstand – Bewährung – Orientierung, Zürich 2010, 267–286.
16 *Ervin Vályi Nagy:* Wende und Wandlung; in: *Agnes Vályi-Nagy* (Hg.): Geschichtserfahrung und die Suche nach Gott. Die Geschichtstheologie, Stuttgart 2000, 136–143.
17 Ebd., 141.

schichtstheologien", die versucht haben, sowohl aus den Wandlungen als auch aus dem Bleibenden etwas Inhaltliches herauszulesen, ja einen nationalen Götzen oder zeitgeistrelevanten Gott zu destillieren. In einem bestimmten Verständnis der Ängste, die die Wandlungen überschattet haben, und zugleich warnend vor unberechtigten Nostalgien, schließt er seine Gedankenführung in Anlehnung an Umberto Eco, der auch seinerseits einen chinesischen Fluch zitiert hat: „Ich wünsche dir, dass du in interessanten (d. h. bewegten, wandelnden) Zeiten lebst."[18]

3. Möglichkeiten und Grenzen der kirchlichen Verantwortung

In den geschichtlichen Umbruch- bzw. Krisensituationen des mittelosteuropäischen Raumes ist in Ungarn die Rolle der Kirchen bedeutsamer geworden. Das zeigte sich nach dem Ersten und dem Zweiten Weltkrieg, zur Zeit des Volksaufstandes 1956 und nach der Wende 1989/90. Einerseits sieht sich die Kirche in solchen historischen Übergangssituationen vor die Frage gestellt, wie und auf welche Weise sie an der Gestaltung des gesellschaftlichen Lebens teilnehmen kann, besonders wenn sie lange Zeit von den sozialen Anliegen zurückgedrängt wurde und nur noch mit dem gottesdienstlichen Leben in den eigenen Kirchenmauern zu tun gehabt hat; andererseits stellt die Gesellschaft hohe Erwartungen an die Kirchen.

In Ungarn sind die Kirchen mit enorm hohen Hilfe- und Orientierungserwartungen konfrontiert. Dies wird teilweise in einer Rollenzuweisung deutlich, nach der Gesellschaft und Politik den Kirchen die Verantwortung in sozialen Fragen zuweisen und die Kirchen diese Zuweisung auch annehmen sollten.

3.1 Kirchliche Diakonie

Die Kirchliche Diakonie in Ungarn blickt auf eine lange, aber ambivalente Geschichte zurück. Organisierte diakonische Tätigkeit finden wir bereits im 16. Jahrhundert. Sie erfolgte aber ausschließlich in Trägerschaft der einzelnen Kirchengemeinden. 1529 wurde ein Heim in Debrecen (Debreceni Ispotály) für die Verpflegung von Alten und Armen der eigenen Gemeinde gegründet. Das mehr als 400 Jahre lang bestehende Haus diente als Modell für weitere Städte und Gemeinden im Lande. Verschiedene Heime wurden gebaut und organisierte kirchliche Diakonie gefördert. Die Fürsten

---

[18]   Ebd., 143.

und Patronen der Reformierten Kirche gewährten großzügige Zuschüsse für die Versorgung der Armen, Alten und Waisen. Die Unterstützung von armen, verwaisten aber begabten Jugendlichen für Studien im In- und Ausland betrachteten sie als strategische Aufgabe. Erst im 19. Jahrhundert öffneten sich – unter dem Einfluss deutscher, holländischer und schottischer inner-missionarischer Tätigkeit in Ungarn – Reformierte Kirche und ungarische Gesellschaft für Kranken- und Diakonissenhäuser. Die anfangs sehr skeptische und für die eigene kirchliche Tradition als fremd betrachtete Diakonie „westlicher Art" erlangt nach jahrzehntelanger harter Arbeit Akzeptanz und Anerkennung. Unter dem Einfluss der gesellschaftlichen, politischen und kulturellen Änderungen des 19. Jahrhunderts und dem „Gemeinschaftsideal" der Aufklärung entstanden auch in Ungarn verschiedene freie Vereine, Gemeinschaften und Verbände als Einrichtungen gegenüber den traditionellen Institutionen oder der verfassten Kirche.

Nach einer kurzen Blütezeit erlebte die organisierte Diakonie auch in Ungarn schwere Verluste während des Zweiten Weltkriegs. Der Neuanfang und Wiederaufbau nach 1945 erwies sich trotz schwieriger finanzieller Nöte als hoffnungsvoll. Die Etablierung des kommunistischen Regimes bereitete dieser Entwicklung ein schmerzhaftes Ende.

Nach der Wende 1989/90 konnte die Kirche ihre Infrastruktur für die kirchliche Diakonie und das Bildungswesen neu aufbauen, teilweise mit Hilfe staatlicher Mittel (z. B. Entschädigungsmittel für vom kommunistischen Staat enteignete kirchliche Immobilien), bzw. durch Bewerbungen für öffentliche Gelder oder mit Unterstützung kirchlicher Hilfsorganisationen aus Westeuropa. Sozial-diakonische Einrichtungen und Projekte in kirchlicher Trägerschaft haben bis heute einen guten Ruf. Die Präsenz kirchlicher Dienstleistungen im Sozialbereich, im Pflegebereich und in der Armenfürsorge, in der Integration der sozialen und ethnischen Minderheiten (z. B. der Sinti und Roma) erfreut sich einer hohen Akzeptanz und Anerkennung. In vielen Ortschaften agiert die Kirche mit Hilfe ihrer Einrichtungen sogar als Arbeitgeber oder Wirtschaftsfaktor.

Die tägliche Versorgung und die Finanzierung sind leider bis auf den heutigen Tag immer von der Tagespolitik der aktuell Regierenden abhängig, aber trotz administrativer und wirtschaftlicher Hindernisse bleiben Mut und Engagement der Mitarbeiter und kirchlicher Gremien ungebrochen. Kirchliche Diakonie erlangte innerhalb von einigen Jahren wieder eine hohe Akzeptanz in Ungarn. Aber eines muss nüchtern betrachtet werden: Auch wenn kirchliche Diakonie einige Tausende von Alten und Kranken, geistig bzw. körperlich Behinderten, Drogen- und Alkoholabhängigen erreicht, zeichnet sich folgende Tendenz ab: die Krise der modernen Gesellschaft, die vielfältigen Opfer der wirtschaftlichen Integration und die drückende Last einer Vergangenheit unter der Diktatur führen auch zu einer fragwürdigen Verlagerung des Engagements allein auf die soziale Arbeit. Das Hauptgewicht kirchlicher Aktivität scheint von der kirchlich-seelsorgerlichen Arbeit auf das Feld der sozialen Dienstleistungen überzugehen. Die Einsicht, dass Diakonie eines der wichtigsten Kommunikationsmittel für die Botschaft der Kirche sein kann, wächst nicht nur in kirchlichen Kreisen. Umso dringlicher meldet sich die Forderung, die bisherige Tätigkeit kritisch zu prüfen, um die diakonische Arbeit in der Zukunft effektiver zu gestalten.

3.1.1 Aktuelle Tendenzen im Verhältnis von Kirche und Staat

Wie schon erwähnt, steigt die Erwartung und Akzeptanz kirchlicher Diakonie in weiten Kreisen der Öffentlichkeit, und eine Kooperation der Kirchen in „sozialpartnerschaftlichen Beziehungen" mit weiteren Akteuren der Gesellschaft ist unentbehrlich. Selbst der moderne Staat kann und darf eine sozial engagierte Kirche als Verbündete betrachten, ohne dabei den Anspruch auf die eigene weltanschauliche Neutralität und Laizität aufgeben zu müssen. Das Problem in Ungarn besteht heute darin, dass der Staat sich als *christlicher Staat* zu definieren versucht. Der Staat versucht also angeblich, christliche Normen mit politischen Mitteln durchzusetzen – und die Kirchen nehmen die ihnen zugewiesene Rolle als gesellschaftliche Kräfte ziemlich unkritisch und unreflektiert wahr. Das Ziel der aktuellen Regierung ist es also, einen starken Staat mit strikten ordnungspolitischen Rahmensetzungen unter ungezähmten Verhältnissen eines „wilden Kapitalismus" – vermutlich nach dem Muster der „Sozialen Marktwirtschaft" im Nachkriegsdeutschland – zu etablieren. Dieses Unternehmen führt aber zwangsläufig zu innen- und außenpolitischen Konfrontationen mit einem sich neu etablierenden ungarischen Staat, der anscheinend weltanschaulich nicht neutral bleiben will.

3.1.2 Instrumentalisierte Religion

Kein Staat will auf die eigene Rechtfertigung und Legitimation verzichten[19] – besonders die sich in einer Übergangssituation befindlichen Gesellschaften in Mittel- und Osteuropa nicht. Das Problem besteht also nicht

---

[19] Vgl. *Richard Münch:* Religiöse Pluralität im nationalen Verfassungsstaat. Funktionale Grundlagen und institutionelle Formung aktueller Konflikte; in: Berliner Journal für Soziologie 16 (2006), 463–484.

darin, dass der Staat die Verantwortung für die eigenen Bürger, für ihre Freiheit und Entfaltungsmöglichkeiten wahrnehmen will – problematisch ist viel mehr, wenn sich der Staat dabei nicht auf sachliche, professionelle und rationale Erwägungen stützt, sondern dazu ziemlich unreflektierte religiöse Inhalte und Symbole in Anspruch nimmt. Keine Frage: ein moderner demokratischer Staat ist auf eine Gesellschaft mit starker und gereifter kollektiver Identität angewiesen. Fraglich ist aber, ob die staatlichen Regierungsorgane und politischen Kräfte tatsächlich dazu berufen sind, dem „Volk" bzw. der Gesellschaft eine Identität zu verleihen. Oder eher umgekehrt: Sind sie nicht darauf angewiesen, sich selber der korrektiven Kontrolle einer gesellschaftlichen Identität auszusetzen, die aus mehr Solidarität, Partizipation, Engagement und Vertrauen wächst?

3.1.3 Ökonomisierung der Diakonie

Wie schon angedeutet, führte der Übergang von der sozialistischen Planwirtschaft zur freien Marktwirtschaft rasch zu massenhaftem sozialen Elend und zu bitteren Enttäuschungen. Der aktuelle und andauernde marktwirtschaftliche Handlungsdruck führt zudem auch im sozialen Bereich zu einer Kostenexplosion. Das drängt die kirchliche soziale Arbeit unvermeidlich in die Richtung einer ständigen Rationalisierung, Institutionalisierung, Professionalisierung und Ökonomisierung. Dadurch besteht die Gefahr, dass das „Zeugnis des Glaubens" und der „kirchliche Dienstcharakter" der Diakonie verloren gehen. Selbstverständlich sind sozialpolitische Normen und unternehmerische Instrumente in der Gestaltung der institutionalisierten Diakonie unumgänglich. Aber wie einst Sándor Joó – Theoretiker kirchlicher Diakonie vor der kommunistischen Diktatur – mit Recht feststellen konnte: Diakonie ist nicht einfach eine moralische Aufgabe der Einzelnen oder humanitäre Hilfe einer Gruppe, nicht einmal Wohltätigkeit einzelner Christen, sondern *Funktion der Kirche.*[20] „Sie ist historisch aus der Liebestätigkeit der christlichen Gemeinde herausgewachsen und nicht aus dem sozialstaatlichen Subsidiaritätsprinzip."[21] Soziale Arbeit ist also noch keine Diakonie.

---

[20] Vgl. *Sándor Joó:* Református Diakónátus [Das reformierte Diakonat], Budapest 1939, 28–36.
[21] *Tamás Dizseri:* Intézményes diakóniánk szükségessége és lehetőségei [Notwendigkeit und Möglichkeiten organisierter Diakonie]; in: Théma 3 (2001/2–3), 37–42, hier: 40.

Auch wenn sich sozialdiakonische Einrichtungen bzw. Projekte in kirchlicher Trägerschaft sowie die wachsende Präsenz kirchlicher Dienstleistungen im Sozialbereich einer hohen Akzeptanz und guten Rufs erfreuen, und auch wenn die Kirche mit Hilfe ihrer Einrichtungen sogar zu einem wichtigen Arbeitgeber oder Wirtschaftsfaktor geworden ist, muss man die nüchterne Realität hinnehmen, dass diese Aktivität der Kirche nicht zu einem entsprechenden und anfangs erhofften Wachstum der Mitgliedschaftszahlen oder zu einer Wiederbelebung der Gemeindeaktivität vor Ort geführt hat. Alltagserfahrungen und demoskopische Untersuchungen belegen die Tatsache, dass die Wiederkehr der Religiosität und Spiritualität in der Gesellschaft nicht mit einem entsprechenden Interesse für die verfasste Kirche zusammenfällt, dass Religion weiterhin in den Privatbereich gehört und die Botschaft der Kirche als unverbindlich wahrgenommen wird.[22] Was für eine Perspektive bietet sich hier? Bleibt die Diakonie weiterhin eine Wesensäußerung der Kirche (auch bei schrumpfenden Mitgliederzahlen) oder wird die Diakonie selber zu einer eigenständigen Gestalt als Kirche? Und was für eine Rolle kann die Theologie noch in dieser Entwicklung spielen?

3.2 Notwendigkeit von Foren der Versöhnung

In der Einleitung wurde bereits erwähnt: der Umgang mit der eigenen Vergangenheit und – lasst uns hinzufügen – der Umgang mit den neuen, durch wirtschaftliche Ungerechtigkeit und politische Kämpfe verursachten Konfliktsituationen stehen unter dem Diktat der angeblichen Bewahrung der nationalen Einheit oder weiterer moralischer/moralisierender Ziele. Gerade hier eröffnet sich für die Akteure der Zivilgesellschaft (für Vereine, Bildungseinrichtungen und u.a. für Kirchengemeinden) eine einzigartige Möglichkeit, den Menschen Zeit und Raum zu schaffen, über erlittenes Unrecht nachzudenken, Schmerzen auszusprechen, die befreiende Macht der Aussprache erfahren zu können oder sich mit den Moralvorstellungen vorangegangener Generationen kritisch auseinanderzusetzen! In der Tat, die Sprache, das Erzählen kann die gemeinsam geteilte Vergangenheit, die aber

---

[22] Vgl. *Miklós Tomka:* Coping with persecution: religious change in communism and in post-communist reconstruction in Central Europe; in: International Sociology 13 (1998), 229–248; *Rita Hegedüs:* A vallásosság alakulása Magyarországon a kilencvenes évek kutatásainak fényében [Die Entwicklung der Religiosität in Ungarn im Lichte der Forschung der 1990er Jahre] (Dissertation), Budapest 2000.

unterschiedlich erfahren und gedeutet wird, wieder öffnen, sie rekonstruieren. Sie kann erklären, rechtfertigen, aber auch Ängste wegnehmen, Schmerzen lindern und zum Mitleid befähigen.[23] Zugleich kann sie an das schmerzhafte Schweigen erinnern, etwa der Mitmenschen, Zeitzeugen oder der Kirchen. Doch Versöhnung ist darauf angewiesen, dass die auszusöhnende Situation gemeinsam erinnert, geklärt, analysiert wird. Sonst bleibt anstelle möglicher Aussöhnung nur die wechselseitige Verfestigung der eigenen Sichtweise und des Wegschauens. Es ist nicht zu übersehen und inzwischen bestätigt worden, dass heutzutage gerade diejenigen Gesellschaften, Länder oder Regionen am meisten unter dem Aufkeimen von neuerem Unrecht, Menschenrechtsverletzungen und extremistischen politischen Richtungen leiden, die das „große Schweigen über die eigene Vergangenheit"[24] zu einer Kunst entwickelt haben.

Deshalb ist man auf solche konkreten Projekte oder geschützten Räume, eventuell Begegnungsräume, angewiesen, die ich als *„Foren der Versöhnung"* bezeichnen möchte, in welchen ein zukunftserschließender Umgang mit der Last der Erinnerung und Versöhnung praktiziert werden könnte.

3.3 Aktuelle Herausforderungen der Flüchtlingsproblematik

Anscheinend handelt es sich hier um ein historisches Phänomen! Dass von Gewalt, Hunger und Not bedrängte Menschen schutzbedürftig sind und die Aufnahme der aus der existentiellen Bedrängnis fliehenden Flüchtlinge ein Gebot der Humanität und der christlichen Verantwortung sei, bestimmt den Grundton fast aller kirchlichen Verlautbarungen. Die von den Flüchtlingswellen betroffenen Länder – auf eigene Lösungsmethoden zurückgeworfen – sind durch ein weites Spektrum und zugleich durch die Ambiguität zwischen professionell gestalteten Hilfsinitiativen bzw. Flüchtlingshilfe einerseits, Angst vor Überforderung bzw. Härte in Asylpolitik oder Dichtmachung von Grenzen andererseits gekennzeichnet. Die evangelischen Kirchen Europas sind auch gefragt, und es liegt kein Zweifel

---

[23] Vgl. *Wolf Krötke:* Befreiende und tödliche Sündenerkenntnis; in: *Ders.:* Die Kirche im Umbruch der Gesellschaft. Theologische Orientierung im Übergang vom ‚real existierenden Sozialismus' zur demokratischen, pluralistischen Gesellschaft, Tübingen 1994, 45–57.

[24] *Thomas Hoppe:* Aufarbeitung belasteter Vergangenheit – Voraussetzung oder Hindernis für Versöhnung?; in: Una Sancta 52 (1997), 211–224, hier: 218; vgl. *Sándor Fazakas:* Versöhnung mit der Vergangenheit als Weg in die Zukunft?; in: Verkündigung und Forschung 56 (2011/1), 18–30.

darin, dass kirchliche Diakonie, Hilfswerke, Freiwillige, Haupt- und Ehrenamtliche sich im Dauereinsatz befinden. Doch die Frage lässt sich nicht umgehen: Kann die evangelische Kirche und Theologie in der zugespitzten Lage angesichts der in der Öffentlichkeit geführten Debatte um politische und kulturelle Identität, um Moral, Verantwortung oder europäische Werte die eigene Stimme finden oder wiederholt sie alte und neue Klischees auf unreflektierte Weise? Und wie weit können kirchliche Verlautbarungen, Stellungnahmen und konkret-greifbare Hilfsaktionen den ethischen Anforderungen gerecht werden, nämlich Hilfe für Notbedürftige zu gewähren, Orientierung zur rechten Zeit zu geben, zugleich aber Realitätsbezogenheit, Kompetenz und Sachlichkeit zu bezeugen?

Es ist nicht zu bestreiten, dass historische Erfahrungen, moralische, sozialpsychologische, mentalitätsgeschichtliche und gesellschaftspolitische Folgen von jeweiligen gesellschaftlichen Entwicklungen eine viel größere Rolle für die Einstellung zur Flüchtlingsfrage spielen als anfangs vermutet. Grundton mancher kirchlichen Äußerungen kann von nichtssagenden Äußerungen, Schweigen, Loyalität gegenüber der Staatsmacht oder durch das Fehlen jeglicher Kritik gegenüber den politischen Akteuren geprägt sein. Meines Erachtens bleibt es jedoch – über konkrete soziale Hilfsleistungen hinaus – eine bleibende Aufgabe kirchlich-theologischer Reflexion, eine sachliche Deutung und Analyse der Zusammenhänge, die zur Migrationswelle geführt haben, zu unternehmen. Nur so kann man den Prozess des künftigen Zusammenlebens gestalten und nicht nur erleiden. Komplexe Ursachen und Folgen erfordern komplexe und komplementäre Maßnahmen in der Bewältigung der Krise, etwa reguläre Einreisen, Zusammenführung von Familienangehörigen, Angebote zur Integration in den Arbeitsmarkt, Ermöglichung von Schulbesuch und menschenwürdigen Zugang zum Gesundheitswesen usw.

Bei allem gesellschaftspolitischen und diakonischen Engagement der Kirchen bleibt aber eine Reihe von Fragen, die demnächst theologisch-hermeneutisch angegangen, sozialethisch reflektiert und für Gemeindemitglieder und gesellschaftliche Öffentlichkeit thematisiert werden sollten.[25] Ich sehe vor allem folgende Themen:

– Erfahrungen mit eigener Migrations- und Integrationsgeschichte (z. B. nach dem Zweiten Weltkrieg und in der Zeit der kommunistischen Diktaturen)

---

[25] Vgl. dazu *Sándor Fazakas:* Ihr seid auch Fremdlinge gewesen: Kirchliche Stellungnahmen auf dem Prüfstand; in: Zeitschrift für Evangelische Ethik 60 (1/2016), 4–9; Ulrich *H. J. Körtner:* Gesinnungs- und Verantwortungsethik in der Flüchtlingspolitik; in: Zeitschrift für Evangelische Ethik 60 (4/2016), 282–296.

- Reflexion der Hauptursachen für die jetzige Flüchtlingskrise: Klimawandel, wirtschaftliche Ungerechtigkeit und Krieg
- Bestimmung des Verhältnisses von Grund- und Menschenrechten bzw. individueller Rechte für die freie Entfaltung der eigenen Persönlichkeit und dem Prinzip der Volkssouveränität und damit dem Recht eines politischen Gemeinwesens auf politische, soziale und kulturelle Selbstbestimmung
- Berücksichtigung bisheriger Ergebnisse der Integrationsforschung oder der Sicherheitspolitik
- theologische Gewichtung und Reflexion der Aufnahme von Fremden oder der Begegnung mit anderen Kulturen.

4. Schlussfolgerung

Angesichts der geschilderten Entwicklungen und Herausforderungen ist auch daran zu erinnern, dass die Verantwortung der Kirche für eine Kultur des Helfens, einer Kultur der Barmherzigkeit in den europäischen Staaten nicht relativiert werden kann. Es ist an der Zeit, dass die Kirchen nicht einfach mit ihren Beiträgen die sozialen Folgen der europäischen Integrationsprozesse oder die neu entstandenen Notlagen (z. B. Krieg und Flucht) wirtschaftlicher Umwälzungen auf globaler Ebene einfach nur begleiten oder darauf reagieren, sondern dass sie selbst die Initiative ergreifen: Statt eines reaktiven Verhaltens sollten sie neue Themen und die Entwicklung innovativer Lösungsmethoden anstoßen. Dieses „Profil" wäre nicht nur evangeliums- und zeitgemäß zugleich, sondern würde einen wesentlichen Beitrag zur Stärkung der europäischen Zivilgesellschaft leisten.

Nationale Kirche, Volkskirche oder Öffentlichkeitskirche?

Gedanken zur Zusammengehörigkeit von Kirche und sprachlich-kultureller Identität am Beispiel Siebenbürgens

Stefan Tobler[1]

1. Einleitung

Das mir gestellte Thema führt direkt in einen Knäuel miteinander verbundener Probleme hinein. Es gibt nicht nur eine große Menge an Literatur zu diesen Fragen im Allgemeinen, sondern auch eine richtungweisende Studie im Rahmen der Leuenberger Kirchengemeinschaft, die sich mit der Region befasst, in der ich lebe.[2] Diese Region – Siebenbürgen – soll darum den Ausgangspunkt und Schwerpunkt der nachfolgenden Ausführungen ausmachen, mit besonderer Berücksichtigung der evangelischen Kirche, ohne den Blick jedoch nur darauf zu beschränken. Dabei soll das Stichwort Volkskirche im Mittelpunkt stehen.

Welche Bedeutung kann der Begriff der Volkskirche haben? In der Durchsicht der Literatur stößt man auf eine Reihe von möglichen Modellen; sie sollen hier kurz angesprochen werden, bevor dann eines im Besonderen näher analysiert wird. Wenn von Volkskirche gesprochen wird, kann folgendes gemeint sein:

a) Eine territorialkirchliche (landeskirchliche) Organisation, in früheren Jahrhunderten im Allgemeinen unter einem Landesherrn, später dann in Bezug auf das Gebiet eines modernen demokratischen Staates. Ein Merkmal ist die flächendeckende Betreuung durch eine Amtskirche,

---

[1] Stefan Tobler ist Professor für Systematische Theologie und Direktor des Instituts für Ökumenische Forschung an der Universität „Lucian Blaga" in Sibiu/Hermannstadt (Rumänien).

[2] *Wilhelm Hüffmeier* (Hg.): Kirche – Volk – Staat – Nation. Ein Beitrag zu einem schwierigen Verhältnis, Beratungsergebnis der Regionalgruppe der Leuenberger Kirchengemeinschaft Süd- und Südosteuropa, Leuenberger Texte 7, Frankfurt a. M. 2002.

die sich als „für das ganze Volk" daseiend versteht. Die Mitgliedschaft aufgrund von Geburt ist der Normalfall, was aber noch keine aktive Teilhabe zu bedeuten braucht. Es ist eine „Kirche für alle, aber nicht die Kirche aller"[3]. In diesem Modell von Volkskirche kann auch die Chance einer volksmissionarischen Ausrichtung im Sinne von Wichern mitgemeint sein.[4]

b) Die Gegenüberstellung von Volkskirche und Staatskirche, wie sie bei Schleiermacher (in dessen Sittenlehre) und anderen Ansätzen des 19. Jahrhunderts ausgemacht werden kann:[5] das Volk in seiner Frömmigkeit ist nicht vom (Obrigkeits-) Staat abhängig; die christliche Gemeinde ist vielmehr dadurch gekennzeichnet, dass alle fundamental gleich sind.[6]

c) Die Kirche als Raum für pluralisierte Frömmigkeitsformen und individuelle Entfaltung.[7] Dieses liberale theologische Verständnis konnte z. B. in der Schweiz und in den Niederlanden im 19. Jahrhundert dazu führen, dass jede Bindung an ein Bekenntnis aufgegeben wurde, in Angleichung an die politischen Freiheiten,[8] mit der Gefahr der Tendenz zum Verlust des spezifisch christlichen Glaubenskerns. Dieses Modell ruft geradezu nach dem Gegenmodell einer Bekenntniskirche oder aber zur Bildung von bekennenden Gemeinschaften innerhalb der breiteren Volkskirche.

---

[3] *Paul Philippi:* Kann sich eine Volkskirche wandeln?; in: *ders.:* Kirche und Politik. Siebenbürgische Anamnesen und Diagnosen aus fünf Jahrzehnten, Teil I zwischen 1956 und 1991, Sibiu/Hermannstadt 2006, 190–214, Zitat 192.

[4] *Wolfgang Huber:* Volkskirche I – systematisch-theologisch, TRE 35, 250.

[5] Darauf weisen hin: *Eberhard Winkler:* Gemeinde zwischen Volkskirche und Diaspora. Eine Einführung in die praktisch-theologische Kybernetik, Neukirchen-Vluyn 1998, 17; und *Huber,* TRE 35, 249.

[6] Schleiermacher betont den Gleichheitsgedanken in seiner Sittenlehre, dort allerdings in erster Linie in Abgrenzung vom Katholizismus: „Wie aber die brüderliche Liebe die Basis ist der religiösen Gemeinschaft, der Kirche: so sind auch alle Glieder dieser Gemeinschaft als solche wesentlich untereinander gleich, und zwar aus einem zwiefachen Grunde." Der eine Grund ist, dass der Heilige Geist ohne Modifikationen in jedem Menschen gleichermaßen tätig ist, der andere kommt „durch das absolute Erhabensein Christi über alle und dadurch, dass ihr Verhältnis zu Christo überall das dominierende ist". (*Friedrich Schleiermacher:* Die christliche Sitte nach den Grundsätzen der evangelischen Kirche im Zusammenhange dargestellt, Berlin ²1884, 518).

[7] *Wolfgang Huber* nennt dafür das Beispiel von Ernst Troeltsch (*Huber,* TRE 35, 251).

[8] Vgl. dazu eine aufschlussreiche Analyse aus dem Jahr 1943 (*Albert Schädelin:* Bekenntnis und Volkskirche. Kirchliche Zeitfragen Heft 6, Zürich 1943) und die Beschreibung der Entwicklung in Zürich (*Gotthard Schmid:* Die Aufhebung der Verpflichtung auf das Apostolikum in der zürcherischen Kirche. Festschrift für Ludwig Köhler zu dessen 70. Geburtstag; in: Schweizerische Theologische Umschau 20 (1950), 3/4, 83–92), ebenso wie die entsprechende Diskussion in den Niederlanden (z. B. bei *Oepke Noordmans:* Evangelie en Volkskerk. Een antwoord aan „Kerkherstel", Baarn 1934).

d) Die Zusammengehörigkeit von sprachlich-ethnischer und kirchlicher Identität – dieses Modell wird im Weiteren hier noch ausführlicher zur Sprache kommen.

e) Volkskirche als Gegenüber zur „Diasporakirche", also dadurch geprägt, dass zumindest auf einem bestimmten Territorium (sei es auch klein: ein Tal, eine Region, einige Dörfer) die große Mehrheit dazu gehört. Eberhard Winklers ekklesiologische Studie von 1998 bewegt sich zwischen diesen beiden Polen auf dem Hintergrund der Erfahrung Ostdeutschlands, wo das Volk bleibt, aber die Kirchlichkeit rapide schwindet.[9] Die Erfahrung der evangelischen Kirche in Siebenbürgen ist in gewissem Sinn genau der Kontrapunkt dazu: das Volk wandert aus (was für die große Mehrheit der Deutschsprachigen gilt), aber der verbliebene Rest bleibt kirchlich verbunden und ist in volkskirchliche Strukturen und Denkweisen eingebunden.

f) Volkskirche als Gegenüber zur Kirche der Macht, der Etablierten, des Klerus. Es ist die Kirche der kleinen Leute, der Verfolgten, es sind die „Armen von Lyon": dies ist die Verwendung des Begriffs in der deutschen Übersetzung eines Buches über die Geschichte der Waldenser.[10] Bezeichnenderweise erscheint diese Verwendung in der italienischen Sprache, da dort „chiesa del popolo" nicht dieselben Konnotationen wie das deutsche Wort „Volkskirche" hat.

g) Eine Kirche, die sich von ihrem Öffentlichkeitscharakter her definiert. Michael Beintker hat sechs Punkte benannt, die diesen Charakter näher bestimmen.[11] Dieses Modell hat Berührungspunkte mit Modell a,

---

[9] *Winkler,* Gemeinde, 25–30.

[10] *Giorgio Tourn:* Geschichte der Waldenser-Kirche. Die einzigartige Geschichte einer Volkskirche von 1170 bis zur Gegenwart, Erlangen 1980 (italienische Ausgabe: 1977).

[11] *Michael Beintker:* Kann eine Minderheitskirche Volkskirche sein? Reflexionen zu ostdeutschen Erfahrungen und Perspektiven; in: *Udo Schnelle* (Hg.): Reformation und Neuzeit. 300 Jahre Theologie in Halle, Berlin-New York 1994, 303–322. Diese Punkte werden von Eberhard Winkler wieder aufgegriffen (*Winkler,* Gemeinde, 19). Merkmale einer Volkskirche, die auch in der Minderheitssituation gelten, sind: 1. Die Kirche versteht sich als relevantes Teilsystem der Gesellschaft. Sie ist in der Öffentlichkeit präsent und nutzt sie als Forum ihrer Stellungnahmen zu gesamtgesellschaftlichen Fragen und Problemen … 2. Die Organisation kirchlicher Arbeit vollzieht sich möglichst ‚flächendeckend'. Die Kirche muss für jedermann erreichbar und erkennbar sein … 3. Die Kirche ist offen und ermöglicht im Rahmen ihrer konfessionellen Gebundenheit Pluralität … 4. Die Kirche reagiert nachsichtig auf ein distanziertes Mitgliedschaftsverhalten … 5. Die Kirche kooperiert in Teilbereichen mit den politischen Institutionen auf der Basis vertraglicher Beziehungen … 6. Der schulische Religionsunterricht eröffnet die Gelegenheit, Einsichten des christlichen Glaubens unmittelbar im Bildungssystem der Gesellschaft zu vermitteln.

ist aber mehr auf Eigenständigkeit gegenüber dem Staat bedacht.[12] Kennzeichen dafür ist, dass man eine gute finanzielle Grundlage braucht und dass es sich bei der Kirche um eine Institution handelt, die durch ihre Geschichte in einem bestimmten Land bereits gefestigt ist. Die institutionelle Dimension hat denn auch ein stärkeres Gewicht als die gemeindliche Ebene. Die Gefahr dieses Modells, das sich stark an der Kommunikation mit Staat und Gesellschaft orientiert, ist die Tendenz zur Selbstsäkularisation.[13]

Die folgenden Ausführungen konzentrieren sich auf das Modell d), der Zusammengehörigkeit von sprachlich-ethnischer und kirchlicher Identität.

2. Siebenbürgen – kurz skizziert

„Eine Korrelation von Ethnikum und Konfession ist in Siebenbürgen weitgehend die Regel."[14] Diese Aussage von Ulrich Wien, einem Kenner der siebenbürgischen Kirchengeschichte, leuchtet jedem ein, der in diesem geografischen Raum lebt und sich mit der Geschichte beschäftigt. Die Kirche war für eine bestimmte, kulturell und sprachlich abgegrenzte Gruppe da: Die Sachsen sind evangelisch-lutherisch, die Rumänen orthodox (und ab 1700 teils griechisch-katholisch; erst im 20. Jahrhundert haben sich auch freikirchliche Gruppen in größerem Rahmen in der rumänisch-sprachigen Bevölkerung etabliert), während Reformierte, Unitarier und römisch-katholische Christen in Siebenbürgen (anders als im Banat oder in der Moldau) praktisch immer ungarische Nationalität hatten und haben. Es ist die Rede von einer Identität der Grenzen: Zugehörigkeit zu einer ethnischen Gruppe und Zugehörigkeit zu einer bestimmten Kirche (Konfession) waren über weite Strecken deckungsgleich.

Dazu ist vorerst einmal eine positive Aussage zu machen. Dass sich die Kirchen in Siebenbürgen über Jahrhunderte im Wesentlichen in diesem Sinn als Volkskirchen verstanden,[15] hat deren relativ friedliches Zusammenleben

---

[12] Bei *Wilfried Härle* (Kirche VII – dogmatisch, TRE 18, 306 f) entspricht es dessen 4. Typ von Volkskirche.
[13] Darauf weist *Wolfgang Huber* hin (*Huber,* TRE 35, 253).
[14] *Ulrich A. Wien:* Resonanz und Widerspruch. Von der siebenbürgischen Diaspora-Volkskirche zur Diaspora in Rumänien, Erlangen 2014, 234. Der Autor verweist dafür auf eine Studie von *Harald Roth.*
[15] Auch vor der Prägung dieses Begriffs und unabhängig von dessen spezifisch deutschen Konnotationen.

(oder zumindest Nebeneinanderleben) möglich gemacht. Man hat sich im Allgemeinen nicht eingemischt. Natürlich gab es auch hier Ausnahmen und Versuche der Homogenisierung, aber diese hatten nur geringen Erfolg. Die Versuche einer Rekatholisierung der Siebenbürger Sachsen führten nicht weit. Zeitweise musste die rumänisch-orthodoxe Kirche reformierte Superintendenten zur Aufsicht über sich erdulden, aber das brachte keine nachhaltige Reform unter den Rumänen zustande. Die Union von Teilen der orthodoxen Rumänen Siebenbürgens mit Rom war zwar geschichtlich und quantitativ bedeutend, aber das führte nicht zu einer Abkehr vom Prinzip der doppelt festgelegten Zugehörigkeit: nun waren eben rumänische kulturelle (und später dann: nationale) Identität und griechisch-katholische Konfession zwei zusammengehörende Faktoren.

3. Historischer Hintergrund: Verstärkte Bindung von Konfession und Ethnie im 19. und 20. Jahrhundert

3.1 Die evangelische Kirche

Die enge Verbindung von Kirche und Ethnie/Sprache hat sich im 19. Jahrhundert verstärkt, als Folge des aufkommenden Nationalismus. Nach dem österreichisch-ungarischen Ausgleich 1867 mit dem Anschluss Siebenbürgens an Ungarn (der das Ende des selbstständigen Großherzogtums Siebenbürgen bedeutete) und der damit verbundenen Aufhebung der Selbstverwaltung der deutschen Bevölkerungsgruppe (der sogenannten Sächsischen Nationsuniversität, die auf dem sogenannten Königsboden seit dem 15. Jahrhundert bestand) im Jahre 1876 waren die Siebenbürger Sachsen kein eigener, staatstragender Rechtskörper mehr, sondern nur eine politische (kulturelle, sprachliche, ethnische) Minderheit.

Parallel dazu kamen Tendenzen der Magyarisierung.[16] Die Schulen (Volksschulen und Gymnasien) waren traditionell unter kirchlicher Obhut. Wenn eine Schule sich aus finanziellen Gründen nicht mehr halten ließ und

---

[16] Diese wurde von Budapest aus betrieben, weil „die Ethnie der Ungarn 1867 statistisch nur etwas mehr als vier Zehntel der Staatsbevölkerung zählte" und damit demographisch keine gefestigte Stellung hatte (*Ulrich A. Wien:* Von der ‚Volkskirche' zur ‚Volksreligion'? Beobachtungen zur Entwicklung der Evangelischen Landeskirche A. B. in Rumänien von 1919 bis 1944; in: RES – Review of Ecumenical Studies Sibiu 4 (2/2012), 169–222, Zitat 176. Noch 1910 erreichte deren Anteil „trotz eines den Ungarn günstigen Zählverfahrens" nur 48,1 Prozent (*Ernst Christoph Suttner:* Kirche und Nationen. Beiträge zur Frage nach dem Verhältnis der Kirche zu den Völkern und der Völker zur Religion, Das östliche Christentum, N. F., Bd. 46, Würzburg 1997, 89).

unter staatliches Regiment kam, wurde die Unterrichtssprache ungarisch. Nach dem Wegfallen einer einheitlichen politischen Vertretung ging die Aufgabe der Pflege der deutschen Sprache und Bildung somit fast ausschließlich auf die Kirche über. Prägend war dabei die Figur des Superintendenten Georg Daniel Teutsch (1817–1893), eines liberalen, kulturprotestantisch denkenden und handelnden, deutsch-national gesinnten Theologen und Pädagogen.[17] Ulrich Wien beschreibt jene Periode folgendermaßen:

„In der Phase der von Teutsch dominierten Kirchenleitung verfolgte er ein zeittypisch sich ausprägendes Konzept von ‚Volkskirche'. Konsequent ergänzte er dieses Konzept mit einem Ausbau zu einer Bildungsgemeinschaft und schuf ein aus seiner Sicht schlüssiges Geschichtsbild. Historisch-landeskundliche Forschung wurde so zur Grundlage einer sich auch politisch neu einordnenden Gruppe, für die sich rasch der Begriff ‚Siebenbürger Sachsen' einbürgerte. Dieses kollektive Geschichtsbild prägte das Selbstverständnis über Generationen hinweg."[18]

Dieses Selbstverständnis fasst zum Beispiel Andreas Möckel im Hinblick auf die Jugend seines Vaters Konrad Möckel (1892–1965), des bedeutenden Stadtpfarrers von Kronstadt und zentralen Figur eines kommunistischen Schauprozesses 1958, so zusammen:

„Er wuchs in einer sächsischen Welt auf, in der drei Grundüberzeugungen herrschten: Die Siebenbürger Sachsen waren ein zusammengehöriges Volk; sie waren evangelisch; und die evangelische Kirche mit dem Bischof in Hermannstadt fügte sich in das Volksganze ein."[19]

Die umfassende und bestimmende Kategorie war somit das Volk, im Sinne einer kulturell-sprachlich einheitlichen Gruppe innerhalb eines größeren Staatsverbandes. Die Kirche stand als ein zwar wichtiger, aber doch letztlich untergeordneter Teil in dessen Dienst.

---

[17] Ulrich Wien charakterisiert die von Teutsch geprägte Kirche so: „Innerhalb der Landeskirche entstand eine sozial, ökonomisch, administrativ und mentalitätsmäßig als Kulturprotestantismus in Reingestalt wahrgenommene Symbiose von Gesellschaft, Wirtschaft, Politik und Kirche. Der Heidelberger liberale Universitätstheologe Richard Rothe hatte die generellen kulturtheoretischen Perspektiven hierfür formuliert. Der stark rationalistisch geprägte und von daher lebenspraktisch ausgerichtete, einer idealistischen Ethik verpflichtete Fortschrittsoptimismus des Superintendenten Teutsch und der um ihn gescharten Führungsschicht verband sich mit einem deutschnationalen Grundverständnis: einer Deckungsgleichheit von evangelischer Kirchlichkeit und deutscher Kulturmission. Deutsch und evangelisch, Kirche und ‚Volkstum' konnte – und musste in dieser Perspektive – in eins fallen." (*Wien,* Volkskirche, 178).
[18] *Wien,* Volkskirche, 177.
[19] *Andreas Möckel:* Umkämpfte Volkskirche. Leben und Wirken des evangelisch-sächsischen Pfarrers Konrad Möckel (1892–1965), Studia Transylvanica 42, Köln 2011, 5.

Unter anderen Vorzeichen wiederholte bzw. verstärkte sich diese Konstellation in der Zwischenkriegszeit, diesmal in dem nach 1918 neu gebildeten großen rumänischen Staat, in dem 30 Prozent der Bevölkerung zu ethnischen und zugleich religiösen Minderheiten gehörten.[20] Kirche, Bildungswesen und deutsche Sprache bildeten eine Einheit. In der evangelischen Kirche verstärkten sich in jener Zeit allerdings die deutsch-nationalen und zunehmend nationalsozialistischen Tendenzen, bis hin zur Übernahme der Macht auch in der Kirchenleitung.

In einer nochmals völlig veränderten Situation schließlich gilt auch für die Zeit unter dem Kommunismus, dass die Kirche in hohem Maße als Hort kultureller Identität erfahren wurde:

„Weil eine – ideologiefreie – gesellschaftliche oder politische Assoziation nicht möglich war, stellte die Kirche aber in aller Regel die Plattform für eine ethnisch geschlossene, von staatlicher Indoktrination – weitgehend – freie Begegnung dar."[21]

3.2 Die orthodoxe Kirche

Das Ringen der rumänischen Bevölkerung um die Anerkennung und Förderung ihrer kulturellen und sprachlichen Identität geht in Siebenbürgen viel weiter zurück als das der deutschsprachigen Minderheit. Die Rumänen waren über Jahrhunderte benachteiligt, weil sie nicht zu den staatstragenden Nationen gehörten, sondern ohne politische Rechte eben ‚einfach' hier wohnten; die orthodoxe Kirche war nur geduldet. Der Anschluss eines Teils der rumänischen orthodoxen Kirche an Rom, die Union von ca. 1700, hatte vor allem auch diesen Hintergrund, nämlich als (zahlenmäßig immer bedeutendere) Volksgruppe Anerkennung und einen gewissen Anteil an der Gestaltung der Gesellschaft zu erhalten. Die sogenannten Unierten (griechisch-katholische Kirche) wurden denn auch zu Vorreitern in der Förderung der rumänischen Sprache (ein Beispiel ist die Bibelübersetzung von Blaj) und der Stärkung des Nationalbewusstseins.

Das 19. Jahrhundert brachte auch hier Bewegung hinein. Vergleichbar mit den Siebenbürger Sachsen kämpften die Rumänen in Siebenbürgen um die Stärkung kultureller Autonomie, um die Pflege der Sprache und damit verbunden um die Schulen.

Für die rumänisch orthodoxe Bevölkerung Siebenbürgens war er ebenfalls – in Parallele zu Bischof G. D. Teutsch bei den Sachsen – eine herausra-

---

[20] *Wien,* Resonanz, 12.
[21] Ebd., 15

gende Figur, um den herum sich die Anstrengungen bündelten, nämlich der Hermannstädter Metropolit Andrei Şaguna[22]. Er erlangte im Jahr 1864 die Zustimmung Wiens zur (Wieder-) Einrichtung der orthodoxen Metropolie in Hermannstadt. Wichtig war für Şaguna die Gründung zahlreicher rumänischer Schulen. Auch hier gilt, dass die Kirche in Zeiten der Bedrängnis zu einem Ort der Bewahrung und Förderung einer Sprache und einer Kultur wurde.[23] Die gleiche Frage jedoch, die oben im Zusammenhang der evangelischen Kirche gestellt wurde, ist auch im Kontext der rumänischen Orthodoxie von Bedeutung: Welche Motivation und welches Ziel ist in dieser Verbindung von Kirche und Sprache/Kultur vorrangig: die nationale Identität oder die kirchlich-geistliche Dimension?

Die klassische Antwort, die man sowohl in Fachbüchern als auch in populären Schriften vielfach findet, lautet: es handele sich um zwei Seiten einer Medaille. Um diese Überzeugung zu stützen, hat sich eine entsprechende Geschichtsdeutung entwickelt. Das rumänische Volk sei zeitgleich „als Volk geboren" und christlich (orthodox) geworden, und zwar in der Zeit der Römerherrschaft in diesem Gebiet. Beide Teile gehören demnach von Geburt an unlöslich zusammen. Diese Überzeugung gehört sozusagen zum Grundbestand rumänisch-orthodoxer Geschichtsdeutung,[24] nicht zuletzt weil sie vom wichtigsten Theologen Rumäniens, Dumitru Stăniloae, dezi-

---

[22] Vgl. dazu die grundlegende Monographie: *Johann Schneider:* Der Hermannstädter Metropolit Andrei von Şaguna. Reform und Erneuerung der Orthodoxen Kirche; in Siebenbürgen und Ungarn nach 1848, Studia Transylvanica 32, Köln-Weimar-Wien 2005.

[23] Geradezu entgegengesetzt, aber deshalb nicht unproblematisch war die Situation der Orthodoxen Kirche im neu gegründeten Rumänien (nach der ‚kleinen Vereinigung' der beiden rumänischen Fürstentümer von 1859). Dort war die Orthodoxie Staatsreligion; die Verfassung von 1866 lautete: „Die östlich-orthodoxe Religion ist die dominante Religion des rumänischen Staates." und „Die Kirche ist ein Organismus des Staates, und zwar einer der herausragenden; sie lebt zusammen mit dem Staat und trägt zu dessen Leben bei, während der Staat seinerseits die Stütze der Kirche ist." (*Paul Brusanowski:* Stat şi Biserică în Vechea Românie între 1821–1925, Cluj-Napoca 2010, 98). In diesem Geist hat der rumänische Fürst Al.I. Cuza in einem Gesetz von 1863 alle Klostergüter verstaatlicht (*Brusanowski,* Stat, 249).

[24] So etwa schreibt Ioan I. Ică jr. in der Publikation zum 230-jährigen Jubiläum der orthodoxen Theologie in Hermannstadt aus dem Jahr 2016: „Das volkstümlich-rumänische Christentum ist – wie überhaupt das rumänische Volk – ein ‚Rätsel und Wunder der Geschichte', wie öfters gesagt wurde (*F. Lot,* Gheorge I. Brătianu). Als einziges lateinisches orthodoxes Volk Europas sind die Rumänen nicht nur das einzige Volk, das in seinem Namen die Erinnerung an Rom trägt, sondern auch das einzige europäische Volk, von dem man – anders als bei den Nachbarvölkern, die sich auf den Ruinen des Römischen Reiches gefestigt haben – kein offizielles Datum seiner Christianisierung kennt. Die Ethnogenese fiel zusammen mit einer Christianisierung, die das geistliche Siegel beider Roms zugleich trägt, des lateinischen und des byzantinischen, woraus eine volkstümliche christliche, ostkirchliche Rumänität nördlich der Donau entstand."

diert vertreten wurde.[25] Ein so unverfänglicher (weil ökumenisch gesinnter, im Westen mitgeprägter) Theologe wie Ion Bria setzt dies ganz selbstverständlich an den Anfang einer Präsentation der rumänischen orthodoxen Kirche. Diese habe ihre Prägung von drei großen Strömungen erhalten: sie sei erstens apostolisch, patristisch und byzantinisch, drittens lateinisch-europäisch, zweitens ethnisch-national:

> „und zwar wegen des Zusammenfallens der Geburt des rumänischen Volkes mit dessen christlicher Taufe. Sobald es in der Geschichte erschienen war [...], tat es dies zugleich als neue ethnische und christliche Entität."[26]

Es fehlt nicht an gut begründeter Kritik von seiten einiger Historiker, allen voran Lucian Boia. Dass es vom 4. Jahrhundert an so etwas wie eine „rumänische Nation" gegeben habe (und dass diese Nation mehr oder weniger auf dem Gebiet des heutigen Rumänien zu lokalisieren sei), sei eine verbreitete Meinung, die zwar historisch in keiner Weise belegt werden könne, aber als „passende historische Mythologie" diene. In Kurzfassung lautet sie: „Die Rumänen wurden als christliches Volk geboren" und dieses „hätte sich im Laufe seiner Geschichte stets mit dem orthodoxen Christentum identifiziert".[27] Die prekäre Quellenlage mache ein solches Urteil aber sehr zweifelhaft; es stützt sich auf Mutmaßungen.

Eine entsprechende Diskussion wurde in Rumänien in der Zwischenkriegszeit unter Intellektuellen intensiv geführt. Eine Promotionsarbeit zum Thema der Identifizierung von rumänischer nationaler Identität und Orthodoxie in jener Zeitepoche hat Nicolai Staab vorgelegt.[28] Er analysiert unter anderem die Schriften des damals einflussreichen Intellektuellen Nae Ionescu. Für diesen gilt, dass

(*Ioan I. Icǎ jr:* Calea de 230 de ani a şcolii teologice de la Sibiu – Însemnări pe marginile unui album; in: *Nicolae Chifǎr* (Hg.): Vocaţie şi dăinuire – Vocation and Continuity. Învăţământul teologic ortodox la Sibiu, 230 de ani de istorie ‚in chipuri şi icoane' – Eastern-Orthodox Theological Education in Sibiu, 230 years of History ‚in Faces and Icons': Sibiu 2016, 11–38, Zitat 11).

25 Auf *Stăniloae* bezieht sich auch Ernst Christoph Suttner und schließt sich dessen Urteil weitgehend an: „Es liegt auf der Hand, dass der Annahme des Christentums eine Ursächlichkeit am Entstehen der Romanen Südosteuropas zukommt." (*Suttner,* Kirche und Nationen, 88).

26 *Ion Bria:* Evolution et originalité de l'Eglise locale de Roumanie; in: *Metropolit Damaskinos* (Hg.): Eglise locale et Eglise universelle, Chambésy/Genève 1981, 87–106, Zitat 87.

27 *Lucian Boia:* Geschichte und Mythos. Über die Gegenwart des Vergangenen in der rumänischen Gesellschaft, Köln-Weimar-Wien 2003, 16.

28 *Nicolai Staab:* Rumänische Kultur, Orthodoxie und der Westen. Der Diskurs um die nationale Identität in Rumänien aus der Zwischenkriegszeit, Erfurter Studien zur Kulturgeschichte des orthodoxen Christentums, Band 5, Frankfurt a. M. 2011.

„die Konfession, eine historische Realität, integraler Bestandteil der anderen historischen Realität, der Nation, ist,"

und dass zum Attribut ‚rumänisch'

„essenziell die Orthodoxie hinzutritt. Rumäne sein [...], schlicht und einfach Rumäne, bedeutet, auch orthodox zu sein."[29]

Ionescu polemisiert im Besonderen gegen den Katholizismus, der die Partikularität, d. h. die kulturelle Gebundenheit des Glaubens an ein Volk auflösen wolle und damit die Menschen aus ihrer natürlichen und seelischen Gemeinschaft herauslöse, zugunsten einer unversalistischen Willensreligion.

Solche Gedanken sind nicht nur geschichtliche Reminiszenzen. Nach dem Zusammenbruch des Kommunismus und der Enttäuschung über ausgebliebene Wunder des Kapitalismus orientieren sich viele Rumänen wieder an den Ideen der Zwischenkriegszeit. Die Gegenwart mit ihrer Globalisierung und Säkularisierung wird nicht selten als Bedrohung gesehen, und das führt in Reaktion zu einer Stärkung vermeintlich eindeutiger Identitäten. Wo ein Angriff auf die christlichen (christlich-orthodoxen) Werte wahrgenommen wird, wird dies zugleich als ein Angriff auf die Seele des rumänischen Volkes verstanden.

Es gibt Länder, in denen diese enge Verbindung von nationaler Identität und orthodoxer Kirche noch stärker ausgeprägt ist als in Rumänien. Eine große theologische Herausforderung für die Orthodoxie ist die Situation in der Diaspora, in der jede nationale Kirche ihre eigenen Gemeinden und ihre eigene Hierarchie hat. Ekklesiologisch gesehen ist dies eigentlich eine Unmöglichkeit, da es an einem Ort nur einen (rechtmäßigen) Bischof geben kann. Faktisch aber ist das Problem nur sehr schwer zu überwinden.[30] Nur stellt sich die Frage, ob eine Überwindung aus ekklesiologischer Sicht denn wirklich dringend geboten ist. Ist diese Verbindung von Sprache/Kultur und Kirche negativ zu bewerten? Ist Volkskirche in diesem Sinn tatsächlich ein Auslaufmodell, nur ein Relikt als Erbe des 19. Jahrhunderts und somit eine historische Ausnahmesituation, die sich in einer globalisierten Welt sowieso selber überholt?

---

[29] So Nae Ionescu in einem Beitrag in der Zeitschrift *Cuvântul* von 1930, zitiert bei *Staab, Rumänische Kultur*, 211.

[30] Das panorthodoxe Konzil vom Juni 2016 auf Kreta hat dazu ein eigenes Dokument erstellt, mit der Aussage, dass die Existenz mehrerer kanonischer Kirchen auf demselben Territorium aus pastoraler Notwendigkeit entstanden ist (‚iconomia'), aber möglichst bald in ordentliche Strukturen (gemäß ‚acrivia') überführt werden sollte.

Die Frage stellt sich aber nicht nur aus geschichtlicher oder gesellschaftlicher Perspektive; vielmehr ruft sie auch nach einer theologischen Bewertung. Müsste die Kirche sich dezidiert und programmatisch von der Bindung an Ethnie und Sprache lösen, weil es in ihr eben „nicht Jude noch Grieche" gebe und sie gerade dazu berufen sei, Katholizität auch in dieser Hinsicht zum Ausdruck zu bringen?

In der kleinen evangelischen Kirche in Rumänien ist diese Frage umstritten. Eine dezidierte und prominente Stimme ist diejenige von Paul Philippi, seinerzeit Professor für Diakoniewissenschaft in Heidelberg, der 1983 in seine Heimat in Siebenbürgen zurückgekehrt war, nach der Wende zum Mitbegründer des Demokratischen Forums der Deutschen in Rumänien (der politischen Minderheitenvertretung) wurde und heute dessen Ehrenpräsident ist. Seine Argumente sollen hier wiedergegeben werden, die er in Aufsätzen aus sehr unterschiedlichen Jahren (von 1961 bis 2011) entwickelt hat. Für ihn ist die Verbindung von Kirche und Kultur, und zwar einer bestimmten Kultur mit ihrer Sprache, im Wesen von Kirche begründet.

Seine Argumente bewegen sich natürlich auf einem heiklen Terrain. Gerade auch in der evangelischen Kirche in Rumänien wurde der Zusammenhang von Kirche und Kultur/Sprache in der Zeit des Nationalsozialismus von vielen völkisch-rassistisch interpretiert. Gibt es zu diesem Thema, auf dem Hintergrund der deutschen Geschichte, noch ein unbefangenes Reden? Dabei geht es nicht nur um eine selbstverständliche und klare Abgrenzung gegenüber den rassistischen Vorstellungen der Nazi-Zeit, sondern auch um die Frage, ob man eine theologische Begründung der Verbindung von Ethnie/Sprache und Kirche finden kann, ohne in die kulturprotestantischen und tendentiell nationalistischen Konzepte des 19. Jahrhunderts zurückzufallen.

Philippi setzt in seinen ekklesiologischen Überlegungen bei CA VII an. Die mittelalterliche Bezeichung *communio sanctorum* für das Wesen der Kirche wurde durch *congregatio sanctorum* ersetzt, die Kirche war „jetzt eindeutig als eine versammelte Gemeinschaft definiert"[31], und dass damit eine soziale Kategorie benutzt wurde, sei bedeutungsvoll. *Congregatio sanctorum* entstehe eben „nicht im abstrakten Raum, sondern muss immer unter kollateralen soziologischen Bedingungen zustande kommen"[32].

---

31 *Paul Philippi:* Wir schulden unser Profil. Zur Verkündigungssprache in den evangelischen Kirchen Siebenbürgens; in: Zeitschrift für Siebenbürgische Landeskunde 37 (2014), 220–228, Zitat 220.

32 *Paul Philippi:* Volkskirche Ja oder Nein? In memoriam dem Freunde Balduin Herter zum 85. Geburtstag am 15. September 2011; in: Zugänge. Jahrbuch des Evangelischen Freundeskreises Siebenbürgen e. V. 39 (2011), 64–84, Zitat 68.

Congregatio ist in ihrem Wesen Mahlgemeinschaft. „Recht verstande-
ner Sakramentsvollzug hat darum eine soziale Dimension (1 Kor 11, Joh
13)."[33] Eine Mahlgemeinschaft ist immer an einen bestimmten Ort gebunden. So entsteht in der frühen Kirche das ortsgebundene Leitungsamt des
Episkopos, dem bald die *Diakonoi* zur Seite trete. Sie haben den doppelten
Auftrag der Sendung nach außen (Mission als Ruf zum Glauben, Kirche als
die durch Gott Herausgerufenen, *ekklesia*) und des Aufbaus der Koinonia
nach innen, des Versammelns als *Synaxis,*[34] mit der dafür nötigen Struktur.
Eine Ortsgemeinde als Lebensgemeinschaft ist dabei immer auch Kommu-
nikationsgemeinschaft.[25] Daran schließt sich für Philippi unmittelbar die
folgende Frage an:

> „Unter welchen Bedingungen lassen sich Strukturen verbindlichen sozia-
> len Zusammenlebens eher aufbauen: unter Bedingungen sprachlich-kul-
> tureller Homogenität oder unter sprachlich-kulurell Heterogenen? Gibt es
> ein theologisches Gebot, es Sprachen übergreifend anzugehen?"[36].

Dass die siebenbürgischen evangelischen Gemeinden ihren Bestand und
ihre Ordnung so lange Zeit erhalten konnten, ist für Philippi nicht zuletzt
der Tatsache geschuldet, dass sie

> „Gemeinden gleicher Sprache, gleicher sozialer Kultur sind oder waren,
> was ja, Gott sei Dank, weder eine Sünde ist noch zu einem weltanschau-
> lichen Kriterium erhoben werden muss, was aber zum Zusammenhalt
> (auch zum christlichen Zusammenhalt!) beiträgt."[37]

Zur Substanz von Kirche – so erläutert er in diesem Zusammenhang –
gehört „die verbindliche Geschwisterlichkeit des ‚ein Leib'-Werdens (1 Kor.
11)"[38]. Sprache und Kultur stehen nicht auf dieser Ebene, haben aber eine
indirekte und darum auch theologisch zu würdigende Bedeutung:

> „Gleiche Kultur und Sprache gehören nicht zur Substanz von Ekklesiolo-
> gie – gehören also *nicht* zur allgemeinen *Lehre* von der Kirche. Kultur
> und Sprache werden jedoch zu einer untheologischen Konsequenz aus
> der theologisch gebotenen Substanz des Gemeindewerdens, sofern die-
> ses auf verbindliche Geschwisterlichkeit hin zielt, die auf Dauer angelegt
> ist."[39]

---

[33] *Philippi,* Ja oder Nein, 71.
[34] Ebd., 77.
[35] Ebd., 75.
[36] Ebd., 71.
[37] *Paul Philippi:* Haben wir Siebenbürger Sachsen einen besonderen Glauben? (1961); in:
      ders., Kirche und Politik, Teil I, 27–41, Zitat 39.
[38] *Philippi,* Ja oder Nein, 72.
[39] Ebd., 71 f. In diesem Zusammenhang weist Philippi auf Apg 6 hin, wo von einer Diffe-

Der soziale Zusammenhalt ist also mit zu bedenken, wenn von der Gemeinde als *soma,* als *congregatio* gesprochen wird. Er ist zwar nicht das Fundament der Kirche, aber ihm „kommt wohl eine Identität begründende, eine theologisch-ekklesiologische Qualität zu". Dazu gehört für Philippi immer und vor allem die Sprache:

> „Und dass da eine qualifizierte Lebensart, und mit dieser Lebensart eine gemeinsame Sprache, die zwar sekundäre, aber unausweichliche und mit ihr zusammenhängende Folge sein wird, das ist wohl kaum zu bestreiten."[40]

Aus diesem Grund kommt Philippi immer wieder auf die Sprachenfrage zurück. Er steht jedem Versuch kritisch gegenüber, durch Übernahme der rumänischen Sprache die evangelische Kirche in Rumänien zahlenmäßig stärken bzw. ihr damit eine Zukunft ermöglichen zu wollen.[41]

Diese grundsätzlichen Überlegungen zur sozialen Dimension der *congregatio* verbindet Philippi mit der Kirchengeschichte der Siebenbürger Sachsen. Er beschreibt die spezielle Prägung der Siedler im 12. Jahrhundert, deren kirchliche Organisation er – in Anlehnung an den Tübinger Rechtshistoriker Hans Erich Feine – mit dem Begriff „Genossenschaftskirchen bäuerlicher Gemeinschaften" beschreibt.[42] Gemeint sind Kirchen mit rechtlich selbstständiger Organisation, die im Unterschied zu den ‚Eigenkirchen' der Landesherren (die im Investiturstreit zur Diskussion standen) nicht von einem Adligen abhängig, sondern von unten, von der Gemeinde her aufgebaut waren, was u. a. durch das Pfarrwahlrecht zum Ausdruck kam.[43] Die Siedler wollten „ihre Einzelgemeinden unter der Lebensform des Evangeliums aufbauen" und „ihre selbstverständliche Sprachgemeinschaft unter das

---

renzierung innerhalb der Jerusalemer Urgemeinde erzählt wird. Die Griechisch sprechenden Christen erhalten ihre eigene Leitungsgruppe um Stephanus herum. Die vortheologischen, ethno-kulturellen, sozialen Gegebenheiten – so Philippi – wurden damit kirchlich ernst genommen: „Damit überliefert Apg 6 implizit eine soziologisch-theologische, wichtige Entscheidung, nämlich den Schritt zum legitimen Entstehen christlicher Teilgemeinden bzw. von Ortsgemeinden (Ekklesiologie bezieht offenbar Soziologisches immer mit ein!)." (*Philippi,* Ja oder Nein, 73.)

[40] *Paul Philippi:* Bewahren und Verändern. Gedanken über die Identität unserer Kirche (2005); in: *ders.,* Kirche und Politik, Teil II zwischen 1992 und 2005, Sibiu/Hermannstadt 2006, 411–421, Zitat 414.

[41] Dass diese hohe Bewertung der Sprache nicht etwa eine Sonderstellung der deutschen Sprache meint, sondern für jedes Volk gleichermaßen gilt, betont Philippi dabei mehrfach, vor allem unter Hinweis auf ähnliche Verhältnisse in der rumänisch-orthodoxen Kirche (vgl. z. B. in: *Philippi,* Bewahren und Verändern, 414).

[42] *Philippi,* Siebenbürger Sachsen, 30; der gleiche Hinweis aus 1961 wird 2014 wieder aufgenommen (*Philippi,* Profil, 221).

[43] Es war eine Gemeindekirche, keine Pfarrerkirche (*Philippi,* Siebenbürger Sachsen, 33 f).

Vorzeichen einer christlichen Lebensordnung stellen".[44] Dies waren die „Anliegen und gewissermaßen Zielvorstellungen der Auswanderer",[45] in Abgrenzung von zentralistischen römisch-rechtlichen Traditionen. Gewiss hat dies mit einer spezifischen Rechtstradition zu tun, die in deutschsprachigen Ländern verbreitet war, aber das ‚Deutsche' war damals keineswegs im späteren völkischen Sinne gemeint, vielmehr ging es „um das Leitbild einer bestimmten gemeinsamen Lebensweise, um eine bestimmte Sozialstruktur der Kirche", die zu einer bestimmten Volksgruppe gehörte:

> „Schon bei ihrer ersten uns bekannten Erwähnung 1191 heißt unsere Kirche *ecclesia theutonicorum ultrasilvanorum,* dann, 1557, *ecclesia Dei Nationis Saxonicae,* wie ihr Bischof sie bei der ersten quasi ökumenischen Versammlung der reformatorischen siebenbürgischen Kirchen nennt."[47]

Daraus sei zu ersehen, dass diese Kirche immer schon als Kirche einer bestimmten Volksgruppe wahrgenommen worden sei, in untrennbarer Verbindung von sozial-kultureller und geistlicher Dimension. Sie „nimmt Verantwortung für die Lebensform eines Volkes wahr, das sich ihr zugeordnet hat und so zum ‚Kirchenvolk' geworden ist".[48]

In diesem Zusammenhang führt Philippi die Bestimmung einer Hermannstädter Synode von 1565 zur Frage der Adiaphora an.

> „De caeremoniis seu rebus adiaphoris memorabilis est sententia Augustini. In his rebus, de quibus nihil certi statui divina scriptura, mos populi dei et instituta maiorum pro lege tenenda sunt, et sicut praevaricationes divinarum legum, ita contemptores ecclesiasticarum consuetudinum coercendi sunt."[49]

Philippi urteilt, dass diese Formulierung im Bereich des evangelischen Kirchenrechts ziemlich einmalig sei:[50] nämlich dass die Bräuche des Gottesvolkes, *mos populi dei,* wie ein Gesetz zu verstehen seien und deren Über-

---

44 *Philippi,* Volkskirche, 199.
45 *Philippi,* Siebenbürger Sachsen, 30, auch wieder Ja oder Nein, 79.
46 *Philippi,* Siebenbürger Sachsen, 31.
47 *Philippi,* Ja oder Nein, 79. Der Hinweis auf den Ausdruck *Ecclesia Dei Nationis Saxonicae* auch in *ders.,* Von der Volkskirche zur Diasporakirche; in: Kirche und Politik, Teil II, 224–240, besonders 227, wo Philippi betont, dass hier nicht die Nation im neuzeitlichen Sinne gemeint ist, sondern die Volksgruppe, und wo er vor allem auf den Vorrang des Genitivs *dei* hinweist.
48 *Philippi,* Ja oder Nein, 79
49 *Philippi,* Siebenbürger Sachsen, 32, wieder aufgenommen in späteren Publikationen (*Philippi,* Kann sich…, 196 und *Philippi,* Diasporakirche 227 f.)
50 In diesem Urteil beruft er sich auf *Hans Dombois,* allerdings ohne Stellenangabe (*Philippi,* Kann sich …, 195).

tretung zu bestrafen sei wie die Übertretung biblischer Gebote. Er interpretiert das im oben angegebenen Sinn, nämlich der untrennbaren Verbindung von sozialer Lebensordnung und Glaube, die in einer konkreten *congregatio* eingeübt und gelebt wird. „Kirchengemeinschaft ist oder wird immer auch Kulturgemeinschaft", das heißt „eine von ihrem Kirchentum mitgeprägte Mentalität und Sozialität", beides verbunden mit der Sprache.[51] Man kann sie nicht ohne Folgen auseinanderbrechen.

Der Aufweis einer Verwurzelung in einer jahrhundertealten Geschichte, zusammen mit dem Bezug auf die soziale Dimension der *congregatio,* gibt Philippi die argumentative Grundlage, um sich von den Entwicklungen des 19. und 20. Jahrhunderts zu distanzieren und zugleich bei seinem Verständnis von Volkskirche zu bleiben. Mit der *mos populi dei* (Synode 1565) sei nicht das Volk *tout court* als Maßstab gesetzt, sondern das Volk Gottes. Als hingegen im 19. Jahrhundert eine Verschiebung einsetzte, wurde unmerklich das Volk in seiner ethnisch-kulturellen Bestimmtheit und angeblichen Bestimmung zum Maßstab und Zweck, die Kirche hingegen das Mittel in dessen Dienst.[52] Sie wurde zum Zwecke des Deutschtums missbraucht, und diese nationalistischen Tendenzen in Verbindung mit kulturprotestantischem Liberalismus und Rationalismus sei gerade eine „Entfremdung des besonderen Glaubenslebens in Siebenbürgen von sich selbst" gewesen, eine „Entfremdung von der evangelischen Substanz".[53]

Ist ein solches, von der lokalen Ortsgemeinde und ihrem sozialen Zusammenhalt geprägten Glaubensleben in der heutigen, radikal gewandelten Welt für unsere Kirche noch möglich? Paul Philippi plädiert leidenschaftlich dafür, während andere Theologen der Kirche stärker nach neuen Formen suchen und die Öffnung hin auf die rumänisch-sprachige Bevölkerung (von denen auch schon einige zu Mitgliedern der Kirche geworden sind) als unausweichlich erachten. Darüber für die spezifische Situation in Siebenbürgen an dieser Stelle ein Urteil zu fällen, ist nicht Aufgabe dieses Aufsatzes. Die Frage jedoch, die durchaus von allgemeinerem Interesse ist, ist diejenige nach der Plausibilität eines so verstandenen Kirchenbegriffs, einer Volkskirche im Sinne ethnisch-sprachlicher Zugehörigkeit also. Es soll darum noch-

---

[51] *Philippi,* Bewahren und Verändern, 413.
[52] Philippi schreibt 2011: „Der *abusus* bei einer ‚Volkskirche', die den Titel ‚Kirche' als Vorwand für die Erhaltung einer Ethnie in Anspruch nimmt, liegt demnach nicht daran, dass die Glieder der *congregatio* gleicher Ethnie tatsächlich *sind,* er liegt an der Ideologie, welche diese ethnische Gemeinschaft zum eigentlichen *Zweck* erhebt, die kirchliche Gemeinschaft aber bloß als ein Mittel gelten lässt, welches seines außerkirchlichen Zweckes wegen angewendet wird." (*Philippi,* Ja oder Nein, 70).
[53] *Philippi,* Siebenbürger Sachsen, 36 und 38.

mals die Frage gestellt werden: Ist diese Korrelation von Ethnikum und Konfession nur ein historischer Sonderfall, bezeichnend für Siebenbürgen und teilweise für andere Länder in Südosteuropa? Ein Sonderfall, der sich im Zuge der Globalisierung zudem von selber auflösen wird?

Vieles deutet darauf hin, dass sich ein solches Modell nicht überlebt hat, sondern in ganz unterschiedlichen Kontexten eine selbstverständliche Daseinsform von Kirche darstellt. Auf die Situation der orthodoxen Diaspora wurde schon hingewiesen, in deren Gemeinden der Faktor sprachlicher und kultureller Beheimatung eine zentrale Rolle spielt und stärker ist als dogmatische Grundsätze. Aber auch an Migrationsbewegungen aus dem globalen Süden, besonders aus Afrika, nach Europa ist zu denken. In den europäischen Städten sind zahllose Gemeinden entstanden – christliche, vor allem charismatisch-pfingstliche Kirchen, aber auch Moscheen – die reine Volks- und Sprachgemeinschaften sind. Migranten suchen sich die kirchliche Zugehörigkeit nicht nach dem Kriterium der Konfession aus, sondern danach, wo sie ihre kulturellen Wurzeln wiederfinden und bewahren können, und mit ihnen ein wichtiges Stück ihrer persönlichen Identität. Dieses Phänomen verdient eine nuancierte und je nach Kontext unterschiedliche Beurteilung.

5. Abwägung und Ausblick

Stichwortartig, im Sinne einer Anregung zu weiterführenden Überlegungen, seien einige positive und negative Aspekte dieses Modells von Volkskirche genannt.

Pluspunkte:
– Es ist ein Stück Heimat für diejenigen, die dazu gehören. Die mehrfache Bindungskraft (sprachlich/kulturell und geistlich) unterstützt die Bildung einer stabilen und verbindlichen Gemeinschaft. Das kann auch zu einem höheren Kirchenbesuch führen: Man kommt in die Kirche, weil dort die Muttersprache gesprochen wird. Mit dieser sekundären Motivation sind pastorale Möglichkeiten verbunden.
– Solche Gemeinschaften haben auch eine allgemeinere gesellschaftliche Funktion, weil sie Menschen auffangen und begleiten können, die sonst entwurzelt wären und sich in den völlig veränderten Umständen nur schwer zurecht fänden.
– In der Geschichte gab es immer wieder Orte und Zeiten, in denen eine Minderheit bedroht war und in der Kirche einen Freiraum zur Bewahrung von Sprache und Kultur fand. Im osmanischen Reich war die religiöse Einbettung für die Begründung und den Erhalt von Minderheitenrechten geradezu konstitutiv, was die Geschichte Südosteu-

ropas stark geprägt hat.[54] Dies kann sich in anderer Form wiederholen.

– Hinter einer so verstandenen Volkskirche kann ein ganzheitlich-umfassendes Glaubensverständnis stehen. Es geht nicht nur um die Pflege einer ‚geistlichen Dimension" und nicht nur um den reinen Kultus; vielmehr wird das ganze soziale und kulturelle Leben unter den Glauben gestellt bzw. als mit ihm verbunden gesehen.

Minuspunkte:

– Eine in diesem Sinn mehrfach zusammengehaltene Gemeinschaft trägt ein erhöhtes Konfliktpotential in sich, wenn diese Einheit von Volk/Sprache und (einer bestimmten) Kirche durchbrochen wird. Dies war in Siebenbürgen der Fall, als sich in den sächsischen Dörfern Freie Evangelische Gemeinden bildeten, worunter der soziale Zusammenhalt massiv litt. Ähnliche Konflikte gab und gibt es in der rumänischen Gesellschaft, wo und insofern sich die griechisch-katholische Kirche ebenfalls als rumänisch definierte, oder jeweils dort, wo neue protestantische Gemeinden entstanden (Baptisten seit dem Ende des 19. Jahrhunderts, Pfingstkirchen seit den 20er Jahren des 20. Jahrhunderts). Im umgekehrten Sinn muss sich das Selbstverständnis einer Kirche in einem schwierigen Prozess neu finden, wenn – wie in der evangelischen Kirche in Rumänien heute – die einheitliche sprachliche Prägung immer weniger gegeben ist. In einer pluralisierten Gesellschaft können so die traditionellen Zuordnungen, die in der Vergangenheit stabilisierend wirkten, zu einer Quelle der Spannungen werden.

– Wenn eine bestimmte Sprache und Kultur mitsamt ihren ethischen Normen unlöslich mit einer bestimmten Kirche verbunden sind, dann stehen diese Merkmale in der Gefahr, einen größeren Stellenwert einzunehmen, als sie es verdienen – ja sakralisiert und überhöht zu wer-

---

[54] Ernst Christoph Suttner weist auf diesen Umstand hin. Nicht-muslimische Volksgruppen „bedurften, um sich als besondere Nation verstehen und sich einer ‚nationalen' Autonomie erfreuen zu können, ebenfalls einer religiösen Definition ihrer Identität, und die Kenner ihrer heiligen Schriften hatten die Volksgruppe zu führen. [...] Dies modifizierte und verstärkte in Südosteuropa die lange vor der Osmanenzeit grundgelegte Interdependenz von Nation und Kirche und ließ den Einfluss der Kirchenführer größer werden, als er in den ehemaligen Staaten der einzelnen Völker hatte sein können." (*Suttner,* Kirche und Nationen, 91). Aber auch schon vor der osmanischen Vorherrschaft galt Ähnliches für Minderheiten in den jeweiligen Ländern: dies erklärt „die eminente Bedeutung des religiösen Motivs für kleinere Nationen, die sich in Südosteuropa lange Zeit erhielten, obwohl sie dort niemals Staaten besaßen, wie zum Beispiel die Juden, die Armenier oder die Lipowaner der Bukowina und des Donaudeltas" (*Suttner,* Kirche und Nationen, 90).

den.[55] Diese Gefahr ist eine doppelte. In Zeiten, in denen diese Lebensform selbstverständlich ist, kann die kritisch-prophetische Stimme des Evangeliums gegenüber der Kultur schwieriger zum Ausdruck gebracht werden. In sich schnell ändernden Zeiten wiederum verändern sich notwendigerweise auch die Faktoren, die dem sozialen Zusammenhalt der Gemeinde dienen. Das Festhalten an früher bindenden Formen kann die Bindung an die Kirche dann sogar gefährden.

– Es besteht die Gefahr, Machtstrukturen zu zementieren. Wer bestimmt, was ‚typisch und echt rumänisch‘ ist, was ‚wesentlich, vom Ursprung her‘ zur siebenbürgisch-sächsischen Identität gehört? Wer Identität festlegt, hat Definitionsmacht über die Menschen. Wenn die *mos populi* wie ein Gesetz Gottes gilt, dann haben die Vertreter der Sitte, die Etablierten, das Bestimmungsrecht wie *im Namen Gottes.* Adiaphora sind dann nicht mehr wirklich solche.[56]

– Sekundäre Motivationen können für die Beteiligung am kirchlichen Leben stärker bestimmend werden als eigentliche Glaubensmotive. Dieses Phänomen ist allerdings auch in ganz anderen Varianten zu beobachten. Menschen gehen auch deshalb in die Kirche, weil dort schöne Musik gespielt wird, oder weil man sich in einer bestimmten Weise ethisch engagiert, usw. Diese sekundären Motivationen sind weder an sich gering zu achten noch überhaupt auszuschalten, denn Glauben ‚pur‘ gibt es ja nicht, sondern immer nur inkarnierten Glauben. Aber wenn die sekundären Motivationen vorherrschen, dann droht das Spezifikum der Kirche unklar zu werden. Wenn anderswo schönere Musik erklingt, stärkeres ethisches Engagement vorhanden ist oder wenn man auch in zivilen Vereinen die eigene Sprache sprechen kann, dann braucht es die Kirche nicht mehr.

Die enge Verbindung von Ethnie/Sprache und Konfession (Kirche) ist je nach Kontext also unterschiedlich zu beurteilen. Sie soll gewiss nicht historisch oder theologisch überhöht und zementiert werden, aber andererseits

---

[55] Eine Erfahrung von manchen Pfarrern unserer Kirche ist eine Illustration dafür. Wenn in ehemals überwiegend siebenbürgisch-sächsischen Dörfern, in denen heute nur noch eine kleine evangelische Gemeinde lebt, Menschen zu Besuch kommen, die vor Jahrzehnten aus eben jenem Dorf ausgewandert waren, dann erwarten manche, dass die Kerzen in der Kirche noch an genau demselben Ort stehen (um es bildhaft auszudrücken), und machen den Hiergebliebenen den Vorwurf, ihren Glauben nicht recht bewahrt zu haben.

[56] Diese Gefahr sehe ich in unserer orthodoxen Schwesterkirche: Die ganze Tradition der Kanones der sieben ökumenischen Konzilien gilt unverändert, wie ein Gesetz Gottes; sie werden selten in ihrem historischen Zusammenhang gesehen, als *mos populi dei* jener bestimmten Zeit, die interpretationsbedürftig ist.

ebenso wenig aufgrund entsprechender Bibelstellen oder dogmatischer Aussagen zur Universalität der Kirche abgelehnt werden.

Dennoch – und dies sei als weiterführender Ausblick gesagt – ist genau diese Universalität, die die Grenzen von Sprachen und Nationen übersteigt, ein starker Ausdruck für die Raum und Zeit übersteigende Wirklichkeit Gottes. Diese eschatologische Wirklichkeit war und ist es, die Menschen jenseits ihrer biologischen und sozialen Einordnung (Mann und Frau, Sklave und Freier, Jude und Grieche) im einen Leib Christi zusammenbringt. Wie aber ist eine starke Gemeinschaftserfahrung – und damit eben die Erfahrung von Kirche als Leib Christi, die die Menschen in ihrer ganzen leib-seelischen Verfasstheit einbezieht – ohne die zusätzlich bindende Kraft gemeinsamer Volkszugehörigkeit, Sprache und Traditionen möglich, also ohne sekundäre kulturelle Motivation und Bindungskraft?

Die katholische Kirche hat durch ihre Struktur und ihr Gravitationszentrum in Rom eine Form gefunden, dieser Universalität Ausdruck zu verleihen. Diese institutionell-hierarchisch geprägte Universalität ist aber nicht die einzige Möglichkeit. Immer wenn geistliche Aufbrüche und Bewegungen entstehen, haben diese eine starke Tendenz des Übersteigens nationaler Grenzen. Es ist die Universalität des Geistes Gottes, die sich darin ausdrückt. Oft war dies mit Mission verbunden. Zu nennen wären unter anderem:
- katholische Orden und Kongregationen
- evangelische Aufbrüche vom Pietismus bis zu den Pfingstkirchen
- neue geistliche Bewegungen und Gemeinschaften im katholischen und evangelischen Raum im 20. Jahrhundert
- die ökumenische Bewegung seit ihren Vorläufern in der Mitte des 19. Jahrhunderts
- befreiungstheologische und feministische Strömungen

Solche Aufbrüche kann man nicht ‚machen'. Man kann sie aber sehr wohl positiv-kritisch aufnehmen und ihnen Raum geben, wenn sie sich zeigen, statt sie im Namen einer etablierten, umgrenzten Kirche – einer Volkskirche mit ihren festen Formen und Traditionen, ihrer starken institutionellen Gestalt oder ihrer kulturell-sprachlichen Bindung – unter Verdacht zu stellen oder auszugrenzen. Im spannungsvollen, fruchtbaren Miteinander von Tradition und Erneuerung lebt die Kirche.

Nationale Kirche, Volkskirche oder Öffentlichkeitskirche?

Reflexionen zum gegenwärtigen Selbstverständnis der römisch-katholischen Kirche in Polen

Elżbieta Adamiak[1]

Die politische – und damit auch kirchenpolitische Situation – wandelt und ändert sich zurzeit in rasantem Tempo. Darum lassen sich – insbesondere bezüglich Polens – nur Momentaufnahmen machen. Die folgenden Momentaufnahmen wurden so ausgewählt, dass sie prägnante Züge des Gesamtbildes hervorheben, um damit die gegenwärtige Lage verstehen zu helfen. Die im Titel angeführten Begriffe lassen sich unterschiedlich deuten. Alle könnten in soziologischen oder juristischen Kategorien untersucht werden. Das aber soll hier nicht geschehen.

Von den Prinzipien der katholischen Theologie ausgehend, besteht die universelle (im ursprünglichen Sinn „katholische") Kirche aus den Ortskirchen.[2] Auf dieser strikt theologischen Ebene sollte man präzise von *der katholischen Kirche in Polen* sprechen, statt – was fast Usus geworden ist – von der polnischen katholischen Kirche. Umso problematischer scheint der Begriff der Nationalkirche – im Sinne der Kirche einer – in diesem Fall der polnischen – Nation. Nichtsdestotrotz wird in Polen seit Jahren eine „Theologie der Nation" entwickelt, die u. a. ekklesiologische Themen behandelt. Darum wird es im folgenden Artikel gehen. Die ekklesiologischen Konzepte werden näher erläutert und bezüglich politisch-praktischer Haltungen analysiert.

---

[1] Elżbieta Adamiak ist Professorin für Fundamentaltheologie und Dogmatik und Geschäftsführende Institutsleiterin (Institut für Katholische Theologie) an der Universität Koblenz-Landau, Campus Landau. Einer ihrer Forschungsschwerpunkte ist die theologische Frauenforschung in Polen.

[2] Siehe *Peter Hünermann:* Theologischer Kommentar zur dogmatischen Konstitution über die Kirche *Lumen gentium;* in: Herders theologischer Kommentar zum Zweiten Vatikanischen Konzil, hg. von *Peter Hünermann* und *Bernd Jochen Hilberath,* Freiburg – Basel – Wien 2009, Bd. 2.

Mit dem Begriff der Volkskirche kann man die Wirklichkeit einer Kirche beschreiben, die durch eine bestimmte Volksfrömmigkeit geprägt ist. Diese Beschreibung entspricht einigen Aspekten der Realität der römisch-katholischen Kirche in Polen – sie ist z. B. weltweit berühmt für ihre Marienverehrung. Eine theologische Analyse, die in diesem Kontext von Bedeutung wäre, sollte sich auf konkrete Inhalte dieser Frömmigkeit beziehen. Mit Volkskirche wäre dann ein Frömmigkeitstypus gemeint, der eher von Laien im theologischen (nicht geweihten) bzw. soziologischen Sinn (nicht hoch ausgebildete Menschen) getragen wird. Ich werde im Folgenden also nicht das ekklesiologische Konzept von Volkskirche verfolgen, das an der biblischen Idee vom Volk Gottes anschließt.

Denn von den drei verschiedenen Volkskirche-Begriffen trifft der letzte die gegenwärtige Situation der römisch-katholischen Kirche in Polen am besten, insofern er die Intention zum Ausdruck bringt, die Kirche solle mit ihrem Anliegen zur öffentlichen Debatte beitragen. Im Folgenden werden zwei Beispiele solcher Debatten entfaltet: die um die Genderkategorie und die Diskussion um gleichgeschlechtliche Lebensformen. Diese Themen sind in Polen äußerst aktuell und spiegeln zudem die Vielfalt der Meinungen und Einstellungen innerhalb der Kirche gut wider.

1. Eine „Theologie der Nation"

Bei der Suche nach einem spezifischen Charakter der in Polen betriebenen Theologie muss berücksichtigt werden, dass sie als eine spezifische Art von Wissenschaft verstanden wird. Viele Theolog*innen schreiben nicht nur theologische Werke, die von einem überschaubaren Kreis rezipiert werden, sondern auch populärwissenschaftliche Artikel, die sich an ein breiteres Publikum wenden. Die Ausstrahlung theologischer Ideen ist durch die neuen Medien, die via Internet breite Möglichkeiten der Kommunikation eröffnen, gestiegen. Außerdem sind viele am wissenschaftlichen Theologiebetrieb teilhabende Priester auch in der Seelsorge tätig. Positiv gesehen bringt dies einen lebendigen Kontakt mit der Kirche mit sich und birgt die Chance, nahe am menschlichen Leben zu sein. Damit gäbe es Anknüpfungspunkte mit weisheitlichen Traditionen der Theologie, in denen sie als eine Lebensweisheit verstanden wird. Negativ kann sich dies aber auswirken, wenn ein/e Theologe*in zu viele derartige Verpflichtungen hat, unter großer Belastung steht und kaum mehr Zeit für eigene Forschungstätigkeit hat. Auch die Qualität der breit zugänglichen Texte bzw. der publizierten Vorträge und Podiumsdiskussionen macht eine kritische Betrachtung nötig.[3]

Diese außeruniversitäre Entwicklung der Theologie führt Theo Mechtenberg auf eine „Theologie der Nation" zurück.[4] Diese These kann teilweise belegt werden.[5] Die Quelle dieser Art theologischen Denkens liegt im Werk des langjährigen Theologieprofessors Czesław Bartnik an der Katholischen Universität in Lublin.[6] Seine Theologie ist durch Personalismus und Neigung zu historischen Themen gekennzeichnet. Besonders Letzteres führt ihn im Geist von Primas Stefan Wyszyński zu einer in einer Nation verorteten Theologie. Dabei knüpft Bartnik an die Zeit der Teilung Polens zwischen drei Nachbarstaaten – Preußen, Russland und Österreich (1795 bis 1918) – an. Bis zum Erreichen der Unabhängigkeit nach dem Ende des Ersten Weltkrieges gab es mehrere Aufstände, eine lebendige Tradition der Wiedergabe der Sprache und damit der nationalen Identität, sowie ein spezifisches Verständnis der Verbindung der nationalen Identität mit dem Katholizismus (vor allem in den Gebieten, die unter preußischer und russischer Besatzung standen). Diese Leidens- und Befreiungserfahrungen Polens sieht Bartnik nicht mit der Wende um 1989 beendet. Sie geht auch nach dem Untergang des kommunistischen Systems weiter. Die Theologie soll weiterhin an diesem Kampf teilnehmen und auf der Seite der Nation stehen.

Die Einschätzung der Bedeutung der „Theologie der Nation" habe ich zusammen mit Józef Majewski in 2004 folgendermaßen formuliert: „Es spricht vieles dafür, dass die Theologie von Czesław Bartnik, ungeachtet einiger positiver Elemente, in den schwierigen Zeiten der Kirche unter dem Kommunismus hilfreich war, heute dagegen eindimensional wirkt und

---

[3] Siehe *Artur Sporniak:* Kościelny ból głowy, Tygodnik Powszechny vom 05.06.2016, 32–34; *Theo Mechtenberg:* Theologie in Polen – eine Bestandsaufnahme, Imprimatur 49 (2016), Nr. 3, 151–152.

[4] *Mechtenberg,* Theologie in Polen, 154.

[5] Vor allem aufgrund der Verbreitung durch das Medienzentrum um *Pater Tadeusz Rydzyk* („Radio Maryja", Fernsehsender „TV Trwam", die Tageszeitung „Nasz Dziennik". Prof. Dr. Czesław Bartnik erscheint seit seiner Emeritierung in diesen Medien regelmäßig.

[6] Hier eine Auswahl seiner wichtigsten Publikationen zur „Theologie der Nation": *Czesław Bartnik:* Chrześcijańska nauka o narodzie według prymasa Stefana Wyszyńskiego, Lublin 1982; *ders:* Nauka prymasa Stefana Wyszyńskiego o narodzie w aspekcie pastoralnym, Lublin 1985; *ders.:* Formen der politischen Theologie in Polen, Regensburg 1986; *ders.:* (Hg.): Polska teologia narodu, Lublin 1988; *ders.:* Idea polskości, Lublin 1990; *ders.:* Teologia narodu, Częstochowa 1999; *ders.:* Pedagogia narodowa Prymasa Stefana Wyszyńskiego, Lublin 2001; *ders.:* Le phénomène de la nation, Lublin 2005; *ders.:* Odzyskać Polskę, Lublin 2014. Eine kritische Darstellung der Person und des Werkes von Czesław Bartnik siehe: *Mariusz Sepioło/Artur Sporniak:* Prorok narodu; in: Tydognik Powszechny von 13.11.2016, 10–14.

keinen Schlüssel für die Bewältigung der neuen Glaubenssituation in Polen und Europa seit 1989 bietet.[7] In einem anderen Aufsatz, der sieben Jahre später erschienen ist, habe ich die „Theologie der Nation" nicht zu den wichtigsten theologischen Debatten in Polen gerechnet.[8] Heute jedoch zeigt sich die Kraft dieses Ansatzes so stark wie noch nie zuvor, auch durch den Einfluss auf die politischen Gruppierungen, die – nicht ohne Unterstützung durch einige Priester und Bischöfe – an die Macht gekommen sind.

Einer der wenigen Theologen, der eine Polemik mit der „Theologie der Nation" unternommen hat, ist Grzegorz Strzelczyk, ein Theologe der jüngeren Generation und Priester der Diözese Kattowitz (Katowice). In einem bahnbrechenden Aufsatz von 2016 schreibt er dazu: „Meiner Meinung nach bedingt die (polnische) Theologie der Nation stark die Art und Weise, in der der Begriff ‚Nation' in der polnischen Kirche verstanden wird. Sie ist – der Methode nach – eine Befreiungstheologie. Wenn meine Erkenntnis zutrifft, kann sich herausstellen, dass die innerkirchliche Diskussion mit dieser Denkströmung sehr schwierig wird und dass nicht viele – wegen der Angst vor Beschämung im theologischen Milieu – bereit sein werden, an ihr teilzunehmen. Nichtsdestotrotz ist es wohl höchste Zeit, sie anzugehen" (Übersetzung: E. A.).[9]

Es ist auf jeden Fall zuzustimmen, dass die „Theologie der Nation" einer kritischen Auseinandersetzung bedarf. Die These, dass sie eine Form der Befreiungstheologie darstellt, müsste noch näher erörtert werden. Strzelczyk weist dafür auf vier Elemente hin: Erstens ist sie als eine Reaktion auf die Situation in einem konkreten Kontext zu lesen, die von einer Gruppe der Gläubigen als Unterdrückung empfunden wurde/wird. Zweitens hat sie zum Ziel, ein theologisches Fundament für eine Praxis zu legen, die zur Befreiung führen soll. Drittens schreibt sie den Erfahrungen von Menschen und Gemeinschaften eine privilegierte Stellung unter den theologischen Quellen zu, die zur Nation gehören. Viertens spielt die Aus-

---

[7] *Elżbieta Adamiak/Józef Majewski:* Ein beachtliches Kapital. Die theologische Landschaft im heutigen Polen; in: HerKorr 58 (2004), Heft 6, 296–302.

[8] Siehe *Elżbieta Adamiak:* Exemplarische Debatten im katholischen Polen seit 1989; in: Verkündigung und Forschung 59 (2011), Heft 1, 29–40.

[9] „Uważam, że (polska) teologia narodu silnie warunkuje sposób rozumienia pojęcia ‚naród' w polskim Kościele oraz że jest ona – co do metody – jedną z teologii wyzwolenia. Jeśli moje rozpoznanie jest słuszne, to może się okazać, że wewnątrzkościelna dyskusja z tym nurtem myślenia będzie niezwykle trudna i że – z obawy przed środowiskową dyskredytacją – niewielu będzie do niej chętnych. Niemniej chyba czas najwyższy ją podjąć" (*Grzegorz Strzelczyk:* Kłopoty z teologią narodu, Więź 2016, Heft 1. Veröffentlicht auch unter http://laboratorium.wiez.pl/2016/03/09/klopoty-z-teologia-narodu/ [aufgerufen am 08.02.2017]).

legung dieser Erfahrungen faktisch eine übergeordnete Rolle gegenüber den Offenbarungsquellen.[10] Die Diskussion mit diesen methodologischen Argumenten würde angesichts der Fülle von Publikationen Bartniks den Rahmen dieses Artikels sprengen. Anzumerken ist, dass der Vorwurf der Ähnlichkeit oder der Verwandtschaft mit der Befreiungstheologie besonders in Polen, nach Jahren des ideologischen Kampfes gegen das alte kommunistische System, als eines der schwerwiegendsten Gegenargumente empfunden wird.

Wichtig erscheint mir dabei ein anderes von Strzelczyk angeführtes inhaltliches Argument. Er überlegt, welchen ontologischen Status die „Theologie der Nation" der Nation zuweist. Auf jeden Fall betrachtet Bartnik die Nation als eine von Gott geschaffene, „natürliche Gemeinschaft" – analog zur Familie. Die Konsequenz daraus ist, dass die Nation nach Bartnik eine Grundlage der Kultur ist und nicht umgekehrt. Da unterscheidet sich Bartniks Denken von dem des Papstes Johannes Paul II.[11]

Die starke ontologische Begründung der Nation wird auch durch personifizierende Ausdrücke verstärkt. Strzelczyk stellt eine in diesem Zusammenhang entscheidende Frage: Sind diese Ausdrücke als eine metaphorische Redeweise zu verstehen oder wird hier die Nation „hypostatisiert"? In seinem stark christologisch geprägten Sprachgebrauch bedeutet das, dass der Nation Bewusstsein und Wille zugeschrieben wird. Strzelczyk zeigt an konkreten, praxisnahen Beispielen schwerwiegende Konsequenzen eines solchen Denkens. Er zitiert Bartnik und ist mit ihm einig, dass „Theologie der Nation" nicht zur Unterordnung des nationalen Anliegens durch die Kirche führen darf. Strzelczyk warnt jedenfalls vor dem, was oft vergessen wird: der Unterordnung der Kirche durch das nationale Anliegen.

Auf der theologischen Ebene ist klar: Czesław Bartnik spricht sich eindeutig gegen den Nationalismus aus.[12] Auf der praktischen Ebene von Kirche und Gesellschaft werden die feinen Differenzen zwischen Patriotismus und Nationalismus nicht mehr gewährleistet. Das kann exemplarisch am Beispiel von Jacek Międlar gezeigt werden, einem sehr jungen ehemaligen Priester aus dem Vinzentianerorden, der aufgrund seines Engagements für das umstrittene Nationalradikale Lager (Polnisch: Obóz Narodowo-Radykalny) mit seinen antisemitischen, antiökumenischen Aussagen für großes Aufsehen gesorgt hat.[13]

---

[10]   Siehe: ebd.
[11]   Darauf hat Jerzy Buczek hingewiesen. Siehe: *Jerzy Buczek:* Teologia narodu w ujęciu wybranych polskich teologów, Rzeszów 2014, 287.
[12]   *Czesław Bartnik:* Teologia narodu, Częstochowa 1999, 88.
[13]   Mehr dazu siehe: www.deon.pl/religia/kosciol-i-swiat/z-zycia-kosciola/art,27602,ks-jacek-miedlar-komentuje-swoje-odejscie-z-zakonu.html (aufgerufen am 08.02.2017).

Nach 1989 wurden an den wichtigsten Universitäten Polens meist interdisziplinär ausgerichtete Gender Studies etabliert.[14] Politisch hat die Diskussion um Gender immer dann wieder an Bedeutung gewonnen, wenn sich internationale Gremien dazu geäußert bzw. dazu Dokumente verabschiedet haben, denen die überwiegende Mehrheit der Staaten zugestimmt hatte. 2009 bildete sich der sogenannte Frauenkongress (Kongres Kobiet) zuerst als eine zivilgesellschaftliche Bewegung, 2010 dann als eingetragener Verein, der die unterschiedlichen Fraueninitiativen vereinigen und Frauen über die Parteigrenzen hinweg eine politisch stärkere Position verschaffen sollte.[15]

In den christlichen Kirchen wurden nach der Wende traditionelle Frauenverbände reaktiviert, die aber eher wenig Zulauf haben. Auf der wissenschaftlichen Ebene werden seit 1989 die mittel- und osteuropäischen Regionalkonferenzen der Europäischen Gesellschaft für Theologische Forschung von Frauen organisiert.[16] Leider haben diese Initiativen, wie die „Genderdebatte" zeigt, wenig dazu beigetragen, dass sich in Kirche und Gesellschaft eine differenzierte Sicht auf den Begriff Gender entwickelt.

Die gegenwärtigen Diskussionen um Gender in Polen können durch die grobe Darstellung der Rezeption des Denkens von Judith Butler sowie ähnlicher Ansätze skizziert werden. Auf der einen Seite findet sich die fast kritiklose Annahme der Ansätze in denjenigen Kreisen, die meist auch kirchenfern oder -kritisch sind. Dem steht auf der anderen Seite die fast ausnahmslose Ablehnung in kirchlichen und theologischen Kreisen gegenüber. Dieses vereinfachte Bild zeigt nicht die Nuancen der Auseinandersetzung, spiegelt aber die Dynamik wider, die sie mit sich bringt. Es hat zur Folge, dass nach einer Phase des Desinteresses mehrere Publikationen erschienen sind, die die Ablehnung des Genderbegriffs untermauern wollten.

Exemplarisch sind hier zwei polnische Theologen zu nennen, die sich in den letzten Jahren in der „Genderdebatte" profiliert haben: Paweł Bortkiewicz[17] und Dariusz Oko[18], beide Priester und Theologieprofessoren.[19]

---

[14] Siehe Encyklopedia gender: płeć w kulturze, hg. v. *Monika Ruda-Grodzka* u. a., Warszawa 2014.

[15] Mehr Informationen dazu siehe die Homepage www.kongreskobiet.pl (aufgerufen am 08.02.2017) auch mit der englischen und französischen Übersetzung.

[16] Davon zwei in Polen: 2000 in Lublin und 2014 in Gniezno (Gnesen). Siehe: www.eswtr.org/de/konferenzen-mittel-osteuropa.html (aufgerufen am 08.02.2017).

[17] *Pawel Bortkiewicz:* Ideologia gender – istota i konsekwencje dla duszpasterstwa; in: . *Szymon Stułkowski* (Hg.): Wierzę w Syna Bożego. Przez Chrystusa, z Chrystusem, w

Beiden ist gemeinsam, dass sie den Genderbegriff eindeutig ablehnen, mit der „Genderideologie" gleichsetzen und als Fortsetzung des Marxismus verstehen. Beide Theologen lehnen die Unterscheidung zwischen „Geschlechtlichkeit" und „Sexualität" sowie zwischen dem biologischen und sozial-kulturellen Geschlecht ab. Viele der kritischen Anfragen an eine „Genderideologie" wurden durch die beiden Autoren von der deutschen Soziologin Gabriele Kuby übernommen.[20] Der einzige Unterschied zwischen den beiden polnischen Theologen besteht darin, dass Dariusz Oko den sexuellen Minderheiten mit ebenso großem kritischen Eifer mehr Aufmerksamkeit widmet.

Inzwischen hat sich die Polnische Bischofskonferenz explizit in einem Hirtenbrief zum Fest der Heiligen Familie am 29.12.2013 zum Thema Gender geäußert.[21] Allgemein ist festzustellen, dass sich dieses Schreiben auf jene Argumentation stützt, die von den beiden oben genannten Theologen entwickelt wurde. Infolgedessen beinhaltet der Hirtenbrief eine komplette Ablehnung der sog. „Gender-Ideologie" bzw. des „Genderismus". Ins Feld

Chrystusie. Przez wiarę i chrzest do świadectwa. Program duszpasterski Kościoła w Polsce na lata 2013–2017, Poznań 2013, 276–293; *Pawel Bortkiewicz:* Gender – ideologia w masce nauki; in: *Zdzisław Klafka* (Hg.): Rewolucja genderowa, Toruń 2014, 53–80; *Pawel Bortkiewicz:* Historia jednego wykładu czyli Gender zdemaskowany, Warszawa 2014; *Pawel Bortkiewicz:* Gender – destrukcja miłości i tożsamości człowieka; in: Premislia Christiana (2014/2015), 381–394.

[18] *Dariusz Oko:* Mit dem Papst gegen Homohäresie; in: Theologisches 2012, 403–426; Dariusz Oko: Genderrewolucja; in: Polonia Christiana, 13 (2013); siehe: www.pch24.pl/genderrewolucja,13036,i.html (aufgerufen am 08.02.2017); *Dariusz Oko:* Zehn Argumente gegen die Homosexuellenpropaganda; in: Theologisches 2013, 47–54; Gender – ideologia totalitarna. Interview mit Dariusz Oko, geführt von *Anna Cichobłazi ska;* in: Niedziela 24 (2013), 40–43.

[19] Detaillierter habe ich ihre Ansätze in anderen Publikationen dargestellt. Siehe: *Elżbieta Adamiak:* Lila und lavendel in Polen; in: Feministische Theologie in Europa – mehr als ein halbes Leben. Ein Lesebuch für Hedwig Meyer-Wilmes. Feminist Theology in Europe – More than Half a Life. A Reader in Honour of Hedwig Meyer-Wilmes, hg. von *Elżbieta Adamiak/Marie-Theres Wacker,* Berlin 2013, 80–89; *Elżbieta Adamiak:* Die soziale, politische und religiöse Auseinandersetzung um Geschlechtergerechtigkeit in Mittel- und Osteuropa am Beispiel Polens; in: ET-Studies 2017 (im Druck).

[20] *Gabriele Kuby:* Die Gender-Revolution – Relativismus in Aktion, Kißlegg 2006 (Polnisch: Rewolucja genderowa: nowa ideologia seksualności, Kraków 2007); *Gabriele Kuby:* Die globale sexuelle Revolution – Zerstörung der Freiheit im Namen der Freiheit, Kißlegg 2012 (Polnisch: Globalna rewolucja seksualna. Likwidacja wolności w imię wolności, Kraków 2013).

[21] *Konferencja Episkopatu Polski* (2013): List pasterski na Niedzielę Świętej Rodziny 2013 roku. http://episkopat.pl/list-pasterski-na-niedziele-swietej-rodziny-2013-roku/ (aufgerufen am 08.02.2017). (Englische Version: http://episkopat.pl/pastoral-letter-of-the-bishops-conference-of-poland-to-be-used-on-the-sunday-of-the-holy-family-2013/ [aufgerufen am 08.02.2017]).

geführt werden dafür Argumente wie: „Gender-Ideologie" forme die Konzepte von Ehe und Familie um, propagiere neue Formen des Familienlebens. Damit sei sie ein Angriff auf das familiäre und gesellschaftliche Leben. Außerdem sei sie tief im Marxismus und Neomarxismus verwurzelt, welche wiederum durch die feministische Bewegung und sexuelle Revolution propagiert werden würde. „Gender-Ideologie" propagiere Prinzipien, die „der Wirklichkeit und dem integralen Begreifen der menschlichen Natur widersprechen" (alle Zitate aus dem Hirtenbrief übersetzt von E.A.).[22] Sie würde behaupten, das biologische Geschlecht hätte keine soziale Bedeutung; „was zählt, ist das kulturelle Geschlecht, das der Mensch frei modellieren und definieren kann, unabhängig von den biologischen Gegebenheiten"[23].

Nach diesen Ausführungen ist festzuhalten, dass der Genderbegriff, den die polnischen Bischöfe in ihrem Brief benutzen, eher dem Queerbegriff entspricht, wie er im gesellschaftlichen und wissenschaftlichen Sprachgebrauch verwendet wird. Allerdings erweitern sie auch dieses Verständnis um Zuschreibungen, wie sie selbst in Literatur zu Gender- und Queer-Studies nur selten zu finden sind. Die polnischen Bischöfe konstatieren: „Nach dieser Ideologie (Gender-Ideologie, E.A.) kann der Mensch selbst auf freie Art und Weise bestimmen, ob er ein Mann oder eine Frau ist; auch die eigene sexuelle Orientierung kann er selbst auswählen."[24] Diese radikale Darstellung und Bewertung des Genderansatzes als Genderideologie führt dann auch zu deren radikaler Ablehnung. Gender-Ideologie sei zutiefst destruktiv, was den Menschen und menschliche Beziehungen betreffe.

Als Reaktion auf den Hirtenbrief haben sich eine Reihe kritischer Frauenstimmen in und außerhalb der Kirche zu Wort gemeldet. Eine der stärksten Frauenstimmen stellt ein offener Brief an Papst Franziskus seitens des oben genannten Frauenkongresses dar.[25] Als Antwort darauf kam es am 4. März 2014 zu einem Treffen des damaligen Nuntius in Polen, Celestino Migliore, mit Vertreterinnen des Frauenkongresses. Es gab auch andere Stimmen von Wissenschaftlerinnen, darunter auch Theologinnen, die ins-

---

[22] Ebd.
[23] Ebd. Es ist darauf hinzuweisen, dass die englische Übersetzung des Briefs in diesem entscheidenden Moment einen Fehler beinhaltet. Dort ist zu lesen: "The community of the Church advocates an integral view of man and his sex, recognising his flesh/biological, mental/cultural and spiritual dimensions. There is nothing wrong with research on the impact of culture on sex. What is dangerous, however, is to argue on the basis of ideology that biological sex has significance in social life." Der letzte Satz muß wohl heißen: "What is dangerous, however, is to argue on the basis of ideology that biological sex has *no* significance in social life" (Hervorhebung E.A.).
[24] Ebd.
[25] List Kongresu Kobiet do Jego Świątobliwości Papieża Franciszka (2013): https://kongreskobiet.pl/pl-PL/news/show/list_kongresu_kobiet_do_jego_swiatobliwosci_papieza_fran-

gesamt eine Unzufriedenheit über die undifferenzierte Art des Bischofs-
schreibens sowie über die Situation der Frauen in den Kirchen in Polen
zum Ausdruck brachten. Eine außergewöhnliche Reaktion bildet das neue
Buch von Zuzanna Radzik zur Frauenkirche, in dem sie in publizistischer
Form versucht, die Frauenbewegung in den christlichen Kirchen weltweit
darzustellen.[26]

3. Die Debatte um die gleichgeschlechtlichen Lebensformen

Die Debatte um die rechtliche Anerkennung gleichgeschlechtlicher Lebensformen wird in Polen seit mehreren Jahren geführt und hat bis jetzt zu
keiner Gesetzesänderung bzw. -einführung beigetragen. Umso seltener
wird die Frage in einem theologischen Kontext diskutiert. Einen Anstoß
zur Veränderung dieser Situation hat eine im Herbst 2016 durchgeführte
Medienkampagne „Geben wir uns ein Zeichen des Friedens" („Przekażmy
sobie znak pokoju") gegeben. Es wurde eine öffentliche Plakat-Aktion in einigen polnischen Großstädten durchgeführt sowie eine Kampagnen-Homepage eingerichtet. Es fanden viele weitere Aktivitäten im Medienbereich
statt. Initiiert und getragen wurde diese Kampagne von drei Organisatio-
nen/Vereinen: Kampania Przeciw Homofobii (Kampagne gegen Homophobie), Wiara i Tęcza (Glaube und Regenbogen) und Tolerado (ein Neologis-
mus mit dem Wort Toleranz). In allen drei Gruppierungen arbeiten
Menschen, die nicht der Heteronormativität entsprechen, mit Menschen
zusammen, die ihre Forderung nach Gleichberechtigung befürworten. Nur
Wiara i Tęcza (Glaube und Regenbogen) ist eine Organisation, die explizit
christlich engagierte LGBT-Menschen vereint.

Die mediale Botschaft bestand darin, dass das im Titel genannte Frie-
denszeichen – ein Handschlag – von zwei Händen ausgeführt wurde, von
denen die eine mit einem regenbogenfarbenen Band umwunden war, die
andere mit einem Rosenkranz.[27] Gesichter waren auf den Plakaten nicht zu
sehen.

Auf der Homepage erläutern die Organisatoren die damit verbundene
Intention: „Dies ist die erste gesellschaftliche Kampagne in Polen, der sich
– auf Einladung von LGBT Organisationen – die Vertreter der katholischen

---

ciszka (aufgerufen am 25.11.2016). (Englische Version: www.kongreskobiet.pl/en-
EN/news/show/letter_from_the_congress_of_women_to_his_holiness_pope_francis
(aufgerufen am 08.02.2017).

[26] *Zuzanna Radzik:* Kościół kobiet, Warszawa 2015.

[27] Ein Rosenkranz wird in Polen zwar als Gegenstand wahrgenommen, der eindeutig mit
der christlichen Frömmigkeitspraxis zu tun hat; die visuelle Botschaft des Plakats will da-

Milieus angeschlossen haben. Diese Kampagne ist an die Gläubigen gerichtet und hat zum Ziel, in Erinnerung zu rufen, dass christliche Werte zu einer Haltung des Respekts, der Offenheit und eines wohlwollenden Dialogs mit allen Menschen führen sollen – auch homosexuellen, bisexuellen und transgender Menschen gegenüber. Unabhängig von den Kontroversen und heftigen Debatten, die um Homosexualität geführt werden, erkennen die Gläubigen in einem zunehmenden Maße das Problem des Ausschlusses von homosexuellen Personen und betrachten es als notwendig, sich für die Veränderung dieser Situation einzusetzen. Auf der anderen Seite wächst in den LGBT-Milieus das Verständnis dafür, dass der Weg zu einer vollen Teilnahme am gesellschaftlichen Leben den Dialog mit gläubigen Menschen braucht. Eines der Anliegen der Kampagne ist die Bewusstmachung, dass homosexuelle, bisexuelle und transgender Menschen auch zur Gemeinschaft der Gläubigen gehören" (Übersetzung E. A.).[28]

Aus der Selbstdarstellung der Organisatoren lassen sich wichtige Erkenntnisse ableiten. Es wird keine Position zur offiziellen Lehre einer konkreten Kirche bezogen. Vielmehr wird klar gesagt, dass sich die Organisatoren der Vielschichtigkeit der Debatte um nichtheteronormative Lebensformen bewusst sind, die u. a. zwischen Gläubigen und Atheisten geführt wird. Die Kampagne will über den scheinbar unüberbrückbaren Graben hinweg eine Plattform der Begegnung schaffen. Entsprechend der Aussagen der Organisatoren verstehen sie diese Kampagne als eine „Initiative von unten", die darauf zielt, persönliche Begegnungen möglich zu machen. Dies wird z. B. an der Gestaltung der Kampagnen-Homepage sichtbar, auf der mehrere kurze Filmclips eingestellt sind, mit Statements gläubiger LGBT-Menschen, ihrer Familienangehörigen, Freunde oder von Menschen, die sie unterstützen wollen. Diese Aussagen haben sehr oft Zeugnischarakter. Nicht nur der Mut und die Ehrlichkeit dieser Aussagen macht ihre Besonderheit aus, sondern v. a. auch die Tatsache, dass unter diesen Stimmen namhafte römisch-katholische Publizist*innen sind, wie Halina Bortnowska, Katarzyna Jabłońska, Cezary Gawryś, Dominika Kozłowska, Zuzanna Radzik.

Nur zwei der Autor*innen – Jabłońska und Gawryś – haben sich zuvor mehrmals mit der Thematik der Einstellung der römisch-katholischen Kirche zur Homosexualität beschäftigt.[29] Halina Bortnowska, Theologin und Philosophin, ist neben ihrem publizistischen Schaffen auch aufgrund ihres

---

mit aber keine ausschließliche Konnotation mit dem Katholizismus herstellen. Wiara i Tęcza (Glaube und Regenbogen) ist eine ökumenische Organisation. Die Homepage der Aktion; siehe: www.znakpokoju.com/# (aufgerufen am 08.02.2017).

[28] Ebd.

[29] *Katarzyna Jabło ska/Cezary Gawry* (Hg.): Wyzywjaca miłość. Chrześcijanie a homoseksualizm, Warszawa 2013.

Engagements in der Hospizbewegung und ihres Einsatzes für Menschenrechte mit einer hohen moralischen Autorität ausgestattet. Dominika Kozłowska, eine Philosophin, und die bereits erwähnte Theologin Zuzanna Radzik sind Vertreterinnen der jüngeren Generation. Dominika Kozłowska ist Chefredakteurin der katholisch-sozialen Monatszeitschrift „Znak" mit Sitz in Krakau (Kraków).

Dies führt zu einem weiteren wichtigen Faktor: die Medienkampagne „Geben wir uns ein Zeichen des Friedens" hatte einige mediale Paten: Clubs von „Tygodnik Powszechny", die Redaktion von „Tygodnik Powszechny", „Kontakt", „20 lat Queer", „Więź", „Znak". Außer „20 lat Queer" handelt es sich bei allen um katholische Zeitschriften bzw. um eine Bewegung im Kontext einer Zeitschrift. Die Redaktionen befinden sich in Warschau oder Krakau und gelten in Polen als Vertretungen eines offenen, mit dem Zweiten Vatikanischen Konzil verbundenen Verständnisses von Christsein. So waren nicht nur die Inhalte der Kampagne für den polnischen Kontext außergewöhnlich, sondern auch das gemeinsame Wirken von LGBT-Organisationen und katholischen Redaktionen.

Die mediale Schirmherrschaft der Kampagne stieß bei vielen traditioneller eingestellten Christen auf Widerstand, woraufhin auch die Bischöfe – kategorisch der damalige Kardinal Stanisław Dziwisz von Krakau[30], sowie in gemäßigter Weise Kardinal Kazimierz Nycz von Warschau[31] kritisch Stellung dazu bezogen. Zu einem späteren Zeitpunkt erschien auch eine offizielle Stellungnahme des Präsidiums der Polnischen Konferenz.[32] Wegen des offiziellen Charakters der letztgenannten Stellungnahme werde ich mich im nächsten Abschnitt auf ihre Aussagen konzentrieren.

Erstens, schreiben die Bischöfe, ist der Handschlag als liturgisches Zeichen des Friedensgrußes im Kontext des Sündenbekenntnisses und der Bereitschaft zur Umkehr zu sehen. „Es besteht die Befürchtung, dass die Aktion ‚Geben wir uns ein Zeichen des Friedens' diesen Gestus aus dem liturgischen Kontext herausnimmt und dadurch mit einer Bedeutung ver-

---

[30] Kard. Dziwisz o kampanii „Przekażmy sobie znak pokoju" (2016): http://krakow. gosc.pl/doc/3436453.Kard-Dziwisz-o-kampanii-Przekazmy-sobie-znak-pokoju (aufgerufen am 08.02.2017).

[31] Warszawska kuria o akcji „Przekażmy sobie znak pokoju" (2016): http://warszawa. gosc.pl/ doc/3446459.Warszawska-kuria-o-akcji-Przekazmy-sobie-znak-pokoju (aufgerufen am 08.02.2017).

[32] Komunikat Prezydium Konferencji Episkopatu Polski: Kampania „Przekażmy sobie znak pokoju" rozmywa jednoznaczne wymagania Ewangelii (2016): http://episkopat.pl/prezydium-kep-kampania-przekazmy-sobie-znak-pokoju-rozmywa-jednoznaczne-wymagania-ewangelii/ (aufgerufen am 08.02.2017). Das Präsidium bilden: Erzbischof Stanisław Gądecki von Poznań (Posen), der Vorsitzende der Polnischen Bischofskonferenz, sein Stellvertreter Erzbischof Marek Jędraszewski damals mit dem Bischofssitz in Łódź (Lodz),

sieht, die nicht mit der Lehre Christi und der Kirche zu vereinbaren ist"
(Übersetzung der Ausschnitte E. A.).[33] Zweitens, stehe die Kirche seit zweitausend Jahren für die Würde jedes Menschen ein – unabhängig von seiner sexuellen Neigung. Deswegen sei der Vorwurf, dass die Würde von homosexuellen, bisexuellen und transgender Menschen in der Kirche verletzt wird, unangemessen. Dabei berufen sich die Bischöfe auf die Enzyklika „Amoris laetitia" (Nr. 250) von Papst Franziskus. Drittens unterscheidet das Präsidium der polnischen Bischofskonferenz zwischen homosexuellen Personen und ihren homosexuellen Taten, die „sich als objektiv moralisch schlecht nie der Akzeptanz der Kirche erfreuen können"[34]. Die Bischöfe bekräftigen, dass sich deswegen die Kirche gegen eine Gleichstellung von homosexuellen und heterosexuellen Beziehungen ausspricht. Auf dieser Grundlage kommen sie zu folgender eindeutiger Aussage: „Die Haltung der Toleranz gegenüber dem Bösen wäre dem Wesen nach die Gleichgültigkeit gegenüber den sündigenden Schwestern und Brüdern. Sie hätte damit nichts gemeinsam mit Barmherzigkeit oder christlicher Liebe. Zusammenfassend drücken wir die Überzeugung aus, dass die Katholiken nicht an der Kampagne ‚Geben wir uns ein Zeichen des Friedens' teilnehmen sollen, weil diese die eindeutigen Forderungen des Evangeliums verwässert."[35]

Die Stellungnahme des Präsidiums der polnischen Bischofskonferenz zeigt, dass die Bischöfe auf Inhalte reagieren, die nicht als Ziel der Kampagne angestrebt waren. Die Stellungnahme bewegt sich auf der Ebene der kirchlichen Doktrin und den rechtlichen Regelungen, die – wie oben dargelegt nicht zur Diskussion gestellt werden sollten. Dabei wird die kaum haltbare These vertreten, dass die Kirche in Geschichte und Gegenwart nie mit konkreten Taten die Würde homosexuell veranlagter Personen beeinträchtigt hätte. Obwohl der Schlussgedanke des Schreibens eindeutig davon spricht, dass römische Katholik*innen nicht an dieser medialen Aktion teilnehmen sollen, hat keine der Zeitschriften ihre Schirmherrschaft zurückgezogen. Vielmehr haben sie auf die Stellungnahme der Bischöfe geantwortet.[36] Es gibt nicht genügend Platz, um Details ihrer Antworten zu erläutern. Deswegen skizziere ich im Folgenden nur die Grundlinien ihrer Argumentation.

seit kurzem in Krakau (Kraków) und Bischof Artur G. Miziński, der Generalsekretär der Polnischen Bischofskonferenz.
[33] Ebd.
[34] Ebd.
[35] Ebd.
[36] *Dominika Kozłowska:* W odpowiedzi na komunikat Prezydium Konferencji Episkopatu Polski, 2016; siehe: www.miesiecznik.znak.com.pl/aktualnosci/w-odpowiedzi-na-komu-

Sie legen dar, dass die Kampagne darauf ziele, dass der Abschnitt des Katechismus der römisch-katholischen Kirche umgesetzt werde, der besagt, dass den Männern und Frauen, die homosexuell veranlagt sind, „mit Achtung, Mitleid und Takt zu begegnen" ist.[37] Diese Worte fanden sie auch im Schreiben der Bischöfe bestätigt. Was die Ebene der Glaubenslehre oder die Postulate der Veränderung der Gesetzeslage anbelangt, betonten die Redakteure, dass, falls solche Inhalte im Rahmen der Kampagne gefallen seien, dies immer die Meinung von konkreten Personen gewesen wäre. Damit waren einige Aussagen der auf der Homepage eingestellten Filmclips gemeint.

Die Auseinandersetzung, die mit der Medienkampagne „Geben wir uns ein Zeichen des Friedens" ausgelöst wurde, ist im Hinblick auf zwei Aspekte außergewöhnlich: Zum einen überstieg ihr Erfolg – in den Kategorien von lebendigen Reaktionen und Diskussionen, die sie hervorgerufen hatte – die Wünsche und Vorstellungen der Organisator*innen. Des Weiteren führte sie inhaltlich gesehen zu einer öffentlichen Auseinandersetzung innerhalb der römisch-katholischen Kirche, in der die von Laien geführten Zeitschriften bei ihrer Einstellung blieben, obwohl sie von ihren Bischöfen unter Druck gesetzt wurden.

Die drei angeführten Beispiele der theologischen Entwürfe und den damit verbundenen gesellschaftlich-politischen Debatten zeigen zwei zusätzliche Aspekte der im Titel gestellten Anfangsfrage: Erstens weisen sie auf eine Ungleichzeitigkeit der Prozesse der Bewusstwerdung hin, die zu einer Dynamik führt: Je stärker der konservative Flügel in Kirche und Politik ist, umso aktiver sind diese neuen Initiativen. Zweitens: Vor allem die dritte Debatte macht darauf aufmerksam, dass eine differenzierte Sicht von der Kirche geboten ist. Von wem reden wir, wenn wir von der „Kirche" reden? Von den offiziellen, amtlichen Vertretern der Kirche? Und dabei müssten wir noch fragen: Sind alle amtlichen Vertreter der Kirche in den analysierten Fragen einig? Oder sprechen wir von Laien, die in der Kirche aktiv, aber vielleicht auch kritisch der eigenen Kirche gegenüber sind?

---

nikat-prezydium-konferencji-episkopatu-polski/ (aufgerufen am 08.02.2017); *Zbigniew Nosowski:* „Przekażmy sobie znak pokoju". Bez warunków wstępnych, 2016; siehe: http://laboratorium.wiez.pl/2016/09/09/przekazmy-sobie-znak-pokoju-bez-warunkow-wstepnych/ (aufgerufen am 08.02.2017); *Artur Sporniak:* Kampania „Przekażmy sobie znak pokoju", 2016; siehe: www.tygodnikpowszechny.pl/znak-pokoju-35394 (aufgerufen am 08.02.2017).

[37] Katechismus der Katholischen Kirche, Nr. 2358.

Diaspora und Individualität

Überlegungen für eine künftige Theologie evangelischer Kirchen in der Minderheit

Miriam Rose[1]

Theologie und Diaspora sind eng miteinander verbunden. In einer Minderheitensituation stellen sich viele ekklesiologische Fragen mit einer höheren Dringlichkeit. Theologisch-gedankliche Präzision wird da umso wichtiger; Kirche benötigt ganz besonders eine fundierte Theologie in Minderheiten- oder Verfolgungssituationen. Selten muss Theologie daher auch mehr sichtbare Verantwortung übernehmen, selten steht sie aber auch mehr auf dem Prüfstand.

Zugleich ist es angemessen, wenn sich Theologie selbst relativiert hinsichtlich ihrer Rolle für das kirchliche Handeln in der Diaspora, das von vielen verschiedenen Faktoren beeinflusst ist, vor allem auch vom entschiedenen Handeln Einzelner. Wenn eine Theologie der Diaspora zugleich eine Theologie *für* die Diaspora sein will, sollte sie folgender Gesichtspunkte eingedenk sein: Eine Theologie für die Diaspora entfaltet Perspektiven, mit welcher Kirchen ihre eigenen Vollzüge neu und anders wertschätzen können, ihre Positionierung kritisch überdenken und Impulse für zukünftiges Gestalten erhalten. Eine Theologie für Diaspora ermutigt zu Hoffnung ohne Illusion, motiviert ohne Überforderung und würdigt realistisch die Schwierigkeiten.

Eine theologische Reflexion der Minderheitensituation von evangelischen Kirchen und evangelischem Christentum stellt sich allein schon deshalb als notwendig dar, weil evangelische Kirchen in vielen regionalen und nationalen Kontexten in der Minderheit leben und weil sie bezogen auf Gesamteuropa in der Minderheit sind. Im Folgenden sollen Vorüberlegun-

---

[1] Miriam Rose ist Professorin für Systematische Theologie an der Friedrich-Schiller-Universität Jena. Sie war Mitglied in der jüngsten Expertengruppe der Gemeinschaft Evangelischer Kirchen in Europa (GEKE) zum Thema „Diaspora als Gestalt öffentlicher Theologie".

gen für eine Ekklesiologie evangelischer Kirchen in der Minderheit vorgestellt werden. Zugleich wird die These vertreten, dass der Begriff „Theologie der Diaspora"[2] dafür sinnvoll und erschließend ist.

Zunächst aber ist danach zu fragen, was der Begriff *Diaspora* bedeutet, welche Rolle er in theologischen Debatten spielt und worin seine Probleme und seine Relevanz liegen könnten.

1. Minderheit und Diaspora. Begriffliche Annäherungen

Der Begriff *Diaspora* bezieht sich in der Geschichte vor allem auf jüdische, griechische und armenische Diaspora. Insofern ist der Diaspora-Begriff verknüpft mit Erfahrungen von Gewalt, Vertreibung und Unterdrückung und meint also im Wesentlichen Opferdiaspora.

Diaspora kommt von *diasporein,* welches den biologischen Vorgang bezeichnet, dass eine Mutterpflanze Samenkörner aus- und verstreut, wodurch sich die Pflanze vermehrt.[3] In der doppelten Übersetzung von Ausstreuen und Verstreuen zeigt sich begrifflich die unaufhebbare Ambiguität von Diaspora: das Leiden am Verstreutsein (im Unterschied zum Zusammensein) und die Freude an der Ausbreitung in viele oder fast alle Weltgegenden und Kontexte (im Unterschied zu einer rein lokalen Existenz).

Eine der großen Herausforderungen evangelischer Kirchen in Europa ist, dass die im ursprünglichen Diaspora-Bild mitgedachte Ausrichtung auf „Vermehrung" als kein realistisches Ziel mehr empfunden wird angesichts zurückgehender Mitgliederzahlen, schrumpfender Mittel für Hauptamtliche und für kirchliche Gebäude und einem scharf wahrgenommenen Traditionsabbruch in der christlichen Erziehung. Welchen zukünftigen Sinn kann daher die diasporische Existenz evangelischen Christentums über das Bewahren und Durchtragen der eigenen Identität hinaus freisetzen? Das ist die drängende Frage, auf welche eine Theologie der Diaspora eine Antwort oder Antwortmöglichkeiten finden muss.

In der neuzeitlichen Theologiegeschichte verwendet Nikolaus Ludwig Graf von Zinzendorf 1749 den Diasporabegriff zum ersten Mal pointiert. Diaspora bezeichnet dabei diejenigen Mitglieder der Brüdergemeine, welche einzeln wohnen und nicht in Gemeinschaften der Brüdergemeine le-

---

[2]   Zur intendierten Doppelbedeutung im Sinne eines *genitivus objectivus* und *subjectivus* siehe unter 4.

[3]   Vgl. *Anna Lipphardt:* Diaspora. Wissenschaftsgeschichtliche Annäherungen an das Forschungskonzept; in: *Miriam Rürup* (Hg.): Praktiken der Differenz. Diasporakulturen in der Zeitgeschichte, 43–61, hier: 45.

ben. Diese sollten sich aber intensiv in die landeskirchlichen Gemeinden vor Ort einbringen und sich gerade nicht absondern. Sie sollen als das Salz in der Christenheit wirken und sind daher als besonders wichtig zu schätzen. Von ihnen erwartet Zinzendorf nicht, dass sie für die Brüdergemeine missionieren, sondern dass sie das christliche Leben in den vorhandenen Gemeinden und Kirchen stärken. Später bekommt der Diaspora-Begriff auch bei Johann Heinrich Wichern eine hohe Bedeutung.[4] Ende des 19. Jahrhunderts sind Verwendungsweisen von „Diaspora" geläufig, welche damit alle christlichen Gemeinschaften meinen, welche in (konfessionell) andersgläubiger Umgebung leben. Die Gründung des Gustav-Adolf-Vereins 1832 und die lutherische Gotteskasten-Bewegung (seit 1853) in Deutschland bezeugen ein hohes Engagement für protestantische Gemeinden und Kirchen in Osteuropa. Die zunehmende Aufmerksamkeit auf Diaspora in dieser Zeit führt dazu, dass Pläne für die Begründung einer wissenschaftlichen Disziplin vorgetragen werden: für die Etablierung einer evangelischen Diasporakunde[5] als Teil der Praktischen Disziplin, so 1908 der Jerusalemer Propst Ernst Wilhelm Bussmann. Bussmann engt das Gebiet einer solchen Diasporakunde zugleich aber in problematischer Weise ein: Diaspora sind für ihn ausschließlich deutsche evangelische Auslandsgemeinden. Im TRE-Artikel zu Diaspora konstatiert Christian Erdmann Schott: „In der Neuzeit hat der Begriff Diaspora mit verschiedenen ähnlichen Begriffen und Sachverhalten konkurrieren müssen und bis heute seine abschließende Bestimmung noch nicht erhalten."[6]

Diese Einschätzung muss für die Gegenwart als Understatement gelten, denn inzwischen ist es alles andere als selbstverständlich, theologisch überhaupt noch von Diaspora zu sprechen.[7] Das gilt nicht nur für deutschsprachige Kirchen, sondern von vielen evangelischen Kontexten in Europa. Das jedenfalls ergab eine Konferenz im Rahmen der GEKE (Gemeinschaft Evangelischer Kirchen in Europa), auf der Studierende aus vielen verschiedenen evangelischen Kirchen Europas offizielle Verlautbarungen ihrer Kirchen auswerteten.[8] Die gebräuchliche Redeweise ist „Minderheitenkir-

---

[4] Dazu siehe: *Hermann-Josef Röhrig:* Diaspora-Kirche in der Minderheit, Leipzig 1991, 34–40.

[5] Siehe: *Ernst Wilhelm Bussmann:* Evangelische Diasporakunde. Handbuch für Pfarrer und Freunde deutscher Auslandsgemeinden, Marburg 1908.

[6] *Christian Erdmann-Schott:* Art. Diaspora II; in: TRE VIII, 717f, hier: 717.

[7] Das gilt für die evangelische universitäre Theologie; anders stellt sich die Lage in der katholischen Theologie dar, insbesondere auch deshalb, weil Diaspora im Zweiten Vatikanum als Begriff und Konzept eine nicht unwesentliche Rolle spielt. Eine Ausnahme auf evangelischer Seite bilden beispielsweise *Wilhelm Hüffmeier* und *Wilhelm Dantine.*

[8] Siehe www.leuenberg.net/de/studienprozess-theologie-der-diaspora (aufgerufen am 13. Januar 2017).

204 | che" (manchmal auch „kleine Kirchen") und ihre entsprechenden Überset-
zungen. Was für kirchliche Texte gilt, trifft analog auch hinsichtlich der systematischen Theologie und der dogmatischen Ekklesiologie zu, jedenfalls
im evangelischen Bereich und für die letzten Jahrzehnte.

Wie lässt sich dieser markante Umschwung vom 19. Jahrhundert zur
Gegenwart erklären? Das Nicht-Auftreten von Phänomenen ist wissen-
schaftlich schwerer zu erhellen, als vorhandene Phänomene zu erforschen.
Daher bleiben Erklärungsversuche ungesichert und unvollständig. Drei
Faktoren sind aber auf jeden Fall relevant:

(1) Man kann im Begriff Diaspora eine Selbstghettoisierung oder Selbst-
marginalisierung evangelischer Kirchen befürchten. Wer sich selbst
in der Diaspora sieht, schneidet sich vom Anspruch auf gesellschaftliche und öffentliche Bedeutung ab, so die damit verbundene Logik.
Der Diaspora-Begriff ist eng assoziiert mit Opfer-Diaspora und mit
Leiden; in ihm scheint dominant eine negative bzw. eine Defizit-Be-
deutung mitzuschwingen. Als Frage gewendet: was bewirkt es für
das eigene kirchlich-evangelische Selbstverständnis, sich als Diaspora (oder als Minderheitenkirche) explizit zu verstehen?

(2) Der *zweite Grund* für bewusste oder unbewusste Vorbehalte gegen
den Diaspora-Begriff hängt mit der Geschichte dieser Begriffsver-
wendung im 19./20. Jahrhundert zusammen. Innerhalb deutscher
Theologie und Kirche diente der Begriff dazu, deutschsprachigen
Auslandsprotestantismus zu bezeichnen, für diesen Unterstützung
zu organisieren und dabei auch das politisch-kulturelle Programm
der Förderung deutscher Kultur im Ausland zu betreiben. Im Hintergrund stand ein Überlegenheitsgefühl deutscher Kultur und des
deutschen Protestantismus. Bisher kaum untersucht ist, inwieweit
sich evangelische Kirchen in Ost- und Mitteleuropa diesen Begriff
angeeignet haben, um solche Unterstützung zu gewinnen, um ihn
dann für sich produktiv zu wenden. An solche imperialen Konzepte
anzuknüpfen, verbietet sich heute in vielerlei Hinsicht. Daraus erwächst die Frage, ob sich heute überhaupt noch an den belasteten
Diaspora-Begriff anknüpfen lässt.

(3) Der *dritte Grund* hängt mit der Reformationsgeschichte zusammen. Die Texte, Bekenntnisse und Schriften, welche in irgendeiner
Weise normativ für das Selbstverständnis reformatorischer Kirchen
geworden sind, enthalten keinen Bezug auf den Diaspora-Begriff.
Daher spielt „Diaspora" eine nur marginale Rolle in den ekklesiologischen Debatten der frühen Neuzeit oder in der Kontroverstheolo-
gie. Davon nicht völlig unabhängig kommt noch ein schlichter wis-
senssoziologischer Faktor ins Spiel: Die evangelische akademische

Theologie in Westdeutschland war bisher kaum mit einer Minderheitensituation der evangelischen Kirchen (sofern landeskirchlich organisiert) unmittelbar konfrontiert. Diese Theologie – mit ihren wichtigen Vertretern wie Jürgen Moltmann, Wolfhart Pannenberg, Gerhard Ebeling und Eberhart Jüngel[9] – prägte jedoch die theologischen Debatten auch weit über Westdeutschland hinaus.

Gegenläufig zur Zurückhaltung gegenüber dem Begriff *Diaspora* in Theologie und offiziellen kirchlichen Texten aber fällt das *implizite Selbstverständnis* vieler evangelischer Christinnen und Christen in Minderheitensituationen aus. Dafür gibt es keine solide wissenschaftliche Erhebung, aber durch Gespräche und durch die oben bereits erwähnte Studierendenkonferenz wurde klar, dass sich viele evangelische Christinnen und Christen selbstverständlich als Diaspora sehen. Das scheint eine dominante Hintergrundannahme zu sein, die gerade ohne ihre explizite Thematisierung funktioniert.

Spätestens an dieser Stelle stellt sich die Frage, was den Minderheitenbegriff vom Diaspora-Begriff unterscheidet und wie sich die beiden Begriffe zueinander verhalten. Diaspora kann in mindestens zweifacher Bedeutung verwendet werden: (1) Er kann synonym zur Minderheitenkirche auftreten. Dann bezeichnet er einen primär quantitativen Sachverhalt (geringe Mitgliederzahl einer Kirche in einem Kontext mit religiös/weltanschaulich mehrheitlich anders geprägten Menschen) und wird also soziologisch deskriptiv gebraucht. (2) Diaspora kann aber auch eine bestimmte theologische Deutung dieser statistischen Situation meinen und sich dabei auf biblische Texte und Traditionen beziehen. Aktuelle Verwendungen des Diaspora-Begriffs innerhalb theologischer Kontexte changieren zwischen diesen beiden Bedeutungen.

Warum kann es sinnvoll sein, den Diaspora-Begriff als einen theologischen Deutungsbegriff wieder in theologischen und kirchlichen Debatten zu verankern und sich an theologische Diaspora-Konzepte zu wagen?

(1) Diaspora ist ein biblischer Begriff, welcher viele Deutungspotentiale enthält und in dessen Licht die klassischen reformatorischen Kirchenbestimmungen eine neue Dynamik gewinnen können. Ein alternativer biblischer oder traditioneller theologischer Begriff, der Ähnliches leistet, scheint sich nicht anzubieten.

---

[9] Sowohl Eberhard Jüngel als auch Wolfhart Pannenberg war die Minderheitenlage der evangelischen Kirche in der DDR biographisch vertraut. In ihren akademisch prägenden Jahren wirkten sie aber im westdeutschen Kontext mit seinen eigenen Problemkonstellationen.

(2) Mit diesem Begriff kann dann zugleich ein Grundzug von Kirche überhaupt wie auch die spezifische Situation von Minderheitenkirchen gedeutet werden.

(3) Der theologische Diaspora-Begriff kann wertvolle Impulse von den entsprechenden kulturwissenschaftlichen Debatten aufnehmen und andererseits in deren Diaspora-Diskurse theologische Perspektiven einbringen.

(4) Der Diaspora-Begriff kann die Ambivalenzen in der Erfahrung von Diaspora-Situationen reflektieren, indem er wie oben ausgeführt zwischen den Bedeutungen des Verstreutseins (bis hin zu gewaltsamer Unterdrückung und Verfolgung) und des Ausgestreutseins (im Sinne von universaler Sendung) changiert. Der Begriff ist damit ebenso vielschichtig wie die Diaspora-Situationen von Kirchen verschieden sind, welche von gewaltsamer Verfolgung in Syrien, Diskriminierung in Ägypten und der Türkei bis hin zu rechtlich abgesicherter und respektierter Teilhabe in Thüringen reicht.

Die GEKE hat 2012 auf der Vollversammlung in Florenz einen Studienprozess[10] zum Thema „Diaspora als Gestalt öffentlicher Theologie" ins Leben gerufen, um sowohl die Situation vieler GEKE-Kirchen als auch die Gesamtsituation der GEKE innerhalb Europas theologisch zu reflektieren. Begriff und Konzept von Diaspora sollten dabei kritisch geprüft und in ihrem Potential für gegenwärtige Theologie ausgelotet werden.[11] Einen wesentlichen Anstoß dazu gab Ulrich Körtner, welcher auf den Zusammenhang von Theologie der Diaspora und Öffentlicher Theologie in zahlreichen Aufsätzen aufmerksam gemacht hat.[12]

Im Folgenden sollen zunächst kulturwissenschaftliche Debatten und ihr Potential für eine Diaspora-Theologie skizziert werden, danach die Diaspora-Theologie von Dantine und ihre gegenwärtige Relevanz umrissen werden, um abschließend Eckpunkte einer zukünftigen Theologie der Diaspora herauszuarbeiten.

---

[10] Die Verfasserin war Mitglied der von der GEKE berufenen Expertengruppe. Viele der nachfolgenden Gedanken und Ergebnisse verdanken sich den intensiven Gesprächen innerhalb der Expertengruppe.

[11] Der Abschlusstext zu diesem Studienprozess wird bei der Vollversammlung der GEKE im September 2018 vorgelegt.

[12] Vgl. *Ulrich Körtner:* Theologie der Diaspora: eine ökumenische Zeitansage. Ein Arbeitsfeld der GEKE; in: GEKE Focus Nr. 20 (3/2013), 5; *ders.:* Theologie der Diaspora als öffentliche Theologie; in: *Enno Haaks* (Hg.): Nüchtern hoffen – evangelisch glauben. Beiträge zu einer Theologie der Diaspora (Beihefte Ev. Diaspora 11), Leipzig 2015, 99–105; *ders.:* Über die Kirche hinaus. Öffentliche Theologie sollte an Diasporaerfahrungen von Kirchen anknüpfen, Zeitzeichen 17 (2016), 45–47.

2. Diaspora als avantgardistische hybride Identität – kulturwissenschaftliche Impulse

Diaspora ist zu einem zentralen Begriff kulturwissenschaftlicher, ethnologischer, politikwissenschaftlicher, historischer und soziologischer Forschung geworden, gerade weil er durch bisherige *politische* Theoriebildung noch nicht aufgeladen ist. Die Uneindeutigkeit des Begriffs gilt gerade als seine Stärke. Auf die theologische Tradition des Diaspora-Begriffs insbesondere im Judentum gehen die Kulturwissenschaften gar nicht oder nur am Rande ein. Entscheidend für das kulturwissenschaftliche Selbstverständnis gilt die Leistung, den Diasporabegriff von seiner pathozentrischen, defizitorientierten hin zu einer potentialorientierten, affirmativen Bedeutung geführt zu haben.

Den Anstoß dazu gab die amerikanische Bürgerrechtsbewegung seit den 1960er Jahren. Afroamerikanische Gemeinschaften fokussierten sich auf ihre Wurzeln und auf die Vorstellung von Heimat und Zugehörigkeit. Dies wurde im Diaspora-Konzept thematisch. Auch hier war zunächst das Moment von Zwang und Unterdrückung vorherrschend, wie es der realen Sklaverei-Geschichte entsprach. Doch zunehmend trat die eigene Situation ins Bewusstsein und wurde mit Diaspora beschrieben. Gesellschaftspolitische Programmatik bewirkte die wissenschaftliche Rezeption des Diaspora-Konzeptes und imprägnierte sie bis heute mit politischen Bedeutungen. Zusammen mit Perspektiven der postcolonial-Studies reagierten die Kulturwissenschaftler und Literaturwissenschaftler das Diaspora-Konzept.

Die nicht-theologische Diaspora-Forschung interessiert sich für „Diaspora", um Globalisierung und Migration in all ihren Aspekten differenzierter zu verstehen. Sie konzipiert Diaspora dabei als eine zukunftsweisende, weil transnationale, in sich multiple und fluide Identitätsform von Gruppen und Individuen. Insofern bewerten die Kulturwissenschaften Diaspora vorwiegend als ein positives Phänomen, das Vorbild-Charakter für die sich globalisierenden Gesellschaften haben könnte und das in seinen vielfältigen Funktionen innerhalb und zwischen den Gesellschaften noch viel nachdrücklicher zu würdigen sei. Die meisten Publikationen nehmen Diaspora-Gemeinschaften und ihre Dynamiken als exemplarisch dafür, wie in modernen Gesellschaften soziale Identitäten „eigentlich" funktionieren. Dies ordnet sich ein in die gegenwärtig prägende Wahrnehmungsperspektive der Kultur- und Sozialwissenschaften, welche insbesondere nach Hybridität,[13] Uneindeutigkeiten, Fragmentierungen und Fluidem fragen.[14]

---

[13]   Vgl. *Robert Young:* Colonial Desire. Hybridity in Theory, Culture and Race, London 1995.
[14]   Für die Diaspora-Forschung vgl. *Stuart Hall:* „Die Diaspora-Erfahrung, wie ich sie hier

Doch zunehmend kommen auch die ambivalenten Dimensionen von Diaspora-Identität in den Blick: „Der Begriff Diaspora situiert sich im Spannungsfeld zwischen kosmopolitischer Losgelöstheit und einem radikalen Nationalismus, der sich nicht länger territorial definiert."[15] Ebenso kann homogenen (nationalen oder religiösen) Identität zu entwickeln, also gewissermaßen zu erfinden. Diaspora-Gemeinschaften können gleichzeitig transnational und nationalistisch orientiert sein, offen und konservativ, demokratisch und antiindividualistisch.[16] Wichtige Impulse erfährt der Diaspora-Begriff auch von neuen Forschungen zu Ethnizität (symbolische Ethnizität[17]), zu Nationalismus („vorgestellte Gemeinschaften"[18]), zu Transnationalismus[19], Transkulturalität[20] und zum kulturellen Gedächtnis.

Nicht nur Identität, auch Raum als geographische und soziale Größe denken die Diasporawissenschaften neu. Höchst einflussreich ist dabei das Konzept „Black Atlantic"[21] von Paul Gilroy. Dabei soll das Bild afroamerikanischer Identität überwunden werden, bei dem Afrika das (idealisierte) Zentrum und Amerika das Exil darstellt, sondern schwarze Identität soll gerade als Vollzug komplexer transatlantischer Beziehungen, Überfahrten und Wechselwirkungen verstanden werden, als gemeinsame Erfahrung von Diskriminierung und Entwürdigung.

Diaspora enthält auch immer räumliche Bedeutungen;[22] diasporisches Bewusstsein setzt Räume miteinander in Beziehung, verbindet konkrete Räume mit imaginierten, lokale Räume mit globalen. Statt eines *essentia-*

---

definieren möchte, impliziert keine Essenz oder Reinheit, sondern die Einsicht in die Notwendigkeit von Heterogenität und Diversität; sie rekurriert auf einer Vorstellung von ‚Identität', die mit und durch, nicht trotz, Differenz lebt, auf Hybridität" (*Stuart Hall:* Cultural Identity and Diaspora; in: *Jonathan Rutherford* (Hg.): Identity, Community, Culture, Difference, London 1990, 222–237; *Robin Cohen:* Social Identities and Creolization; in: *Kim Knott/Sean McLoughlin* (Hg.): Diasporas. Concepts, Intersections, Identities, London/New York 2010, 69–73.

[15] *Ruth Mayer:* Diaspora. Eine kritische Begriffsbestimmung, Bielefeld 2005, 8.

[16] Vgl. *Pina Werbner:* Complex Diasporas; in: *Knott/McLoughlin* (Hg.), Diasporas, 74–78.

[17] Vgl. *Herbert Gans:* Symbolic Ethnicity. The Future of Ethnic Groups and Cultures in America; in: *Werner Sollors* (Hg.): Theories of Ethnicity. A Classical Reader, New York 1996, 425–459.

[18] Vgl. *Benedict Anderson:* Die Erfindung der Nation. Zur Karriere eines folgenreichen Konzepts, Frankfurt a. M./New York ³2006.

[19] Vgl. *Gunilla Budde* u. a. (Hg.): Transnationale Geschichte. Themen, Tendenzen und Theorien, Göttingen 2006; *Ludger Pries* (Hg.): New Transnational Spaces. International Migration and Transnational Companies in the Early Twenty-First Century, London 2001.

[20] Vgl. *Andreas Langenohl* u. a. (Hg.): Transkulturalität. Klassische Texte, Bielefeld 2015.

[21] *Paul Gilroy:* Black Atlantic Modernity and Double Consciousness, Cambridge, Mass 1993.

[22] *Lipphardt,* Diaspora, 48.

listischen Diaspora-Begriffs bevorzugen die Forschenden im Feld der *diaspora studies* einen *relationalen* Diaspora-Begriff. Dieser zielt auf die Erfassung von Netzwerk-Strukturen, von Identitätsbildungsprozessen im Verhältnis von Verbundenheit und Differenzbestimmungen und auf dynamische Identität zwischen Selbst- und Fremdzuschreibung. Konkret werden daher beispielsweise Pilgerreisen, ökonomische Transfers, Kulturfestivals oder Facebook-Gruppen untersucht.

2.1 Performanztheoretische Bestimmung diasporischer Identität

An der Diaspora interessiert die Kultur- und Sozialwissenschaften die spezifische Form von diasporischer Identität. Damit verbindet sich oft ein normatives bzw. utopisches Interesse an neuen nicht-eindeutigen und hybriden Identitätsformationen. Folgende wichtige Einsichten lassen sich festhalten:

Diaspora-Identität als soziale Identität vollzieht sich durch *Gedächtnispolitik:* Dazu gehören u.U. auch Erinnerungen, die kein historisch nachweisbares Korrelat aufweisen: „erfundene Traditionen"[23]. Für diese Erinnerungspolitik sind jeweils Akteure verantwortlich in Form eines *doing diaspora.* Zu fragen ist daher stets, wer mit welchen Intentionen durch welche Medien Diaspora-Identität aktiv pflegt und sie dabei transformiert. Eine herausgehobene Funktion haben dabei diejenigen, die sowohl eine führende Rolle in der Diaspora-Gemeinschaft innehaben als auch vermittelnd zur Residenzgesellschaft auftreten („Diaspora-Entrepreneure"[24] oder „Diasporisten"[25]).

Diasporische Identität hat performativen Charakter; sie entsteht durch beständiges Sich-Positionieren, Artikulieren und Deuten. Sie braucht Feste, Alltagsrituale und kulturelle Traditionen. Entscheidende Bruchstelle ist hier der Generationentransfer. Bei diesem Transfer kommt es immer wieder zu Verlusten, aber auch zu neuen Synthesen, und so bildet jede Generation andere Verhaltensweisen und Identitäts-Modelle. Also nicht die faktische Situation von Fremdheit einer Gruppe in einer anderen kulturellen Gemeinschaft definiert Diaspora, sondern es bedarf dazu außerdem immer gruppenbildender und identitätsstiftender Praktiken.

---

[23] Vgl. *Eric Hobsbawm/Terence Ranger* (Hg.): The Invention of Tradition, New York 1983.

[24] *Alexander-Kenneth Nagel:* Vom Paradigma zum Pragma. Religion und Migration in relationaler Perspektive; in: Sociologia internationalis 48 (2012), 221–246, hier: 237.

[25] Siehe dazu *Hauke Dorsch:* Globale Griots. Performanz in der afrikanischen Diaspora, Berlin 2006, 9 und 248–257.

Diaspora-Identität ist eine komplexe Identität. Das Bewusstsein von Akteuren, dass sie sich in einer Diaspora befinden, führt dazu, dass sie multiple Identitäten entwickeln, die sich auf die verschiedenen konkreten Kontexte beziehen, wie Arbeitsumfeld, Freundeskreis, Diaspora-Gemeinschaft, Bezug zu Herkunftsgesellschaften. Diese Identitäten existieren jedoch nicht parallel und monolithisch, sondern sie beeinflussen sich gegenseitig, ohne miteinander zu verschmelzen. Dies gilt besonders für die zweite und dritte Generation von Diaspora-Gemeinschaften.[26] Forscher nennen diasporisches Bewusstsein auch *„multiple conciousness"*[27].

Diaspora-Identität gestalten Menschen als *„boundarywork"*, d. h. dadurch, dass sie Differenzen zugleich ermitteln und neu definieren. Identität hat keine festen Grenzen, sondern vollzieht sich in kontinuierlichen Aushandlungsprozessen, sowohl kollektiv als auch individuell, im Dialog zwischen Selbst- und Fremdwahrnehmungen. Imaginationen spielen dabei eine wichtige Rolle: die Imagination der Herkunft und die Imagination einer Heimkehr (auch wenn sie völlig unrealistisch oder ungewollt ist), aber auch Imaginationen einer Zukunft und Imaginationen des Blickes der anderen auf einen selbst. Die Rolle der Imagination ist für das Konzept von Nationalstaat ebenso wichtig wie für Diaspora-Gemeinschaften.[28]

Diaspora als Forschungsparadigma hat eine eminent politische Dimension, denn dieses Paradigma stellt das vorherrschende normative Paradigma von Integration in Frage, als es bleibende Fremdheit und kollektive Andersheit als möglichen Gewinn für die Residenzgesellschaft denkt, jedenfalls mit solchen anderen Identitäten in Mehrheitsgesellschaften rechnet.[29]

2.2 Affirmative Deutungsmodelle von Diaspora in den Kulturwissenschaften

Kulturwissenschaftliche Analysen von Diaspora-Gemeinschaften implizieren meist ein normatives Interesse, die Chancen und die Leistungsfähig-

---

[26] Die multiplen Diaspora-Identitäten können ihren Ausdruck finden in einem „neuen Kosmopolitismus von unten". Kategorien der einfachen nationalstaatlichen Zugehörigkeit werden durch komplexere Modelle abgelöst. Dies gilt insbesondere dann, wenn Bildungschancen, Reisemöglichkeiten und ökonomische Aussichten vorhanden sind.

[27] *Henry J. Drewal*: Memory and Agency. Bantu and Yoruba Arts in Brazilian Culture; in: *Nicholas Mirzoeff* (Hg.): Diaspora and Visual Culture. Representing Africans and Jews, London/New York 2000, 241–253, hier: 243.

[28] Vgl. *Benedict Anderson*: Imagined Communities. Reflections on the Origin and Spread of Nationalism, London 1983.

[29] Dazu z. B. *Sabine Hess* u. a. (Hg.): No integration?! Kulturwissenschaftliche Beiträge zur Integrationsdebatte in Europa, Bielefeld 2009.

keit von Diaspora-Bewusstsein herauszustellen. Hervorgehoben seien dabei folgende affirmative Deutungsmodelle, welche auch ekklesiologisch rezipiert werden können.[30]

Diaspora als *neue Öffentlichkeiten* oder Gegen-Öffentlichkeiten (*„subaltern counterpublics“*)[31]: Diaspora-Gemeinschaften schaffen informelle Gegenöffentlichkeiten; dies galt und gilt insbesondere für benachteiligte Gemeinschaften, die kaum Zugang zu den institutionalisierten Öffentlichkeiten der Residenzgesellschaften haben. In diesen Öffentlichkeiten können kreative Interpretationen von Identitäten und Politik entstehen. Zugleich stiftet in Gegenöffentlichkeiten gebildetes Diaspora-Bewusstsein[32] dazu an, sich in der institutionalisierten Öffentlichkeit für die eigene Diaspora-Gruppe und deren Rechte zu engagieren und in dieser Weise auch öffentliche Sichtbarkeit zu erzeugen. Darin liegt auch das besondere emanzipatorische Potential von Gegenöffentlichkeiten.

Diaspora als *Brückenorte*: Diaspora-Gemeinschaften sind Orte des Brückenschlagens[33] aus der einen Kultur in eine oder mehrere andere. Sie dienen aber nicht nur als Orte der Vermittlung und Begegnung, sondern auch als Orte der Versicherung der eigenen Identität. Auch die Metapher des „third place“ spielt eine wichtige Rolle, um Funktion und Chance von Diaspora-Gemeinschaften zu beschreiben.[34] Der Begriff des *third place* stammt aus der Städteplanung bzw. Urbanitätsforschung. Ray Oldenburg

---

[30] Strittig ist in den kulturwissenschaftlichen Diaspora-Debatten, inwiefern der vorgestellte Diaspora-Begriff auf christliche Gemeinschaften anwendbar sei. Christliche Konfessionen in Minderheitssituationen seien meistens nicht explizit auf ein (irdisches) Heimat- oder Herkunftsland bezogen, außer wenn sie mit ethnischer, sprachlicher oder kultureller Diaspora verbunden sind (zum Beispiel bei Migrationsgemeinden). Die nicht-theologische Forschung hat sich bisher intensiver mit jüdischen, muslimischen und hinduistischen Diasporas auseinandergesetzt als mit christlichen. Der Beitrag der Theologie für die kulturwissenschaftliche Debatte liegt darin, diese Leerstelle zu füllen. Das könnte geschehen, indem die Diaspora-Situation jeder Kirche und aller Christen thematisiert wird: bezogen zu sein auf das Reich Gottes, das im Kommen ist, das aber noch nicht volle Wirklichkeit ist.

[31] Vgl. *Nancy Fraser:* Rethinking the Public Sphere. A Contribution to the Critique of Actually Existing Democracy; in: *Craig Calhoun* (Hg.): Habermas and the Public Sphere, Cambridge 1992, 109–142.

[32] Nancy Fraser betont die Funktion von (Gegen-)Öffentlichkeiten zur Ausbildung sozialer Identität; siehe *Nancy Fraser:* Rethinking the Public Sphere. A Contribution to the Critique of Actually Existing Democracy; in: *Calhoun* (Hg.): Habermas, 125.

[33] Das Bild der Brücke legt eine Dualität nahe. Dies ist gewollt und sachgemäß: Menschen wie auch Gemeinschaften vollziehen sich als komplexe Identität und in polyzentrischen Lebenskonstellationen. Im zeitlichen Moment einer Begegnung aber steht ein Mensch einem anderen Menschen, oder eine Gemeinschaft einer anderen Gemeinschaft gegenüber, oder auch ein Mensch einer Gemeinschaft. In diesen Momenten geht es darum, Brücken von einem zum anderen zu schlagen oder darzustellen. Erst in diesem Prozess des Brückenschlagens und aufgrund dessen wird gegenseitig erfahrbar, dass jeder

vertritt das Konzept, dass Menschen neben ihren privaten Wohnungen (*first place*) und ihren Arbeitsplätzen (*second places*) auch noch öffentliche Orte für informelle Begegnungen brauchen, wie zum Beispiel Plätze, öffentliche Gärten, Brunnen und Bänke. Angewandt auf Diaspora besagt das Konzept, dass sich die Kulturen von Herkunftsgesellschaft und Residenzgesellschaft in der Diaspora-Gemeinschaft begegnen und auf diese Weise verbinden und vermitteln. Durch die Pflege einer (Erinnerungs-)Kultur wird diese somit zugleich gewahrt, wie auch eine Kontaktzone zu anderen Gruppen geschaffen.[35] Brücke kann die Diaspora noch in anderer Hinsicht sein: Diaspora-Bewusstsein verbindet die lokale Ebene mit der globalen, die regionale mit der europäischen Ebene.[36] Aus der Migrationsforschung stammt der Begriff der „Transmigranten". Damit werden Migranten bezeichnet, welche soziale „Felder erschließen, die die nationalstaatlichen Grenzen überspannen und dadurch mehrfache Beziehungen (*multiple relations*) familialer, wirtschaftlicher, sozialer, religiöser, politischer und organisatorischer Art entwickeln und aufrechterhalten"[37].

Diaspora als *Beziehungsreichtum:* Diaspora-Gemeinschaften zeichnen sich dadurch aus, dass sie ein besonders vielfältiges soziales Netzwerk bilden: zur Residenzgesellschaft, zu anderen Diaspora-Gemeinschaften in der Residenzgesellschaft, zur Herkunftsgesellschaft und oft auch zu anderen Diaspora-Gemeinschaften in anderen Residenzgesellschaften. Weil diese Beziehungen wenig institutionalisiert sind, wurden sie bisher viel zu wenig wahrgenommen. Sie funktionieren gerade als informelle Netzwerke besonders gut, vor allem in den Fällen, in denen Diaspora-Gemeinschaften wenig finanzielle Unterstützung erfahren. Derartige internationale Netzwerke können die Residenzgesellschaften als Bereicherung und Chance nutzen, insbesondere für ökonomische, politische und kulturelle Beziehungen.

Nach einem kleinen Überblick über die kulturwissenschaftlichen Debatten sei im Folgenden eines der ganz wenigen systematisch-theologischen Diaspora-Konzepte der letzten Jahrzehnte erörtert.

Mensch wiederum selbst in einem komplexen Netzwerk mit anderen Menschen und als komplexe Identität lebt. Im österreichischen Dorf Bad Aussee wurde eine Brücke gebaut, welche den Zusammenfluss zweier Flüsse überbrückt und somit drei Ufer miteinander verbindet.

[34] Vgl. *Ray Oldenburg:* Celebrating the Third Place: Inspiring Stories about the "Great Good Places" at the Heart of Our Communities, New York 2000.

[35] Vgl. *Ayman Abu-Shomarand/Malcolm MacDonald:* Dialogic Spaces: Diasporic Negotiation of Difference; in: JPCS 3 (2012), 1–36.

[36] Vgl. *Cohen,* Global Diasporas, 516.

[37] *Petrus Han:* Theorien zur internationalen Migration. Ausgewählte interdisziplinäre Migrationstheorien und deren zentralen Aussagen, Stuttgart 2006, 151.

3. Abenteuer als Zentralbegriff einer Diaspora-Theologie. Theologische Impulse von Wilhelm Dantine

Eine besonders prägnante Theologie der Diaspora stammt von Wilhelm Dantine (1911–1981). Er lebte in der protestantischen Diaspora Österreichs und wirkte als Pfarrer und als Professor für Systematische Theologie. Eine Zusammenstellung seiner wichtigsten Aufsätze wurde 2001 von Michael Bünker, dem späteren Bischof der Evangelischen Kirche AB in Österreich und Generalsekretär der GEKE, herausgegeben. Ulrich Körtner hat in verschiedenen Publikationen auf die Potentiale von Dantine hingewiesen.[38]

Dantine führt als Zentralbegriff einer Diaspora-Theologie den Begriff des Abenteuers ein. Mit Abenteuer definiert Dantine die „Nachfolge Christi, die keine Wiederholung vorgegebener Muster sein will"[39]. Die Momente Offenheit, Kreativität und Überraschung treten damit in den Vordergrund. Evangelisches Christentum soll sich nicht einfach selbst wiederholen, soll sich nicht auf bewährte Formen zurückziehen.

Der Abenteuerbegriff betont außerdem das Risiko. Bei Abenteuern weiß man nie, wie sie enden; sie sind gefährlich und herausfordernd. In ihnen geht man aufs Ganze; man verlässt Wohlfühlzonen und spürt besonders intensiv die eigene Lebendigkeit, ebenso aber auch die beängstigende Unabsehbarkeit. Mit dem Abenteuerbegriff soll die aktive Rolle im Umgehen mit Gefahr, Unplanbarkeit und Ungesichertheit betont werden. Nicht das Selbstverständnis als Erleidende, sondern als Gestaltende soll nach Dantine Diaspora prägen.

Folgende Aspekte von Dantines Theologie bzw. Ekklesiologie halte ich für besonders relevant:

3.1 Individualitätsorientierte Ekklesiologie

An der Zentralstellung des Abenteuerbegriffs mit seinen existentiellen und individualethischen Implikationen zeigt sich schon Dantines dezidierte Ausrichtung auf die individuelle christliche Existenz. Die entscheidenden Akteure sind für Dantine die Einzelnen. Die einzelnen Christen und Christinnen leben Nachfolge Christi, indem sie mit ihren je einmaligen Gaben und in ihren Lebenssituationen als Jünger Jesu handeln. Dan-

---

[38] Siehe Anm. 12.
[39] *Wilhelm Dantine:* Protestantisches Abenteuer. Beiträge zur Standortbestimmung der evangelischen Kirche in der Diaspora Europas, hg. v. *Michael Bünker,* Innsbruck 2001, 64.

tine betont dabei die Kreativität und den Möglichkeitssinn, welcher von den Einzelnen und von kleinen Initiativen ausgeht. Das christliche Wirken vollzieht sich als eigensinniges und eigenverantwortliches Wirken der einzelnen Menschen. Dabei geschieht Überraschendes, Neues und auch für die kirchliche Organisation Unbequemes. Eine Erneuerung der evangelischen Kirche in der Diaspora erwartet Dantine exklusiv von einzelnen christlichen Persönlichkeiten, die sich in dieser Weise engagieren: „Die Minderheitskirche selbst könnte an dem Abenteuer ihrer Glieder sich regenerieren und so zu einem neuen, echten Selbstverständnis kommen."[40] Dantines Konzept einer kommunikativen und gemeinschaftsbezogenen Individualität grenzt sich vom Negativbild eines Christentums ab, welches nur die einsame, innerliche Seele betrifft.

Von diesem Fokus auf den Einzelnen und sein engagiertes Handeln wäre eine Schwerpunktsetzung auf Kirche als Lerngemeinschaft und auf evangelische Bildung zu erwarten. Dantine bringt das selbst nicht ein, aber es liegt in der Konsequenz seines Ansatzes. Kirche muss in Dantines Sinne in all ihren Vollzügen sich darauf ausrichten, die einzelnen Christen zu stärken, sie in ihrer christlichen Sprach-, Reflexions- und Handlungsfähigkeit zu fördern. Die Zukunft des Diaspora-Christentums hätte dann als einen wesentlichen Faktor evangelische Bildung. Die GEKE-Regionalgruppe Südostmitteleuropa erstellt eine Studie über Bildungshandeln der Regionalkirchen. Die erstaunliche und dann gerade wieder gar nicht erstaunliche Entdeckung besteht darin, dass tatsächliche viele der beteiligten Kirchen eine große Intensität in der Bildungsarbeit entfalten.

3.2 Dualitätsüberwindendes Nachfolgekonzept

Leitend ist für Dantine das biblische Bild vom Salz der Erde und Licht der Welt. Interessant ist nun seine Zuordnung: die Christinnen und Christen als Salz und Licht wirken nun nicht nur gegenüber der Gesellschaft, sondern genauso gegenüber der Institution Kirche: sie leben den *„Anspruch lebendiger Kirche gegenüber verfestigter, verweltlichter Kirche ebenso wie gegenüber verchristlichter Welt"*[41].

In dieser Konstellation stellen sich die konkreten Aufgaben: „Aber es muß [...] für diese Diaspora selbst und für ihr Verhältnis zu ihrer Umwelt ein neuer Sinn und eine neue Aufgabe gefunden werden, die zwar die uralte und immerwährende ist, nämlich als Stadt auf dem Berge Licht der

---

[40]   *Dantine,* Protestantisches Abenteuer, 47.
[41]   *Ebd.,* Protestantisches Abenteuer, 60 (Hervorhebungen im Text).

Welt und Salz der Erde zu sein."[42] Diese Aufgabe gilt zunächst für die einzelnen Christen, darin dann auch für die Kirche als Ganzes; sie entsteht im Angesicht konkreter Situationen und geschichtlicher Konstellationen. Diese Aufgaben sind also nicht von einer dogmatischen Ekklesiologie her zu entwickeln, sondern sie sind von den Einzelnen als ihre individuelle Gestalt der Nachfolge Christi zu finden. Die Einzelnen und die Kirchen sollen dann auch den Mut finden, sich auf wenige Aufgaben zu konzentrieren. Das erfordert waches Wahrnehmen der Situation, ein Erkennen von Möglichkeiten im Lichte des Heiligen Geistes und ein umsichtiges Tun.

Bei Kirche unterscheidet Dantine das konkrete, freie Gemeinschaftsleben von der kirchlichen Verwaltung. Diese dient der Freiheit, indem sie für verlässliche Ordnungen und Rahmenbedingungen Sorge trägt. Daher kommt er zur Schlussfolgerung: *„Der Wagemut und das Risiko des protestantischen Abenteuers,* der Suche nach Sinn und Aufgabe der jeweiligen konkreten Diaspora *muß dem wagenden Einzelnen und den experimentierenden Teamworks bruderschaftlicher Gemeinschaften überlassen* werden, aber eben so, daß *die ordnende Kraft der Kirche mahnend und schützend im Hintergrund bleibt."*[43]

Die Kirche als Institution mit ihrer Ordnung muss dieser Ordnung treu bleiben, aber diese Ordnung immer zugunsten der einzelnen Christen und ihrer Nachfolge interpretieren. Die Ordnung soll stärken und stützen, sie soll aber vor allem ermöglichen und sich selbst relativieren. Dantine polemisiert gegen eine überhöhte Kirchlichkeit welche darin besteht, dass christliche Geselligkeit eine Sondergruppe in der Gesellschaft wird und dass Christlichkeit an der Teilnahme an der Kerngemeinde gemessen wird.

Thesenhaft zugespitzt: christlicher Glaube, welcher sich auf die Existenz der Kirche fokussiert, befördert die Selbstghettoisierung und den Bedeutungsverlust der Kirche. In der Diaspora – so Dantine – vermitteln immer nur die einzelnen Christen zwischen Kirche und Welt. Die Kirche handelt und wirkt nicht als Institution, als Sphäre oder welche Modelle es sonst noch gibt, sondern allein über die Christen als Gesellschaftsmitglieder und als Individuen.

Einen solchen Ansatz individualitätsorientierter, kreativitätstheoretischer, dualitätsüberschreitender Ekklesiologie halte ich für wegweisend und im besten Sinne modernitätssensibel,[44] um eine Theologie der Diaspora im Detail zu entwickeln.

---

[42] *Ebd.,* 62.
[43] *Ebd.,* 67 (Hervorhebungen im Text).
[44] Diesen Begriff verwendet *Peter Dabrock* mit überzeugender Explikation in seinem Buch: Befähigungsgerechtigkeit. Ein Grundkonzept konkreter Ethik in fundamentaltheologischer Perspektive, Gütersloh 2012, 60.

4. Leitlinien einer Theologie der Diaspora

4.1 Theologie der Diaspora als kontextuelle Theologie

Alle Theologie ist kontextuell. Es gibt nur gute oder wenig gute kontextuelle Theologie. Gute kontextuelle Theologie zeichnet sich darin aus, dass sie nicht nur faktisch von ihrem Kontext geprägt ist, sondern sich auch aktiv und bewusst mit ihrem Kontext auseinandersetzt und sich ihrer Kontextualität bewusst ist. Sie setzt sich in Dialog mit anderen kontextuellen Perspektiven (das können auch historische Perspektiven sein), um Gemeinsames tiefer zu verstehen und um blinder Stellen in der eigenen kontextuellen Perspektive inne zu werden. Dabei richtet sie den Blick auf Universales und Globales, aber eingedenk ihrer je partikularen Perspektive. Sie vermeidet Absolutsetzungen eigener Erkenntnisse und Erfahrungen, nimmt aber die eigenen Erkenntnisse auch in ihrem möglichen Wert für andere ernst.

Es gibt Tendenzen in der akademischen Theologie vor allem Westeuropas, die eigene Theologie für kontexttranszendent und in dem Sinne für allgemein gültig zu halten. Diese akademische Theologie ist oft in besonderem Maße auf interdisziplinäre Debatten, auf historische Forschung und auf soziologische Gegenwartsdiagnosen bezogen. Diese spezifischen universitären Rahmenbedingungen akademischer Theologie und die konkreten interdisziplinären Debatten bilden denjenigen Kontext, der das Theologietreiben prägt und die Kontextualität dieser Art von Theologie ausmacht. Kontextualität ist dabei aber nicht nur ein Faktum, sondern zugleich eine Aufgabe für jede Theologie, der sie mehr oder weniger gut gerecht wird.

Europa, nicht nur die einzelnen regionalen und kulturellen Räume, benötigen eine kontextuelle Theologie. Europa bildet ein dichtes Netzwerk an ökonomischen, wissenschaftlichen, kulturellen und kirchlichen Beziehungen. Dieses Netzwerk gestaltet sich äußerst spannungsreich; es führt zu Provokationen und Abgrenzungen, zu Verunsicherungen und Krisen. Doch es reißt nicht ab und wird nicht loser. Europa als Netzwerk bedarf der Gestaltung. Um Europa als ein dauerhaftes Friedensprojekt zu gestalten, ist ein vieldimensionales Bemühen um Versöhnung, Dialog und mehr Gerechtigkeit vonnöten. Wenn das Christentum zur zukünftigen Gestaltung Europas einen konstruktiven und nachhaltigen Beitrag schenken möchte, ist seine Sichtbarkeit in der europäischen Öffentlichkeit sehr förderlich. Die GEKE, die Gemeinschaft Evangelischer Kirchen in Europa, bedeutet eine große Chance, evangelisch in Europa zu wirken und kirchliche Netzwerke zugunsten von Verstehen und Dialog einzubringen. Theologie der Diaspora sollte und könnte daher auch eine kontextuelle europäische Ekklesiologie beinhalten.

„Theologie der Diaspora" bezeichnet zusammengefasst damit zum einen den Gegenstand (Kirche in Minderheitensituationen) und die Deutungsperspektive (die theologisch und biblische reflektierte Ambiguität von Verstreutheitserfahrung und von Sendung zum Wirken in der Welt). Zum anderen benennt „Theologie der Diaspora" auch das Subjekt dieser thematischen Reflexion: Theologinnen und Theologen, welche direkt oder indirekt sich auf die Minderheitensituation ihrer eigenen Kirche oder zumindest des evangelischen Christentums in Europa oder auf der Welt beziehen. Für 2012 rechneten Forschende mit 2,2 Milliarden christlich orientierten Menschen, davon 37 Prozent Protestantinnen und Protestanten.

4.2 Theologie der Diaspora als biblisch verständigte Theologie

Eine Fülle alt- und neutestamentlicher Texte thematisieren Diaspora, haben Diaspora-Situationen im Hintergrund oder können auf Diaspora bezogen werden. Ein Text sei aufgrund seiner theologiegeschichtlichen Bedeutung und aufgrund seines besonders vieldimensionalen Bedeutungspotentials herausgegriffen.

Als biblischer Text für eine Theologie der Diaspora vermittelte und vermittelt das Salz- und Lichtwort aus Mt 5,13–16[45] entscheidende Impulse. Ulrich Luz arbeitet in seinem Matthäuskommentar folgende Hauptaussagen heraus: Das Bildwort bezieht seine Kraft gerade aus dem Kontrast zur erlebten Situation der Adressaten des Matthäusevangeliums, besonders die Verfolgten sind Salz und Licht der Welt. Salz und Licht stehen dafür, dass die Adressierten universal gesandt sind, sie sollen Salz und Licht für andere sein. Zugleich wird die Universalität der Sendung herausgearbeitet, insofern das Licht dafür steht, allen zu leuchten, die es sehen. Das Salz ist dahingehend zu deuten, dass es für Notwendigkeit und Unersetzlichkeit (und Unverwechselbarkeit?) steht. Die Christinnen und Christen sind Salz und Licht, indem ihr Leben „als Zeugnis des Glaubens zur Ehre Gottes wirke"[46]. Dies gelte für die ganze Gemeinde und entgegen der Auslegungstradition nicht im Speziellen für die Amtsträger. Das Wirken der ganzen Jüngergemeinde kann durch eine doppelte Bewegungsrichtung beschrieben werden: einer zentrifugalen und einer zentripetalen: „Das eine Mal ziehen die Missionare hinaus, um die Völker zu werben, das andere Mal kommen diese von selbst, angezogen von der Herrlichkeit des Herrn."[47]

---

[45] Zur Perikope im Ganzen: *Ulrich Luz:* Das Evangelium nach Matthäus (Mt 1–7), EKK-Kommentar, Zürich/Neukirchen-Vluyn ³1992, 219–227.

[46] *Luz,* Das Evangelium nach Matthäus, 226.

[47] *Joachim Gnilka:* Das Matthäusevangelium 1,1–13,58, HThK NT 1/1, Sonderausgabe,

Die Werke selbst versteht Matthäus als „Werke der Barmherzigkeit"[48] bzw. als Werke der Liebe. Andere Exegeten beziehen das pointiert auf den „Einsatz für Gerechtigkeit unter den Menschen"[49]. Durch das, was die Jünger sind, wirken sie in der Welt. Verknüpft mit dem botanischen Bild des Ausstreuens und Verstreuens bedeutet dies: das unmittelbare Ziel christlichen Lebens und kirchlichen Daseins auch in der Minderheit ist das Leben, Sein und Handeln als Jünger Christi zugunsten aller Menschen, konkretisiert durch den jeweiligen Kontext. Damit sind wesentlich evangelisches Bildungshandeln, Diakonie und Öffentliche Theologie eingeschlossen.

4.3 Diaspora-Theologie als Theologie der Hoffnung

Die evangelischen Kirchen werden eine wirkliche Zukunft in Europa nur dann haben, wenn sie von Hoffnung erfüllt sind und eine ermutigende Perspektive für sich sehen. Daher ist die Frage einer Theologie der Diaspora zugespitzt die Frage danach, welche Hoffnungsperspektiven und Zukunftsaussichten evangelische Kirchen in Europa haben. Diese Hoffnungsperspektiven hängen wiederum an der Frage, was evangelische Kirchen und was evangelische Christinnen und Christen hoffen, in den europäischen Gesellschaften bewirken, gestalten und schenken zu können.

Christinnen und Christen sind gesandt, Salz der Erde und Licht der Welt zu sein. Was kann das in der Welt von heute und morgen bedeuten? Drei Stichpunkte erscheinen mir besonders relevant: Versöhnung, Gerechtigkeit und kommunikative Individualität.

Versöhnung war nicht nur nach dem Zweiten Weltkrieg unter Einschluss der Geschichte des 19. Jahrhunderts und des Ersten Weltkrieges nötig. Versöhnung ist auch gegenwärtig ein zentrales Thema in der europäischen Politik. Vieles vergangene Unrecht wird erst jetzt thematisiert und öffentlich gemacht; viele neue Verwerfungen sind in den letzten Jahren entstanden. Aktuelle Fragen spalten regionale, nationale und europäische Öffentlichkeiten. Evangelische Kirchen können sich für Versöhnung einsetzen. Sie können vorleben, wie Versöhnung konkret gelebt werden kann und wie man sich für verletzte Menschen einsetzt. Kirchen haben für Versöhnung kein Patentrezept, aber Christen glauben, dass neues Leben nur aus Versöhnung und Vergebung entspringt und dass Gott in dieser Welt als versöh-

---

Freiburg u. a. 2001, 135. Gnilka bezieht sich dabei auf ältere Forschungen, die er dort im Einzelnen benennt.

[48] *Gnilka,* Das Matthäusevangelium, 137.

[49] *Georg Strecker:* Die Bergpredigt. Ein exegetischer Kommentar, Göttingen ²1985, 54.

nende Liebe wirkt. Daher haben Kirchen die Aufgabe, sich mit ihren eigenen Verstrickungen in Unrechtsgeschichte auseinanderzusetzen und versöhnenden Dialog zu suchen. Weil sie selbst Versöhnung leben, können sie sich einsetzen für die Suche nach den schwierigen Wegen gesellschaftlicher, familiärer und persönlicher Versöhnung. Das Projekt "Healing of memories" war und ist dazu ein wichtiger Beitrag. Das Erzählen der eigenen Geschichte und das Hören auf die Geschichte der anderen sind dafür essentiell. Daher befördert es die Kirchengemeinschaft der GEKE sehr, wenn die GEKE sich auch als Erzähl- und Gedenkgemeinschaft vollzieht.

Gerechtigkeit und gerechte Verhältnisse bilden den Schlüsselfaktor dafür, dass Menschen sich mit ihren Gesellschaften identifizieren, für sich und ihre Kinder eine Perspektive sehen und bereit sind, sich für andere einzusetzen. So sehr in akademischen Debatten mit guten Gründen darum gestritten wird, wie Gerechtigkeit zu begründen sei, welche Prinzipien sie enthalte und welche Reichweite sie haben muss. Überraschend viel Konsens aber stellt sich ein bei der Beurteilung dessen, was *ungerecht* sei. Wie solche Ungerechtigkeiten zu überwinden seien, dafür braucht es regional, situativ und kulturell je eigene Lösungen, die im Dialog zu entwickeln sind. Christinnen und Christen können dabei viel einbringen. Besonders wichtig ist das Prinzip, dass Gerechtigkeit sich daran bemisst, wie mit Armen, gesundheitlich Beeinträchtigten, Kindern, alten Menschen, Flüchtlingen und Häftlingen umgegangen wird. Wenn durch respektvolle Zuwendung benachteiligte Menschen zu mehr Selbstachtung und zu neuen Möglichkeiten finden, dann beflügelt es alle Beteiligten. Die bedenklichen politischen Entwicklungen in Europa und in den USA schärfen das Bewusstsein dafür, dass sich auch solche Menschen benachteiligt und nicht eingeschlossen fühlen, welche nach bisherigen Parametern mitten zur Gesellschaft gehören. Zur Aufgabe von Christinnen und Christen gehört es daher auch, immer noch wacher dafür zu werden, dass Menschen ausgeschlossen werden oder sich ausgeschlossen fühlen. Kein Mensch, keine Kirchengemeinde und keine Kirche können alle bestehenden gesellschaftlichen Probleme thematisieren. Wichtig ist, da zu handeln und sich zu engagieren, wo eigene Handlungsmöglichkeiten bestehen und sich darauf zu konzentrieren.

Die vielleicht größte soziale und politische Herausforderung besteht gegenwärtig darin, mit wachsender Pluralität und daher mit ausgeprägter *Individualität* in religiöser, sexueller, politischer und kultureller Hinsicht umzugehen. Für die evangelischen Kirchen gilt das sowohl kirchenintern als auch hinsichtlich der multi-weltanschaulichen Gesellschaften. Eine Illusion wäre es, auf das Christentum als eine europäisch verbindende Kraft für die Zukunft (wieder) zu hoffen. Stattdessen sollten die christlichen Kirchen und daher insbesondere auch die evangelischen Kirchen vorleben, wie Gemeinschaft zwischen sehr verschiedenen Menschen mit ihren je eigenen Gaben und Perspektiven möglich ist. Das ist weder leicht noch angenehm; es erfordert die Einübung in eine produktive Streitkultur, das respektvolle Aushalten von Konflikten und anstrengende Dialogprozesse. Das betrifft nicht nur einzelne Gemeinden und regional organisierte Kirchen, sondern auch die Kirchen in ihrem Miteinander auf europäischer Ebene, wie insbesondere, aber nicht nur die GEKE.

Indem die Kirchen sich auf je ihre Weise für Versöhnung, Gerechtigkeit und dialogische Pluralität einsetzen, vermitteln sie Hoffnung. Nichts ist wichtiger für die Zukunft evangelischer Christinnen und Christen und für alle Menschen in Europa. Hoffnung ist die entscheidende Gegenkraft gegen Angst und Hass. Hierin können Christinnen und Christen sich mit vielen anderen Impulsen, Bewegungen und Initiativen verbinden.

4.4 Theologie der Diaspora und Raummetaphern

Das Konzept der Brückenorte kann anregen zu überlegen, wofür und wie weit Minderheiten-Kirchen bereits Brücken- und Dialogorte[50] sind und wofür sie solche Orte sein wollen. Kirchliche Bildungsarbeit ermöglicht Brückenschläge zwischen evangelischem Christentum und säkularen Lebensentwürfen und anderen religiösen Orientierungen. Diaspora als Brückenort findet auch in nonverbalen Dimensionen statt: durch Konzerte, Gebäude oder Ausstellungen.

Diaspora-Gemeinden können in existentieller Weise für Migrantinnen und Migranten zum Brückenort werden, an dem sie kulturelle Geborgenheit erfahren und zugleich hineinwachsen in die neue Residenzgesellschaft. In intensiver Weise leben Waldenser-Gemeinden in Italien diese Aufgabe, insofern sie insbesondere afrikanische, geflüchtete Christinnen und Christen in ihre Gemeinden aufnehmen, um gemeinsam (evangelische) Kirche zu sein. Insofern die afrikanischen Mitchristen zahlenmäßig der Mitgliederstärke traditioneller Waldenser entsprechen, hätte es auch nahegelegen, gesonderte Migrantengemeinden entstehen zu lassen. Die Waldenser-Gemeinden haben sich aber bewusst entschieden, aufzubrechen und im täglichen Gemeindeleben nach Gemeinschaft zu suchen und Dialog auch unter Schwierigkeiten durchzuhalten.

---

[50] Kirche (im institutionellen und im architektonischen Sinne) als Kommunikationsraum untersucht ein Sammelband für das Mittelalter, wobei hier die Ambivalenzen eindrücklich zur Geltung gebracht werden, insofern hier Kommunikation vor allem Vermittlung

Als Dialogorte haben Gemeinden eine zivilgesellschaftliche und demokratische Bedeutung. Die wichtige Rolle von innerkirchlicher Öffentlichkeit, von Gegenöffentlichkeiten, Teilöffentlichkeiten und von internationalen kirchlichen Öffentlichkeiten könnte in der Selbst- und Außenwahr-
nehmung von Minderheitenkirchen verstärkt gewürdigt werden. Dass solche anderen Öffentlichkeiten auch eine hohe politische Bedeutung haben,
weil sie Partizipationsmöglichkeiten und Foren von Meinungsbildung
schaffen, gilt vor allem auch für gesellschaftliche Situationen, in denen
schnelle Wandlungen stattfinden. Auch für Europa kommt den länderüber-
greifenden kirchlichen Öffentlichkeiten eine hohe Bedeutung zu. Da es die
eine politische Öffentlichkeit Europas nur in Ansätzen gibt, spielen die
europäischen Teilöffentlichkeiten eine umso größere und produktivere
Rolle für die europäische Verständigung.[51]

Auf diesen und anderen Vorüberlegungen kann künftig eine Theologie
der Diaspora aufbauen. Eine ausgearbeitete Theologie der Diaspora, welche
modernitätssensibel und individualitätsorientiert, welche kirchlich und
hoffnungsvoll, welche politisch reflektiert und interdisziplinär angelegt ist,
stellt ein dringendes Desiderat gegenwärtiger Systematischer und Praktischer Theologie dar.

von Herrschaft und Dominanz intendierte. Die Untersuchungen können dazu anregen,
die Vielschichtigkeit von Kirche als Dialogorte zu entdecken. Siehe *Eva Doležalová/Ro-
bert Šimůnek* (Hg.): Ecclesia als Kommunikationsraum in Mitteleuropa (13.–16. Jahrhundert), München 2011.

[51] Siehe dazu *Thomas Schmid:* Europa ist tot, es lebe Europa. Eine Weltmacht muss sich
neu erfinden, München 2016, 193–212, v. a. 204. Schmid sieht in der Enttraditionalisie-
rung aller europäischen Gesellschaften eine Chance für starke europäische Austausch-
prozesse zu jeweils speziellen Themen, Anliegen und aus funktionsspezifischen Perspektiven.

Kirche und Zivilgesellschaft / Theologie und Zivilreligion

Tim Noble[1]

Die Tschechische Republik ist zwar ein neuer Staat, aber sie und ihr Staatsgebiet blicken auf eine lange Geschichte zurück,[2] in der Religion im Guten wie im Schlechten immer eine Rolle gespielt hat.[3] Heute ist das Land durch einen geringen Grad institutionalisierter Religiosität gekennzeichnet.[4] Welche Auswirkungen hat dieses geringe Maß an religiösem Engagement auf die Beziehungen zwischen Kirche und Zivilgesellschaft und wie drückt sich die sozio-religiöse Dimension des nationalen gesell-

---

[1] Dr. Tim Noble ist Dozent für Missionswissenschaft an der Evangelisch-Theologischen Fakultät der Karls-Universität, Prag, und Dozent für kontextuelle Theologie am Zentrum für Theologie, Philosophie und Medientheorie an der Katholisch-Theologischen Fakultät der Karls-Universität, Prag.

[2] Für eine gute neuere geschichtliche Darstellung siehe *William Mahoney:* The History of the Czech Republic and Slovakia, Santa Barbara, CA, 2011.

[3] Das ist eine komplexe Geschichte, die mit der Ankunft von Kyrill und Methodius im Jahr 863 anfängt. Beide kamen auf Wunsch des Fürsten von Großmähren, der den Kaiser in Konstantinopel gebeten hatte, Missionare zu schicken, die den Menschen den Glauben in deren eigener Sprache verkünden könnten. So gab es von Anfang an sowohl die Differenz zwischen östlichen und westlichen Formen des Christentums als auch den Versuch, beide zu vereinen (und das lange vor dem Großen Schisma von 1054). Im 14. und 15. Jahrhundert entstanden (mit der Zentralgestalt Jan Hus) Reformbewegungen innerhalb der katholischen Kirche des Landes und es kam zu weiteren Aufspaltungen. Auch noch im 20. Jahrhundert ging diese Geschichte der Abspaltungen weiter mit der Gründung der Tschechoslowakischen (später dann Tschechoslowakischen Hussitischen) Kirche durch eine Gruppe innerhalb der römisch-katholischen Kirche, die vom Modernismus in der damaligen römisch-katholischen Kirche beeinflusst war.

[4] Dazu weiter unten mehr.

schaftlichen Zusammenlebens auf eine zivilreligiöse Weise aus in einem Land, in dem es das Phänomen einer privaten Religion kaum gibt? Um diese Frage beantworten zu können, müssen wir zunächst einmal die Begriffe Zivilgesellschaft und Zivilreligion klären.

1. Zivilgesellschaft und Zivilreligion

1.1 Zivilgesellschaft

„Zivilgesellschaft" und „Zivilreligion": beide Begriffe haben anscheinend mit Gemeinschaftlichkeit zu tun. Weder bezeichnet der Begriff Zivilreligion nicht einfach nur die religiösen Überzeugungen und Praktiken der Zivilgesellschaft noch ist Zivilgesellschaft die Gemeinschaft derjenigen, die eine bestimmte Zivilreligion praktizieren und ihr anhängen. Werfen wir also zunächst einmal einen kurzen Blick auf den Begriff der Zivilgesellschaft und wenden uns dann der Zivilreligion zu. Die Idee und selbst der Begriff der Zivilgesellschaft waren in der Antike[5] und im Mittelalter nicht ganz unbekannt, in den Mittelpunkt des Interesses ist sie jedoch erst in den letzten Jahrhunderten gerückt.[6] Die Weltbank versteht unter Zivilgesellschaft „ein breites Spektrum von Nichtregierungs- und Nonprofit-Organisationen, die in der Öffentlichkeit auftreten und dort die Interessen und Werte ihrer Mitglieder oder anderer auf der Grundlage ethischer, kultureller, politischer, wissenschaftlicher, religiöser oder humanistischer Motive vertreten".[7]

Oder, prägnanter formuliert: „Die Zivilgesellschaft ist ... der Bereich der sozialen Interaktion, der unabhängig vom Staat existiert."[8]

---

[5] Man könnte wohl sagen, dass sowohl die frühen griechischen Stadtstaaten als auch die römische Republik und das spätere römische Kaiserreich vor allem Zivilgesellschaften waren, aber das war auch genau der Grund, warum es zu ihrer Zeit kaum etwas gab, von dem die Zivilgesellschaft sich hätte begrifflich abheben können.

[6] Siehe hierzu z. B. *Silvio Ferrari:* Religion and the Development of Civil Society; in: International Journal of Religious Freedom 4 (2011), 29–38, hier: 29, und *Julio de Santa Ana:* The Concept of Civil Society; in: The Ecumenical Review 46 (1994), 2–11, über die geschichtliche Entwicklung des Begriffs vor allem 5–8.

[7] Siehe: http://web.worldbank.org/WBSITE/EXTERNAL/TOPICS/CSO/0,,contentMDK:20101499~menuPK:244752~pagePK:220503~piPK:220476~theSitePK:228717,00.html (aufgerufen am 02.02.2017).

[8] *Mary Gautier:* Church Elites and the Restoration of Civil Society in the Communist Societies of Central Europe; in: Journal of Religion and State, 40 (1998), 289–317, hier: 290.

Hier ist zweierlei anzumerken. Die Kirchen sind zivilgesellschaftliche Akteure, sie sind Teil der Zivilgesellschaft und handeln in ihr. Diese Sicht vermeidet die oft zwischen Kirche und Welt postulierte Dichotomie von „Spirituellem" und „Säkularem".[9] Der brasilianische Theologe Clodovis Boff weist darauf hin, dass der Gang zum Tempel über den öffentlichen Platz und dann wieder zu diesem Platz zurückführt – das Profane (*profanum*) ist unvermeidlich ein Teil des Heiligen.[10] Wenn man also von den Kirchen als Teil der Zivilgesellschaft spricht, impliziert dies, dass die Kirchen sich mit anderen Organisationen auf einem gemeinsamen Feld befinden und viele Kirchenmitglieder zugleich Mitglieder anderer zivilgesellschaftlicher Gruppen sind.

Zweitens ist Unabhängigkeit vom Staat nicht so unproblematisch, wie das den Anschein haben könnte. Nach Hegels Auffassung[11] ist die Zivilgesellschaft der Raum zwischen Familie und Staat, der für das Funktionieren des sozialen und ökonomischen Systems notwendig ist. Für Hegel ist der Staat das Regulativ dieser Zivilgesellschaft und hat insbesondere die Aufgabe, wirtschaftliche Ausbeutung[12] zu verhindern, ein wichtiger Gesichtspunkt später dann auch für Marx und Lenin. Diese Steuerungsfunktion hat der Staat auch heute noch. Der Staat entscheidet, welche Institutionen

---

[9]   Einen anregenden Überblick über die mit dieser Dichotomisierung einhergehenden Probleme gibt *C. Thomas McIntire:* The shift from church and state to religions as public life in modern Europe; in: Church History 71 (2002), 152–167.

[10]   *Clodovis Boff:* Epistemología y método de la Teología de la liberación; in: *Jon Sobrino/ Ignacio Ellacuría* (eds.): Mysterium Liberationis: Conceptos fundamentales de la teología de la liberación (2 vols.), San Salvador 1992, I: 79–113, hier 112.

[11]   Siehe insbesondere *Georg Wilhelm Friedrich Hegel:* Grundlinien der Philosophie des Rechts, Werke 7, Frankfurt a.M. 1986, §§182–256. Hegel definiert die Zivilgesellschaft folgendermaßen: „In der bürgerlichen Gesellschaft ist jeder sich Zweck, alles andere ist ihm nichts. Aber ohne Beziehung auf andere kann er den Umfang seiner Zwecke nicht erreichen; diese anderen sind daher Mittel zum Zweck des Besonderen. Aber der besondere Zweck gibt sich durch die Beziehung auf andere die Form der Allgemeinheit und befriedigt sich, indem er zugleich das Wohl des anderen mit befriedigt. Indem die Besonderheit an die Bedingung der Allgemeinheit gebunden ist, ist das Ganze der Boden der Vermittlung, wo alle Einzelheiten, alle Anlagen, alle Zufälligkeiten der Geburt und des Glücks sich freimachen, wo die Wellen aller Leidenschaften ausströmen, die nur durch die hineinscheinende Vernunft regiert werden. Die Besonderheit, beschränkt durch die Allgemeinheit, ist allein das Maß, wodurch jede Besonderheit ihr Wohl befördert" (§ 182 Zusatz).

[12]   Siehe dazu *Hegel,* Grundlinien der Philosophie des Rechts, §§ 260–271; *Julio de Santa Ana:* The Concept of Civil Society, 6. Siehe ferner *Allen Wood:* Hegel's Ethics; in: *Frederick Beiser* (ed.): The Cambridge Companion to Hegel, Cambridge 1993, 211–233, hier: 215–216, 230–231. Siehe auch im selben Band: *Kenneth Westphal:* The Basic Structure of Hegel's Philosophy of Right; in: *Beiser* (ed.), The Cambridge Companion to Hegel, 234–269, hier: 258.

anerkannte Mitglieder der Zivilgesellschaft sind – z. B. in welcher Form Nichtregierungsorganisationen anerkannt werden oder ob sie staatliche Zuschüsse bekommen oder ob es für Privatpersonen und Firmen von Vorteil ist, solche Organisationen zu unterstützen. Die Zivilgesellschaft ist mit anderen Worten immer Teil eines größeren nationalen und globalen Kontextes, der Einfluss auf ihr Handeln haben wird, selbst wenn sie den Status quo bekämpft.

1.2 Zivilreligion

Die Vorstellung einer Zivilreligion findet sich schon bei Cicero. In ihrer modernen Gestalt taucht sie dann wieder bei Jean-Jacques Rousseau auf, im letzten Kapitel seines Werkes „Vom Gesellschaftsvertrag". Dort wird ihr die Funktion zugeschrieben, den Staat zusammenzuhalten durch eine von allen geteilte Vision des Bürgerseins. Rousseau formuliert dies so: „Es gibt daher ein rein bürgerliches Glaubensbekenntnis, dessen Artikel festzusetzen dem Souverän zukommt, nicht regelrecht als Dogmen einer Religion, sondern als Gesinnung des Miteinander, ohne die es unmöglich ist, ein guter Bürger und ein treuer Untertan zu sein."[13]

Das Konzept wurde in den 1960er Jahren durch Robert Bellah neu belebt, der die Grundsätze einer von ihm so genannten amerikanischen Zivilreligion beschrieb.[14] Bellahs Publikationen haben in den letzten 50 Jahren beträchtliche Diskussionen ausgelöst, zunächst einmal darüber, ob es so etwas wie eine Zivilreligion überhaupt gibt, und wenn es sie gibt, welche Unterschiede zwischen einer amerikanischen und einer europäischen oder anderswo vorfindlichen Zivilreligion denn bestehen. So interessant diese Diskussion auch ist, soll sie uns hier nicht weiter beschäftigen,[15] von zwei Punkten abgesehen. Nach Bellah stützt sich eine Zivilreligion auf bereits

---

13 *Jean-Jacques Rousseau:* Vom Gesellschaftsvertrag oder Grundsätze des Staatsrechts, Viertes Buch, Kapitel 8, Von der bürgerlichen Religion, Stuttgart 1977. Über Rousseaus Ansichten zur Zivilreligion siehe auch *Louis Voskuil:* Jean-Jacques Rousseau, Secular Salvation and Civil Religion; in: Fides et Historia 7 (1995), 11–26, sowie die kurzen Anmerkungen in: *Alan Ryan:* On Politics: A History of Political Thought from Herodotus to the Present, London 2012, 575.

14 Zuerst in *Robert Bellah:* Civil Religion in America; in: Dædalus: Journal of the American Academy of Arts and Sciences 96 (1967), 1–21.

15 Siehe z. B. *Annika Hvithamar, Margit Warburg, Brian Jacobsen* (eds.): Holy Nations and Global Identities: Civil Religion, Nationalism and Globalisation, Leiden 2009; *Mark Juergensmeyer, Dinah Griego, John Soboslai* (eds.): God in the Tumult of the Global Square: Religion in Global Civil Society, Berkeley 2015; *Gerald Parsons* (ed.); Perspectives on Civil Religion, Aldershot 2002.

bestehende religiöse Ausdrucksformen – so ist die amerikanische Zivilreligion z. B. protestantisch geprägt. Zweitens ging Bellah vor allem deskriptiv vor – er versuchte zu beschreiben, was man die Praxis und den Sinngehalt der amerikanischen Zivilreligion nennen könnte.

Eine einleitende internationale Konsultation des Lutherischen Weltbundes zu einem Studienprojekt über das Thema „Die Kirche und *Civil Religion*" formulierte eine Arbeitsdefinition von Zivilreligion, in der mehrere Perspektiven zum Tragen kommen.[16] Wie bei Rousseau wird betont, dass eine Zivilreligion „ein Volk in gemeinsamem öffentlichen Handeln verbindet". Ihre Symbole und Praktiken haben das Ziel, gemeinsame Werte und eine gemeinsame Weltsicht zu schaffen. Sie entwickelt eigene Ausdrucksformen des Heiligen (Feiertage, Orte, Heldengestalten etc.), auch wenn nicht alle Bürger sich dieser Funktionen gleichermaßen bewusst sind. Die Zivilreligion kann aber auch eine Ideologie werden und eine legitimierende Funktion haben.

Am Anfang der über dreißigjährigen Diskussion in Deutschland über dieses Thema standen die Beiträge des Soziologen Niklas Luhmann.[17] Es ging dabei um die Bedeutung der Zivilreligion (wenn es denn so etwas geben sollte) in einem deutschen Kontext.[18] Der Theologe Wolfgang Vögele

---

[16] Hier der Wortlaut der Definition: „Civil Religion ist ein Geflecht von Symbolen, Gedanken und Handlungsweisen, die die Autorität von gesellschaftlichen Institutionen legitimieren. Sie stellt eine grundlegende Wertorientierung dar, die ein Volk im gemeinsamen öffentlichen Handeln verbindet. Sie ist dabei insofern religiös, als sie eine Verpflichtung hervorruft und innerhalb einer gesamten Weltsicht in gewissen Fällen den eigentlichen Sinn eines Volkes für Wert, Identität und Bestimmung zum Ausdruck bringen kann. Sie ist ‚civil' ‚gesellschaftlich', insofern als es dabei um die grundlegenden öffentlichen Institutionen geht, die in einer Gesellschaft, einer Nation oder einer sonstigen politischen Größe die Macht ausüben. ‚Civil Religion' kann sich in der Form von Riten, Feiertagen, heiligen Stätten, Dokumenten, Geschichten, Helden und anderen Ausprägungen ebenso äußern, wie in anerkannten historischen Religionen. ‚Civil Religion' enthält unter Umständen auch eine Theorie, die dann als Ideologie zum Vorschein kommt. Die einzelnen Gesellschaftsmitglieder sind sich in ihrer ‚Civil Rreligion' in unterschiedlichem Maße bewusst." Zitiert nach: epd-Dokumentation Nr. 18/1987, „Civil Religion" in Deutschland, Frankfurt a. M., 21. April 1987, 6.

[17] Luhmanns bekanntester Text zu diesem Thema ist wahrscheinlich sein Aufsatz „Grundwerte als Zivilreligion. Zur wissenschaftlichen Karriere eines Themas", der mehrfach publiziert worden ist, siehe z. B. *Niklas Luhmann:* Soziales System, Gesellschaft, Organisation, Wiesbaden 2005, 336–354. Siehe auch *Thomas Wabel:* Leaving the Void Open: Forms of Remembrance in Civil Religion, Politics, and Art; in: Journal of Church and State 55 (2012), 199–220, hier: 201.

[18] Einen Überblick gibt: *Wolfgang Vögele*, Zivilreligion, Kirchen und die Milieus der Gesellschaft, siehe unter: www.uni-bielefeld.de/ZIF/Publikationen/Mitteilungen/Aufsaetze/2001-3-Voegele.pdf (aufgerufen am 20.03.2017).

nennt in seinem Aufsatz über das Verhältnis von Zivilreligion, Kirchen und gesellschaftlichem Milieu sechs verschiedene Wege der Diskussion, von denen ich hier nur die letzten beiden erwähne:[19] Die Theologen beschäftigten sich vor allem mit dem Verhältnis von kirchlicher Verkündigung und Zivilreligion. Gibt die Zivilreligion den Kirchen Raum, um das Evangelium zu verkünden oder behindert sie diese Verkündigung? Andere Theologen und Philosophen, so Vögele, stellten die normative Frage nach der Notwendigkeit von Zivilreligion. Selbst wenn es sie gibt, brauchen wir sie?[20]

Ein aktueller Diskussionbeitrag kommt von Professor Thomas Wabel, der an der Universität Bamberg lehrt. In einem 2012 veröffentlichten englischsprachigen Aufsatz[21] diskutiert er drei Beispiele,[22] die, wie er sagt:

> „auf eine Wechselwirkung verweisen zwischen einerseits einer durch den juridischen Diskurs und eine ästhetische Semantik geschaffene Leere und andererseits bestimmten religiösen Traditionen, die diese Leere füllen können. Was nun die Zivilreligion betrifft, so weist diese Leere darauf hin, dass die Durchsetzungsfähigkeit vieler Merkmale der Zivilreligion sehr leicht (und oft genug auch tatsächlich) mit einer destabilisierenden Dimension einhergeht. Ich denke aber, dass der anscheinend destabilisierende Effekt einer Leere an Stelle einzelner klar umrissener Konzepte, die Politik und Religion zusammenbinden, in einem pluralistischen Umfeld zur gesellschaftlichen Stabilisierung beitragen kann."[23]

Was Wabel die Leere nennt, ist so etwas wie das leere Zentrum der Formen des Diskurses. Als positivistische Handlungen können Recht, Politik und Kunst auf die Existenz von etwas verweisen, das sie brauchen, um funktionieren zu können, über das sie aber letztlich nichts aussagen können. Wabel ist nun der Ansicht, dass die Leere durch die Einbeziehung von

---

[19] Die ersten vier sind: 1. die Konzentration auf die begriffsgeschichtliche und geografische Entwicklung von Frankreich über die USA nach Deutschland; 2. empirische Studien über zivilreligiöse Phänomene; 3. Vergleich zwischen der BRD und den USA; 4. die rechtswissenschaftliche und rechtsphilosophische Sicht, das Verhältnis von Zivilreligion und Religionsfreiheit.

[20] Siehe *Vögele*, Zivilreligion, 1. Ein Blick in die Forschungsgeschichte zur Zivilreligion.

[21] *Wabel*, Leaving the Void Open (siehe Anm. 17).

[22] Es sind dies das Grundgesetz für die Bundesrepublik Deutschland (1949), die Reden des Bundespräsidenten zum Ende des Zweiten Weltkrieges 40 Jahre danach (1985) und nach dem Fall der Berliner Mauer (1990) und Peter Eisenmans Holocaust-Mahnmal in Berlin (2005).

[23] *Wabel*, Leaving the Void Open, 202.

etablierten Religionen gefüllt werden muss. Er legt Wert auf die Feststellung, dass dies nicht das Christentum sein muss, er weist aber mit Recht darauf hin, dass in Deutschland die etablierte religiöse Sprache und Praxis die des Christentums ist und dass auf diese Sprache die Zivilreligion vornehmlich zurückgreifen wird, um die Leere zu füllen. Wie dies geschieht, zeigt er etwa anhand der beiden Reden des damaligen Bundespräsidenten Richard von Weizsäcker, vor allem anhand seiner Rede zum 40-jährigen Ende des Zweiten Weltkrieges. Wabel schreibt:

> „Von Weizsäcker zieht eine Parallele zwischen den 40 Jahren seit dem Ende des Dritten Reiches und den 40 Jahren, die Israel in der Wüste verbracht hat. Beide Zeiträume markieren den Beginn einer neuen Phase in der Geschichte des Volkes, die mit dem Gedenken der Vergangenheit verbunden ist."[24]

Die Hervorhebung des Gedenkens ist hier wichtig,[25] denn Zivilreligion ist grundsätzlich geschichtsbezogen. Sie ist das Gedächtnis der Nation, die Rekonstitution dessen, was es heißt, dieser besonderen Gesellschaft anzugehören.

Was können wir nun aus diesen natürlich allzu knappen Bemerkungen über das Wesen der Zivilreligion entnehmen und was hat diese mit der Zivilgesellschaft zu tun? Nun, zunächst einmal braucht die Zivilreligion wie jede Religion ihre „Kleriker" und praktizierenden „Gläubigen" und diese rekrutieren sich oft aus den Kirchen, die ja ebenfalls zivilgesellschaftliche Akteure sind. Ein zweiter Punkt wäre, dass die Zivilreligion auch Ausdruck einer Suche nach dem Transzendenten ist.[26] Sie ist eine wirkliche Form von Religion, weil sie für eine Erfahrung von Andersheit offen ist.

Die Zivilreligion hat also eine gesellschaftliche Funktion als eine Form symbolischer Gedächtnispraxis des Staates. Wie diese Funktion konkret erfüllt wird, ist allerdings eine andere Frage. Da die Zivilreligion nicht notwendigerweise an ein bestimmtes Gottesverständnis gebunden ist, kann sie sich relativ leicht verändern und modifizieren, je nach der gegebenen Motivlage. Wenn die Kirchen Teil der Zivilgesellschaft sind, dann sind es natürlich auch die Theologen, und es ist eine wichtige Frage, ob die Theo-

---

[24] A.a.O., 211.
[25] Siehe dazu insbesondere *Miroslav Volf:* The End of Memory: Remembering Rightly in a Violent World, Grand Rapids, MI, 2006. Zur Frage des gesellschaftlichen Gedächtnisses in einem tschechischen Kontext siehe auch *Ivana Noble:* Memory and Remembering in the Post-Communist Context; in: Political Theology 4 (2008), 455–475.
[26] So jedenfalls *Niklas Luhmanns* Auffassung von Zivilreligion.

logie von einer gemeinschaftlichen kirchlichen Perspektive oder einer zivil-religiösen Perspektive aus über den Glauben spricht, wie die Geschichte der Theologie nur zu deutlich zeigt. Aber wie sieht es damit in der Tschechischen Republik aus?

2. Die Zivilreligion in der Tschechischen Republik

Was das Verhältnis zur Religion betrifft, ob es sich nun um eine Zivilreligion oder eine andere Form handelt, ist die Situation in der Tschechischen Republik ungewöhnlich.[27] Der niedrige Grad der Bindung an religiöse Institutionen bedingt auch eine Besonderheit der tschechischen Zivilreligion, die sie von der ihrer Nachbarländer Polen, Slowakei, Deutschland und Österreich unterscheidet. Um diese Besonderheit besser erklären zu können, möchte ich mit zwei Ausblicken beginnen, die wir jeden Morgen haben, wenn wir aus den Fenstern unserer Wohnung im Nordwesten von Prag blicken. Im Süden liegt der Ort der Schlacht am Weißen Berg und im Norden das kleine Naturreservat Divoká Šárka.

Die Schlacht am Weißen Berg[28] fand am 8. November 1620 statt und führte zur Absetzung von Friedrich I., Kurfürst der Pfalz. Dieser war 1619 in einem Akt der Rebellion gegen die Habsburger von den tschechischen Ständen zum böhmischen König gewählt worden. Kaiser Ferdinand marschierte gegen Prag, wo in einer kurzen Schlacht seine Truppen das protestantische Heer besiegten. Friedrich floh und die Habsburger Herrschaft in Böhmen war wiederhergestellt und blieb bestehen bis zur Ausrufung der ersten Tschechoslowakischen Republik am 28. Oktober 1918. Nach der Schlacht am Weißen Berg wurden 27 Personen, die man für die Hauptverantwortlichen der Revolte hielt, hingerichtet. Dieser 27 Hingerichteten wird durch Kreuze im Pflaster des Altstädter Rings vor dem historischen Rathaus heute noch gedacht, in der Mitte des Platzes aber erhebt sich das gewaltige Denkmal von Jan Hus, einer anderen tschechischen Heldengestalt.

---

[27] Einen Überblick über die Lage in den früheren kommunistischen Ländern Zentral- und Osteuropas vor etwa 10 Jahren gibt der Aufsatz von *Aleš Črnič:* New Religions in "New Europe"; in: Journal of Church and State 49 (2007), 517–551. Die dort angegebenen Zahlen sind noch einigermaßen zutreffend, obwohl die Religionausübung in allen betrachteten Ländern rückläufig ist.

[28] Auf Tschechisch *Bílá hora.* Eine gute Beschreibung der Ereignisse findet sich in dem ausgezeichneten Buch von *Peter Demetz:* Prag in Schwarz und Gold. Sieben Momente im Leben einer europäischen Stadt, München 1997, 338–349.

Die andere Aussicht von unserer Wohnung geht in Richtung auf das Naturreservat Divoká Šárka (Wilde Šárka). Der Name geht auf den Ursprungsmythos des tschechischen Volkes zurück.[29] Nach diesem leitet sich der Name des Landes und des Volkes von dem Namen seines Stammvaters Čech ab. Dieser war der Anführer einer Gruppe von Land suchenden Slawen. Als die Gruppe zu einem Berg namens Říp nördlich des heutigen Prag kam, erklärte er, dies sei das neue Land für sein Volk und man siedelte sich an. Sein Sohn wurde sein Nachfolger. Dieser wiederum hatte drei Töchter, von denen eine, namens Libuše, nach ihm Herrscherin wurde und der Legende nach Prag gründete. Sie heiratete und ihr Ehemann übernahm die Ausübung der Herrschaft. Das gefiel den Frauen nicht und sie entschlossen sich, Widerstand zu leisten. Eine von den Frauen, Šárka, lockte einige Männer in einen Hinterhalt, wo sie massakriert wurden. Dies führte dazu, dass die Frauen verfolgt und dann schließlich besiegt wurden. Der Legende nach entzog sich Šárka der Gefangennahme, indem sie sich von einem Felsen stürzte, der sich in dem heutigen Naturreservat befindet.

Was beide Erinnerungsbilder verbindet, ist der Opferstatus, der in beiden thematisiert wird. Auf dem Altstädter Ring befinden sich Gedenkstätten sowohl für Jan Hus als auch für die 27 von den Habsburgern hingerichteten Personen, die irgendwie stellvertretend auch an alle anderen erinnern, die von Außenstehenden, d.h. Nicht-Tschechen, getötet worden sind.[30] Auch Šárka ist in der Erinnerung ein zu Tode gehetztes Opfer. Wir haben es hier mit einer Art „donatistischen" Zivilreligion zu tun, die Menschen verehrt, die ihren nationalen Überzeugungen stets treu geblieben sind, selbst wenn das den Tod bedeutete.

Dies ist also das besondere Kennzeichen der Zivilreligion in diesem Land. Was jedoch die wissenschaftliche Diskussion angeht, so herrscht da eher Schweigen. Der Begriff taucht manchmal in religionssoziologischen Diskussionen auf;[31] ist aber kein allgemein üblicher Begriff des tschechi-

---

[29] Die Legende ist zum ersten Mal im 12. Jahrhundert dokumentiert und entwickelte sich danach in verschiedenen Varianten weiter. Eine wichtige frühe Quelle ist die Dalimil-Chronik aus dem frühen 14. Jahrhundert. Die heute am weitesten verbreitete Version ist die von Alois Jirásek in seiner 1894 veröffentlichten Sagensammlung „Staré pověsti české". Alles in allem ist die Geschichte eines Slawen, der mit seiner Gruppe aus dem Osten kommt, wenn man die rein legendären Aspekte außer Acht lässt, nicht unplausibel. Der Berg Říp ist ein vulkanisches Gestein, von dem man einen ausgezeichneten Rundblick in alle Richtungen hat.

[30] Es sei angemerkt, dass zu diesen 27 Personen sowohl Tschechen als auch Deutsche gehörten und dass auch nicht alle Protestanten waren, sondern sich auch ein Katholik unter ihnen befand. Siehe *Demetz,* Prag in Schwarz und Gold, 346.

[31] Siehe z.B. *Zdeněk Nešpor* und *Dušan Lužný* in „Sociologie náboženství", Praha 2007.

schen wissenschaftlichen Diskurses.[32] Das liegt nicht an der Unkenntnis der tschechischen Wissenschaft, was die Diskussionen in Amerika und anderswo angeht, sondern an der Schwierigkeit, den Begriff in einem tschechischen Kontext zu verwenden. Es gibt dafür unterschiedliche Gründe, die sehr aufschlussreich sind.

Zum einen das Verhältnis der Tschechen zur Religion. Man identifiziert sich nur in geringem Maße mit der institutionalisierten Religion. Bei der letzten Volkszählung gaben nur knapp über 20 Prozent an, Mitglieder einer bestimmten Kirche oder religiösen Organisation zu sein.[33] Die Zugehörigkeit zu einer Religion ist auf dem Gebiet der jetzigen Tschechischen Republik allerdings schon seit Anfang des 20. Jahrhunderts rückläufig. Die römisch-katholische Kirche galt vielerorts wegen ihrer Verbindung mit dem Habsburgerreich als suspekt. Das erklärt auch zum Teil das rasche Wachstum der Tschechoslowakischen Kirche (heute die Tschechoslowakische Hussitische Kirche), die 1920 von einer Gruppe modernistischer katholischer Priester gegründet worden war. Diese Kirche, in der die Gottesdienste in tschechischer Sprache gehalten werden und deren Priester heiraten dürfen, entsprach den Bedürfnissen der tschechischen Gesellschaft vor dem Krieg. Sie konnte aber der wachsenden Entfremdung von der Religion keinen Einhalt gebieten, die zum Teil mit der raschen Urbanisierung zusammenhing. Mit der Übernahme der Herrschaft durch den Kommunismus verstärkte sich dieser Trend nur noch. Was immer die Frage war, die Menschen suchten jedenfalls die Antwort nicht in der Religion.[34]

Dort wird der Begriff allerdings nur ganz allgemein diskutiert. Nešpor analysiert zwar die Beziehungen zwischen Kirche, Staat und Gesellschaft, benutzt aber nicht den Begriff Zivilgesellschaft. Siehe z. B. *Zdeněk Nešpor:* Církve a stát, církve a společnost v Českérepublice; in: *Milan Hanyš/Johann P. Arnason* (eds.): Mezináboženstvím a politikou, Praha 2016, 191–212.

[32] Es gibt dazu eine Reihe von Bachelorarbeiten, so z. B. *Jiří Šimon:* Koncept občanského náboženství, Bachelor's Dissertation, Masarykova univerzita, Brno 2008 und *Šárka Michková:* Masaryk a občanské náboženství, Bachelor's Dissertation, Masarykova univerzita, Brno, 2012. Šimon merkt an: „Bei der Abfassung meiner Bachelorarbeit habe ich mich gewundert, warum niemand bislang die Zivilreligion in ihrem tschechoslowakischen Kontext untersucht hat", 37.

[33] Bei der Volkszählung von 2011 gaben etwas über 2 Millionen an, eine Form des religiösen Glaubens zu haben, davon gehörten etwa 1,4 Millionen einer Kirche an. 3,6 Millionen bezeichneten sich als religionslos, aber über 40 Prozent derjenigen, die am Zensus teilnahmen, gaben gar keine Antwort auf die Frage nach der Religion. Es ist hier nicht der Ort, um diese Zahlen zu interpretieren, die leicht in die Irre führen können und mit Sorgfalt analysiert werden müssen.

[34] Das ist einerseits für die Mehrheit zutreffend; die Minderheit allerdings, die weiterhin ihren Glauben praktizierte, war diesem umso stärker verbunden, und diese Verbundenheit wurde manchmal verstärkt durch die brutale, nicht nachlassende und zermürbende Verfolgung der Gläubigen durch das kommunistische Regime.

Das Ergebnis ist eine nur sehr geringe Zugehörigkeit zu einer religiösen Institution und das hat Auswirkungen auch auf die Zivilreligion. Wo es keine gelebte Religion gibt, ist auch eine Zivilreligion schwieriger in die Praxis umzusetzen. In der Begrifflichkeit Thomas Wabels: Welche Sprache steht zur Verfügung, um die Leere zu füllen? Die meisten Bürger des Landes haben keinen Zugang mehr zur jüdisch-christlichen Tradition, und wenn doch, ist sie für sie kein Ausdruck einer gelebten Wirklichkeit mehr.

Es gibt noch zwei weitere Gründe, warum die Zivilreligion in der Tschechischen Republik nicht sehr präsent ist. Die meisten Länder, in denen der Begriff der Zivilreligion entwickelt worden ist, sind (de facto die USA) oder waren (Großbritannien, Deutschland, Frankreich) imperiale Mächte und/oder haben starke Nationalkirchen (die nordischen Länder). Auf die Tschechische Republik trifft nichts davon zu. Es ist ein postkoloniales Land, das fast 400 Jahre lang Teil des Habsburger Reiches war, sechs Jahre lang unter der tyrannischen Herrschaft der Nazis gelitten hat und danach über 40 Jahre lang indirekt der Herrschaft der Sowjetunion unterworfen war.[35] Und das führt uns zum zweiten Grund für die Zurückhaltung der Tschechen gegenüber einer Zivilreligion: Das kommunistische Regime hatte nämlich versucht, eine solche mit Hilfe verschiedener öffentlicher Feiern zu etablieren.[36] Eine tschechische Zivilreligion sieht sich also zwei Hauptschwierigkeiten gegenüber: Es gibt sehr wenige potentielle Praktizierende, und es fehlt an Inhalt, sei es im Blick auf vorfindliche christliche Begriffe und Bilder oder das, wessen denn nun genau zu gedenken wäre.

Nichtsdestotrotz gibt es eine Zivilreligion in der Tschechischen Republik, die sich zum Teil auf das christliche Erbe des Landes stützt. So haben z. B. von den dreizehn gesetzlichen Feiertagen acht einen direkten religiösen Bezug.[37] Karfreitag ist erst jüngst nach vielen Diskussionen ein gesetzlicher Feiertag geworden, ebenso der Ostermontag. Der 5. Juli ist Gedenktag an die Verkündigung des Christentums in Großmähren durch Kyrill und Methodius und der 6. Juli an den Märtyertod Jan Hus' nach seiner Verurteilung durch das Konstanzer Konzil. Der 28. September ist der Todestag von St. Wenzel, des Schutzpatrons des Landes, und dann gibt es noch die drei Weihnachtsfeiertage. Die Feiertage im Juli und der Sankt Wenzel-Tag

---

[35] Sie war natürlich eher ein Satellitenstaat und keine direkte Kolonie der UdSSR, aber wie 1968 gezeigt hat, war es die Sowjetunion, die die Fäden in der Hand hielt.

[36] Der 1. Mai, der Jahrestag des Kriegsendes (Befreiung durch die Rote Armee), die Feier der Russischen Revolution etc.

[37] Die Feiertage sind der 1. Januar, Karfreitag, Ostermontag, 1. Mai (Tag der Arbeit), 8. Mai (Ende des Zweiten Weltkriegs), 5. und 6. Juli, 28. September, 28. Oktober (Gründung der Republik), 17. November (Beginn der Samtenen Revolution) und 24., 25. und 26. Dezember.

sind Beispiele für eine Erinnerungskultur. Kyrill und Methodius brachten das Christentum und Bildung, Jan Hus ist der klassische nationale Märtyrer, und die offizielle Bezeichnung für den Sankt Wenzel-Tag ist Tag der Tschechischen Staatlichkeit. An diesen Tagen nehmen oft politische Verantwortungsträger an den Gottesdiensten teil.

Daneben gibt es die anderen traditionellen Formen der Zivilreligion, die ebenfalls Erinnerungscharakter haben. Man bezeichnete diese Ereignisse im Tschechischen als *pietni akty* – Akte der Ehrerbietung, was an Cicero denken lässt und die Bedeutung, die er der *pietas* beimaß. Da wäre etwa der 17. November, der Tag des Beginns der Samtenen Revolution, der offiziell „Tag des Kampfes für Freiheit und Demokratie" heißt. An diesem Tag legen der Premierminister und andere Politiker Kränze am Denkmal in der Národni Straße in Prag nieder, wo die protestierenden Studenten 1989 mit der Bereitschaftspolizei zusammenstießen. Andere Gedenkveranstaltungen finden z. B. an Holocaust-Mahnmalen statt und auch anlässlich wichtiger Jahrestage von führenden tschechischen Vorkriegspolitikern. Das sind relativ kleine Veranstaltungen und obwohl in den Nachrichten darüber berichtet wird, sind sie keine nationalen Ereignisse. Die tschechische Zivilreligion stößt, wie auch das tschechische Christentum, auf wenig Interesse.

Eine andere Perspektive auf die tschechische Zivilreligion wäre es, das in den Blick zu nehmen, was den Menschen etwas bedeutet und zu ihrem Identitätsbewusstsein beiträgt. Dazu möchte ich zu der Aussicht aus unserer Wohnung zurückkehren. Zivilreligion ist eine Form der Ahnenverehrung, aber welcher Ahnen? Außer den bereits genannten, können wir Jan Palach nennen, dessen Name auch heute noch starke Gefühle weckt. Er steht gewissermaßen in der Tradition von Jan Hus und der 27 Männer, die nach der Schlacht am Weißen Berg hingerichtet wurden. Diese alle verloren ihr Leben um einer größeren Sache willen, vor allem auch für die Freiheit des Volkes. Šárka stellt hier offensichtlich eine Ausnahme dar, aber sie ist ein Beispiel dafür, wie wichtig eine nationale Mythologie als eine Art Vorlage für die Zivilreligion ist. Im Mythos ist die Rede von einem Land, das seinen Ursprung einer kleinen Gruppe von Menschen verdankt, in der alle Mitglieder gleich waren; er berichtet von Mut und Tapferkeit im Kampf gegen die Tyrannei.

Die tschechische Zivilreligion erinnert und feiert also den Widerstand gegen jeglichen Versuch, von außen Normen und Verhaltensweisen zu oktroyieren. Man feiert, wie diese kleine Nation[38] sich gegen Kontrollversu-

---

[38] Mit aktuell 10,5 Millionen Einwohnern steht die Tschechische Republik an dreizehnter Stelle in Europa, was die Bevölkerungszahl angeht und ist somit nicht wirklich klein. Sie

che gewehrt und Mittel und Weg gefunden hat zurückzuschlagen, selbst wenn dies mit dem Verlust von eigenen Menschenleben erkauft wurde. Bis vor kurzem hatte dies auch nichts mit dem engstirnigen, exklusivistischen Nationalismus zu tun, der die Länder Zentral- und Osteuropas heimsucht.[39] Dies hat sich allerdings mit der aktuellen Migrationslage geändert.[40] Das Gefühl von außen dominiert zu werden, hat zu einer unerfreulichen nationalistischen Gegenreaktion geführt. Man sieht sich als eine Nation im Belagerungszustand, die jedoch stets an ihrer Identität festgehalten hat, trotz der Versuche von allen Seiten, sie zu vernichten.

Ein solches Identitätsverständnis ist die ideologische Form der Zivilreligion. Dabei kann es keine vernünftige gesellschaftliche Sicht der tschechischen Identität geben, die nicht berücksichtigen würde, dass dieses Land mitten in Europa liegt und zur Heimat vieler Menschen, u. a. von Deutschen, Juden und Österreichern, geworden ist. Aber es ist relativ leicht, wie man auch am Beipiel vieler unserer Kirchen sehen kann, eine Tradition und eine Identität zu erfinden, sie zu einem absoluten Wert zu erheben und die Geschichte auf eine Weise neu zu schreiben, dass sie in diese Tradition passt.[41] So ist es jedenfalls in der Tschechischen Republik geschehen. Und dieses Bild verstärkt sich, die Zivilreligion nimmt neue Formen an, äußert sich in Demonstrationen und Proklamationen. Wir haben es hier mit einer häretischen Form der Zivilreligion zu tun – Flaggen, Bilder, Musik –, die letztlich unhaltbar, weil ein Idol ist und sich daher selbst von jeglicher Transzendenz abschneidet. Glücklicherweise gib es viele Menschen, die diesen nationalen Götzendienst ablehnen und dies könnte ja zu einer neuen Diskussion über zivilreligiöse Praktiken führen.

sieht sich aber selber so, da Deutschland im Westen und Polen im Norden so viel größer sind.

[39] Und nicht zu vergessen auch mein eigenes Heimatland, das (noch gerade so) Vereinigte Königreich.

[40] Die bei weitem größte Zahl von Migranten in Tschechien kommt aus der Slowakei, aber sie werden nicht als solche empfunden. Es gibt auch eine größere Zahl von Migranten aus der Ukraine und eine kleinere Zahl aus Ländern wie Weißrussland, Russland und Vietnam. Aber es gibt praktisch keine Flüchtlinge aus Syrien oder Afghanistan.

[41] Vor dem Hintergrund dieser Entwicklung sind auch die fortwährenden Auseinandersetzungen zwischen den Vertretern einer „slawophilen" Haltung, die positiv gegenüber Putins Russland eingestellt sind, und den Vertretern einer westlichen Ausrichtung bemerkenswert. Dieses Land ist im Spannungsfeld beider Haltungen entstanden und diese Dichotomie wirkt sich selbst auf die Einstellung gegenüber der Europäischen Gemeinschaft aus.

Was lässt sich nun aus einer tschechischen Perspektive über die Kirchen und die Zivilgesellschaft, über Theologie und Zivilreligion sagen? Es hat lange gedauert, bis die Kirchen in der Tschechischen Republik erkannt haben, dass sie Teil der Zivilgesellschaft sind. Die jüngste Geschichte des Landes hat es mit sich gebracht, dass man der Zivilgesellschaft mit einem Misstrauen begegnete, das erst jetzt überwunden wird. Und die Kirchen waren nach zwei Seiten hin isoliert. Zum einen hatten sie unter der kommunistischen Herrschaft sowohl durch Verfolgung als auch durch Kollaboration großen Schaden genommen, und nichts von beidem hatte sie auf die neuen Herausforderungen vorbereitet. Und zweitens entstand in der Öffentlichkeit sehr schnell das Bild, sie seien nur an der Wiedergewinnung von Macht und Prestige interessiert, sodass sie heute zu den Institutionen gehören, denen man am wenigsten traut. Sie hatten also weder die Stärke noch die Vision, um sich schnell in die Zivilgesellschaft zu integrieren.

Zu den positivsten Beispielen eines zivilgesellschaftlichen christlichen Engagements zählt die Mitarbeit in kirchlichen und anderen Organisationen. Hier ist der christliche Glaube oft ein motivierender Faktor für die Arbeit. Inwieweit dies zu neuen Formen der Zivilreligion führen wird, bleibt abzuwarten. Trotz ihrer Ablehnung eines institutionalisierten Christentums sind auf jeden Fall nicht alle Menschen in der Tschechischen Republik ohne Gespür für Transzendenz, und durch ihr Engagement in der Zivilgesellschaft können die Kirchen, wenn sie ihre Rolle ernst nehmen, diese Menschen auf sich aufmerksam machen und ihnen ein anderes Bild von sich vermitteln.

Und wie steht es um die Zivilreligion und die theologischen Antworten darauf? Zunächst einmal müsste die tschechische Zivilreligion gründlicher analysiert werden. Sie ist oft kaum wahrnehmbar und manifestiert sich nur zögerlich, aber es gibt sie und bedarf eines besseren Verständnisses. Dazu müssten auch ihre Ideologie, ihre Weltsicht und ihre Ziele näher untersucht und kritisch bewertet werden. Was ist davon mit christlichen Werten kompatibel, mit Glaube, Liebe, Hoffnung, und was nicht? Das scheint mir im Augenblick, da ein exklusivistischer Nationalismus einen solchen Aufschwung nimmt, wichtiger denn je. Selbst in der Tschechischen Republik beruft man sich manchmal auf die christlichen europäischen Werte, die es zu bewahren gelte, und diejenigen, die sich so äußern, sehen keinen Widerspruch darin, diese Werte mit Hass und Ausgrenzung aufgrund von Herkommen und Religion ineinszusetzen. Die Theologen dürfen nicht nachlassen, hier Einspruch zu erheben. Sie müssen sich aber gleichzeitig dessen bewusst sein, dass sie Teil der Zivilgesellschaft und in gewisser Weise auch der Zivilreligion sind, und von daher durch dieselben ideologischen Tendenzen beeinflusst werden, von spezifisch kirchlichen und wissenschaftlichen Einflüssen einmal abgesehen.

Der Herausforderungen sind viele! Wie begegnet man dem Hass mit Liebe? Manchmal müssen wir uns von Menschen abwenden. In den Evangelien ist oft die Rede von den Ausgeschlossenen, von Heulen und Zähneklappern. Aber dieses Ausschließen ist Gottes Angelegenheit, nicht unsere. Wir sollten versuchen, Spreu und Weizen beisammen zu lassen, ohne Vermischung und ohne Trennung, bis die Zeit kommt. Die Theologie sollte die positiven Aspekte der Zivilreligion bejahen, die Versuche, eine Sprache zu finden für die tiefe Sehnsucht des Volkes nach einer besseren und gerechteren Welt. In dem Maße, wie eine Zivilreligion den Sinn für Transzendenz wiederbelebt, sollte sie auch begrüßt werden.

Es bleibt die Aufgabe der Theologen, den Glauben unserer Kirchen in einer Sprache zu formulieren, die zugleich exakt und verständlich ist, die die „Freude und Hoffnung, Trauer und Angst"[42] der Menschen von heute, gleich welcher Nationalität, ausdrückt. Diese Worte werden prophetisch sein, Trost und Urteil für die Zivilgesellschaften wie auch für die Kirchen. Sie werden aufrufen zum Dienst an Gott und an Gottes Schöpfung, und vor allem zum Dienst an Gottes Auserwählten, den Armen, den Unterdrückten, den Ausgeschlossenen. Und sie werden das immer mit Glauben, in Hoffnung und Liebe tun.

Übersetzung aus dem Englischen: Dr. Wolfgang Neumann

---

[42] So die Anfangsworte der Pastoralen Konstitution *Gaudium et Spes* des Zweiten Vatikanischen Konzils.

Verdeckte und offene Xenophobien in Gesellschaft und Kirche

Anmerkungen aus theologisch-ethischer Perspektive[1]

Andreas Lob-Hüdepohl[2]

1. Zeitdiagnostisches: Wirkmächtige Präsenz offener und verdeckter Fremdenfeindlichkeit

Fremdenfeindlichkeit ist kein gesellschaftliches Randphänomen. Sie ist längst ein Phänomen in der Mitte der Gesellschaft – wenn man unter ‚Mitte' jene zugegeben unscharf abgrenzbare Konstruktion versteht, die den soziometrisch bestimmten Kernbereich ‚klassischer' Institutionen der Gesellschaft wie ‚Volksparteien', Gewerkschaften oder auch christliche Kirchen umfasst. Sie manifestiert sich (noch) weniger offen in gewalttätigen Handlungen, mehr verdeckt in fremdenfeindlichen Einstellungen und Haltungen: ca. 18 Prozent sind ausländerfeindlich (CDU-Wähler 17,1; SPD 17,9; FDP 8,3; Grüne 6; Linke 16,9; Nichtwähler 23,3; AFD 50,0 Prozent),[3] 5,1 Prozent antisemitisch, ca. 35 Prozent islamophob sowie 55 Prozent antiziganistisch. Zwar zeigen sich fremdenfeindliche Einstellungsmuster oftmals als (noch) offen: Sie haben sich also noch nicht zu geschlossenen, subjektiv nicht mehr angefragten Deutungsmustern oder Weltbildung verfestigt. Gleichwohl bilden sie auch in dieser offenen Forma-

[1]   Der vorliegende Text lag meinem Vortrag am 05.10.2016 zu Grunde und ist die bearbeitete Fassung eines Beitrages, der in *Marianne Heimbach-Steins* (Hg.): Zerreißprobe Flüchtlingsintegration, Freiburg i. Br. 2017, erscheint.

[3]   *Andreas Lob-Hüdepohl* ist Geschäftsführer des Berliner Instituts für christliche Ethik und Politik und Professor für Theologische Ethik an der Katholischen Hochschule für Sozialwesen Berlin (KHSB) und Mitglied im Deutschen Ethikrat.

[3]   *Oliver Decker/Johannes Kiess/Elmar Brähler:* Die stabilisierte Mitte: Rechtsextreme Einstellung in Deutschland 2014, Leipzig 2014, 41 und 44; siehe: http://research.uni-leipzig.de/kredo/Mitte_Leipzig_Internet.pdf (aufgerufen am 14.02.2016).

tierung einen Nährboden für manifeste physische Gewalt gegen Fremde. Sie bilden ein Potential für weitere Radikalisierungen; sie schaffen ein gesellschaftliches Klima für Verharmlosungen; oder sie spiegeln eine versteckte Akzeptanz gegenüber manifester Gewalt. Aber auch ohne diese Funktion als Nährboden für offene gewalttätige Fremdenfeindlichkeit sind sie durch ihre Stigmatisierung, Abwertung und Ausgrenzung selbst Ausdruck einer psychischen Gewalt gegen Andere.

Fremdenfeindlichkeit beschränkt sich nicht auf eine Feindlichkeit gegenüber Ausländer*innen. Sie umfasst darüber hinaus jede Feindlichkeit gegenüber *allen* Anderen, deren ethnische, religiöse, kulturelle, geschlechtliche/sexuelle oder körperlich/seelische Andersheit die eigenen Ordnungsvorstellungen irritiert und deshalb pauschal als bedrohlich erfahren sowie als minderwertig betrachtet wird. In diesem umfassenden Sinne kommt Xenophobie („Heterophobie"[4]) weitgehend mit einer *Gruppenbezogenen Menschenfeindlichkeit* (GMF) zur Deckung. Gruppenbezogene Menschenfeindlichkeit bezeichnet „abwertende Einstellungen und Vorurteile gegenüber solchen Gruppen (...), die als ‚anders‘, ‚fremd‘ oder ‚unnormal‘ definiert werden und denen ein untergeordneter sozialer Status zugewiesen wird".[5] Damit wird deutlich: Nicht jedes ‚Fremdeln‘ gegenüber der Lebensweise anderer Menschen ist Ausdruck Gruppenbezogener Menschenfeindlichkeit. Denn dass die kulturelle, religiöse, politische usw. Lebensweise anderer uns nicht nur ungewohnt ist, sondern auch fremd bleibt, weil wir sie für falsch halten und dagegen andere Optionen favorisieren, diese Erfahrung ist sogar eher alltäglich. Erst wenn dieses ‚Fremdeln‘ zu pauschalisierenden Vorurteilen gegenüber ganzen Gruppen führt und mit der Zuschreibung eines minderen sozialen Status verbunden ist, und mit dieser Zuschreibung die Diskriminierung dieser Menschengruppen legitimiert wird, erst dann liegt eine Gruppenbezogene Menschenfeindlichkeit vor – in welchem Ausmaß auch immer.

Gruppenbezogene Menschenfeindlichkeit kann sich in Ausländerfeindlichkeit, in biologischem Rassismus, in Antisemitismus, in Islamfeindlichkeit, in Sexismus, in Homophobie oder auch in einer (sozialdarwinistisch grundierten) Behindertenfeindlichkeit äußern und kleidet sich oftmals in subtile Vorurteile: „Die Ausländer kommen nur hierher, um unseren Sozialstaat auszunutzen" (Ausländerfeindlichkeit). Oder: „Wie in der Natur sollte sich in der Gesellschaft immer der Stärkere durchsetzen" (Rassis-

---

[4]   Vgl. *Albert Memmi:* Rassismus. Frankfurt a.M. 1987, 121 f.
[5]   *Andreas Zick* u. a.: Die Abwertung des Anderen. Eine europäische Zustandsbeschreibung zu Intoleranz, Vorurteilen und Diskriminierung, Berlin 2011, 14.

mus/Sozialdarwinismus). Oder: „Auch heute noch ist der Einfluss der Juden zu groß" (Antisemitismus). Oder: „Durch die vielen Muslime hier fühle ich mich manchmal wie ein Fremder im eigenen Land" (Islamophobie). Oder: „Sinti und Roma neigen zur Kriminalität" (Antiziganismus). Oder: „Frauen sind von Natur aus das schwächere Geschlecht und bedürfen der schützenden Hand eines starken Mannes" (Sexismus). Oder: „Homosexuelle verkehren die Natur und suchen deshalb besonders junge Menschen" (Homophobie). Auffällig ist zudem, dass Fremdenfeindlichkeit häufig mit autoritären Vorstellungen eines Staates („Wir brauchen einen starken Führer oder Präsidenten, der zeigt, wo es lang geht!"), mit chauvinistischen Vorstellungen („Wir Deutsche sind eben die erfolgreichsten Europäer") und vor allem mit der Ablehnung von kultureller Diversität zusammen auftritt: Die sogenannte ‚Identitäre Bewegung' behauptet zwar, dass sie die Vielfalt an Religionen und Kulturen respektiert – aber ‚fein säuberlich getrennt', in den unterschiedlichen Ländern, wo sie ‚eigentlich' hingehören.

Xenophobien stehen wie Gruppenbezogene Menschenfeindlichkeit oftmals in enger Verbindung mit autoritären Führungsstilen/-erwartungen, mit einer sozialen Dominanzorientierung (Chauvinismus) sowie der Ablehnung von Diversität. Ihr normativer Kern ist das Postulat der prinzipiellen Ungleichwertigkeit von Menschen. Dieses Postulat ermöglicht die stereotypisierte Kategorisierung verschiedener Menschengruppen in ‚besser'/‚schlechter', ‚dazugehörig'/‚auszugrenzen' usw.[6] Auch darin nähern sich beide (geschlossenen) rechtsextremen Weltbildern bzw. sind für letztere anschlussfähig.

2. Erklärendes: Kompensatorische Funktion für Verunsicherungen

Xenophobe Menschen bilden natürlich keine homogene Gruppe – schon alleine deshalb, weil sich ihre Xenophobie auf sehr unterschiedliche Gruppen beziehen kann und die Abwertung der einen keinesfalls automatisch an die Abwertung anderer gekoppelt ist. Homophobe Menschen müssen nicht automatisch Menschen mit Behinderungen oder Migrant*innen abwerten und umgekehrt. Gemeinsam ist ihnen gleichwohl eine tiefgreifende Verunsicherung, die ihre – wenn überhaupt vorfindliche – Krisen- und Konfliktbewältigungskompetenz (‚soziale und politische Resilienz')

---

[6] Vgl. *Jörg Stolz:* Soziologie der Fremdenfeindlichkeit. Theoretische und empirische Analysen, Frankfurt a. M. 2000, 80 ff.

überfordert und dadurch Ängste auslöst. Die Ursachen solcher beängstigenden Verunsicherungen sind wiederum vielfältig: Orientierungslosigkeit und Überforderung in der zunehmend unübersichtlichen Komplexität der modernen Lebenswelt, Ohnmachtserfahrungen durch soziale und politische Deprivation usw.

Entscheidend ist dabei weniger, ob die individuelle Lebenslage fremdenfeindlicher Personen tatsächlich wirtschaftlich, politisch oder psychosozial prekär ist. Entscheidend ist vielmehr die *subjektive Wahrnehmung und Deutung* in der Perspektive der Betroffenen. In einer „Gesellschaft der Angst"[7] ergreift die Angst vor dem Scheitern selbst Angehörige der Mittelschicht: das persönliche Lebensprojekt gilt vielen bereits dann als gescheitert, wenn sich die gewohnten Aufstiegsversprechungen nicht erfüllen und schon durch den Verlust dieser ‚Prothesensicherheit‘ (Fromm) ihnen der Absturz in die Marginalität der Abgehängten, Ausgeschlossenen usw. droht.

Fremde können aus der Binnensicht tief verunsicherter Menschen ihre Ängste ‚erklären‘ und sogar anfachen. Schon in ‚gewöhnlichen‘ Situationen verunsichern Fremdheitserfahrungen das eigene Selbst- und Weltbild. Sie sind ein steter Stachel im Fleisch des Eigenen (Waldenfels).[8] Was ‚für gewöhnlich‘ überhaupt erst die persönliche oder gesellschaftliche Entwicklung befördert, kann unter ‚außergewöhnlichen‘ Verunsicherungen ins Gegenteil kippen: ‚Fremde‘ werden als Konkurrenz um Wohlstand, Statussymbole und Machtpositionen, als Konkurrenz bei der Benützung des öffentlichen Raumes und seiner Infrastruktur, als Konkurrenz bei der gesellschaftlichen Beachtung und erfahrener Solidarität wahrgenommen – eine Konkurrenz, die nicht nur lästig, sondern aus der Sicht der Betroffenen *illegitim* sein muss, da doch Fremde gerade ‚nicht zu uns gehören‘ und sie deshalb die umkämpften Ressourcen der Gemeinschaft – ‚richtig bei Lichte betrachtet!‘ – eigentlich erschleichen und missbrauchen.

Die Ablehnung des Fremden scheint für fremdenfeindlich eingestellte Menschen eine Reihe von Problemen zu ‚lösen‘: Sie ordnet die Welt in ‚dazugehörig‘/‚nicht dazugehörig‘, in vertraut/unheimlich, in ‚gut‘/ ‚schlecht‘, in Freund/Feind, in ‚sicher‘/‚bedrohlich‘ usw. Sie festigt die Zugehörigkeit zu einer klar umrissenen Gemeinschaft. Sie verschafft dem Einzelnen ein stabilisierendes Selbstbild usw. Fremdenfeindlichkeit kann die Bedrohungsgefühle lindern helfen, weil sie den lästigen Konkurrenten auf Distanz, also vom eigenen Leib halten will. Besonders Menschen, die oh-

---

[7] *Heinz Bude:* Gesellschaft der Angst, Hamburg 2014.
[8] Vgl. *Bernhard Waldenfels:* Der Stachel des Fremden, Frankfurt a. M. 1990.

nehin zur Ablehnung einer sich ausdifferenzierenden und in schnellen Veränderungen befindlichen Gesellschaft (Anomia) oder zu scharfen Unterscheidungen zwischen richtig und falsch (Rigorismus) neigen, sind – so empirische Studien – für ‚fremdenfeindliche Problemlösungen' ihrer Verunsicherungen besonders anfällig. Sie führen unvermeidlich zur Hierarchisierung von Innen und Außen bzw. zum ‚Ingroupfavoristism' und ‚Outgroupdowngrading'.

3. Irritierendes: Manifeste Fremdenfeindlichkeit in der Kirche

Die Fremdenfeindlichkeit/Gruppenbezogene Menschenfeindlichkeit in der Mitte der Gesellschaft macht vor den Kirchen nicht halt: 21,5 Prozent (17,9/15,7 Prozent) der Katholiken (Protestanten/Konfessionslosen) sind ausländerfeindlich, 15,5 Prozent (12,9/12,8 Prozent) chauvinistisch, 5,7 Prozent (5,4/3,7 Prozent) antisemitisch, 3,1 Prozent (2,2 Prozent/3,7 Prozent) sozialdarwinistisch eingestellt.[9]

Eine *erste Irritation* besteht darin, dass die Fremdenfeindlichkeit/ GMF selbst tief religiös verwurzelter Christen klar zentralen Inhalten und Intuitionen des christlichen Glaubens und der kirchlichen Lehre widersprechen. Die absolute Gleichwertigkeit aller Menschen ist durch die Gottebenbildlichkeit jedes Einzelnen fundamentale Norm. Das Gebot der Nächstenliebe ist durch die Realität der liebenden Fürsorge des (fremdgewordenen) Barmherzigen Samariters grundsätzlich zum Gebot der Fernstenliebe ausgeweitet. Die (zunächst ethnisch limitierte) Zugehörigkeit zum Volk Gottes ist spätestens durch das paulinische Diktum (Gal 3,28) prinzipiell universalisiert. Selbst die Irritationen, die Fremde und Fremdheit auslösen, sind programmatisch positiv konnotiert: Der *Exodus* steht für das Zurücklassen alles Gewohnten und Stabilen allein im Vertrauen auf das Gehalten- und Geführtwerden eines Gottes, der seinem Volk eine lebensdienliche Zukunft lediglich in vagen Umrissen verheißt. Und der selbst für die Seinen befremdliche (!) Nazarener vermittelt durch sein Leben und Schicksal eine Hoffnung auf absolute Errettung, die keinesfalls einen „Konservatismus" legitimiert, „der – alles versteinernd – angstvoll die sichere Gegenwart einer unbekannten Zukunft vorzieht, sondern „die Ermächtigung und

---

[9]   *Decker/Kiess/Brähler:* Die stabilisierte Mitte, 42. Siehe auch *Zick* u. a., Die Abwertung des Anderen, sowie Beiträge; in: *Sonja Strube* (Hg.): Rechtsextremismus als Herausforderung für die Theologie, Freiburg i. Br. 2015.

der Befehl [ist] zu einem immer wieder aufgenommenen, vertrauenden Exodus aus der Gegenwart in die (auch innerweltliche) Zukunft"[10].

Eine *zweite Irritation* ist der Sachverhalt,[11] dass Appelle an diese und weitere Fundamentalpositionen des Christentums nur wenig fruchten. Fremdenfeindlich eingestellte Christen erweisen sich offensichtlich gegenüber allgemeiner, selbst kirchenamtlicher Aufklärung als erstaunlich resistent. Dies hat vermutlich wenig mit dem gewohnten performativen Bruch zwischen Anspruch und Wirklichkeit zu tun. Vielmehr bestätigt sich auch hier die Einsicht, dass tiefster Verunsicherung, die in fremdenfeindlichen Abwehrhaltungen sich äußert, nicht mit Belehrung und Predigt beizukommen ist, sondern nur durch die (wiedererwachende) Praxis von Empathie und Spontaneität in der realen Begegnung mit (anderen/fremden) Menschen. Nur im leibhaften Dialog der Blicke zwischen Ego und seinem Gegenüber kann aus dem Antlitz des Anderen dessen Bedürftigkeit und Angewiesensein hervorbrechen, die das Ego und weitere Andere auch emotiv in die Pflicht solidarischer Anerkennung nehmen.

Eine *dritte Irritation* ergibt sich aus dem Sachverhalt, dass es zwischen extrem konservativen Katholiken und der säkularen extremen Rechten zunehmend einen wechselseitigen Austausch gibt.[12] Möglich wird dies durch bestimmte analoge Deutungs- und Bewertungsmuster, die zwischen beiden Milieus als kulturelle Brücken fungieren. Wichtige Elemente dieser kulturellen Brücken sind ein exklusiver Erkenntnisanspruch, verbunden mit einem strikt dualistischen Rigorismus und einem geschichtsvergessenen Absolutheitsanspruch, sowie ein deterministisches Geschichtsbild, verbunden mit verschwörungsbasierten Untergangsszenarien einerseits und holistischen Gegensteuerabsichten andererseits.[13] Die entscheidenden Widerlager solcher kulturellen Brücken ist die fundamentale Abwertung und Verwerfung alles abweichend Anderen.

---

[10] *Karl Rahner:* Zur Theologie der Hoffnung; in: Schriften zur Theologie VIII, Zürich u. a. 1967, 561–579, hier: 576.

[11] *Beate Küpper/Andreas Zick:* Religiosität und Gruppenbezogene Menschenfeindlichkeit – Ergebnisse der GMF-Studien; in: *Strube* (Hg.), Rechtsextremismus, 48–63.

[12] Vgl. z. B.: *Andreas Püttmann/Liane Bednarz:* Unheilige Allianzen. Radikalisierungstendenzen am rechten Rand der Kirchen, Berlin 2015; vgl. www.kas.de/wf/doc/kas_17259-1442-1-30.pdf?151102122500 (aufgerufen am 14.02.2016); *Strube* (Hg.), Rechtsextremismus; *Thomas Bremer:* Die „Piusbruderschaft" und ihr Selbstverständnis; in: *Strube* (Hg.), Rechtsextremismus, 129–143; *Elke Pieck:* Die Deutsche Evangelische Allianz und ihre „rechte" Identitätssuche – eine stigmatheoretische Analyse; in: *Strube* (Hg.), Rechtsextremismus, 145–162.

[13] Vgl. *Armin Pfahl-Traughber:* Rechtsextremismus. Eine kritische Bestandsaufnahme nach der Wiedervereinigung, Bonn 1993, 33 f.

4. Beunruhigendes: Kulturelle Brücken zwischen (christlicher) Religiosität und säkularer extremer Rechte

Unter ‚kulturellen Brücken' können solche Deutungs- und Orientierungsmuster verschiedener kultureller Milieus verstanden werden, die formal übereinstimmen, ohne inhaltlich voll zur Deckung kommen zu müssen. Ihre formal-schablonenhafte Übereinstimmung reicht aus, um im jeweils anderen Milieu anschluss- und ggf. koalitionsfähig zu werden. Solche kulturellen Brücken werden von der extremen Rechten genutzt, um in stark konservativen Teilen des christlichen Milieus erfolgreich reüssieren zu können.

Gelegentlich wird die Vermutung geäußert, dass Menschen deshalb religiös sind, weil sie sich unglücklich (‚erlösungsbedürftig') fühlen. Infolgedessen tendierten sie zu den einfachen Sicherheiten eines erlösenden Glaubens und seien so für autoritäre Reaktionen und rechtsextreme Weltbilder empfänglich.[14] Diese Vermutung ist – vor allem in dieser Zuspitzung – abwegig. Gleichwohl ist auch der christliche Glaube nicht vor jedweder fundamentalistischer Vereinnahmung geschützt. Fundamentalistisch ist eine Vereinnahmung dann, wenn Inhalte und Traditionen des Glaubens zu simplifizierenden Vereindeutungen von Gesellschaft und Geschichte missbraucht und/oder jede kritische Infragestellung von vornherein abgewiesen werden, um sich hinter dem Bollwerk einfacher Gewissheiten verschanzen zu können.

Die Versuchung einfacher Wahrheit begünstigt einen unreflektierten Absolutheitsanspruch des eigenen (monotheistischen) Glaubens. Unreflektiert ist er zum Beispiel dann, wenn nicht zwischen dem Absolutheitsspruch des Behaupteten (‚Unser Gott ist einzig', Dtn 6,4) und der geschichtlichen Bedingt- und darin Vorläufigkeit *menschlichen* bzw. *gläubigen* Redens über diese Wirklichkeit Gottes unterschieden wird. Reflektiert ist er etwa dann, wenn der Absolutheitsanspruch des Behaupteten vermittelt wird mit der prinzipiellen Möglichkeit, dass auch andere Religionen „einen (NA 2).

Kirchliche Gottesrede ist – zumindest im römisch-katholischen Raum – gelegentlich auch autoritatives Reden. Autoritatives Reden allerdings kann autoritäre Erwartungs- und Verhaltensmuster begünstigen. Autoritär ist eine Reaktion dann, wenn die Verunsicherungen und Überforderungen eines Menschen zu einer Fundamentalangst anschwellen, die ihn *unreflektiert* in die Sicherheit versprechende Autorität fliehen und *unbedingt* sich

---

[14] *Stolz,* Soziologie der Fremdenfeindlichkeit; *Zick,* Die Abwertung des Anderen.

ihr unterwerfen lässt.[15] Diese Unterwerfung verspricht Gewinn: Eindeutige Orientierung gegen eine überfordernde Unübersichtlichkeit und damit Abbau der eigenen Angst.

5. Herausforderndes: Ansatzpunkte kirchlichen Engagements gegen Xenophobien (in den eigenen Reihen)

Bei allem Bemühen, xenophobe Einstellungsmuster auf Seiten xenophober Menschen abzubauen, gilt kirchliche Engagement immer zuerst und vorrangig dem Opferschutz. Kern solchen *Opferschutzes* ist die konsequente, öffentliche, unmissverständliche und darin selbst auch angefeindete Parteinahme für Fremde, die als Geflüchtete, als Andersgläubige, als Homosexuelle oder sonstig Abgewertete in ihrer Würde oder sogar in ihrem Überleben bedroht sind.

Zu jedem Opferschutz gehört freilich auch die *Tatprophylaxe* – die Reduktion oder sogar die gänzliche Verhinderung also von xenophoben Einstellungen und Handlungen in Kirche und Gesellschaft. Solche Tatprophylaxe muss angesichts des breiten Spektrums xenophober Einstellungen und Handlungen ein ebenso breites Spektrum an präventiven Interventionen und Maßnahmen umfassen.[16] Entscheidend sind Orte kirchlichen Lebens (Gemeinden, Gemeinschaften, Verbände, sozialraumorientiertes Engagement usw.), in denen verunsicherte und verängstigte Menschen eine lebensbejahende Alternative zu xenophoben Lösungs- und Heilsversprechen praktisch erfahren: durch Vertrauen in andere Menschen, die sie in ihrer Angst verstehen, ohne für ihre Feindlichkeit gegenüber Fremden Verständnis aufzubringen; durch das Gefühl, in Freundschaften Achtung erfahren zu können; durch leibhafte Kontakte mit Fremden (,Anderen'); durch positive Grundhaltungen und Erfahrungsräume für die Vielfalt von Lebensformen bei Wahrung der Eindeutigkeit respektvollen Zusammenlebens; durch Selbstwirksamkeitserfahrungen in gelebter Demokratie usw.

Ein besonderer Schwerpunkt kirchlichen Engagements gegen Xenophobie in Gestalt der Ablehnung von Andersgläubigen (z. B. ,Islamopho-

---

[15] *Erich Fromm:* Die autoritäre Persönlichkeit; in: Deutsche Universitätszeitung 12 (1957), Nr. 9, 3–5; *Detlev Oesterreich:* Autoritäre Persönlichkeit und Gesellschaftsordnung, Weinheim 1993.

[16] Vgl. etwa die jüngst verabschiedete Handreichung der *Evangelisch-Lutherischen Kirche in Bayern:* Ja zur Menschenfreundlichkeit Gottes – Nein zum Rechtsextremismus. Eine Handreichung, 2016. Siehe: www.bayern-evangelisch.de/downloads/ELKB_Handreichung_Nein_gegen_Rechtsextremismus_final_10_2016.pdf (aufgerufen am 15.03.2016).

bie') ist die Kompetenz zum interreligiösen Dialog auf allen Ebenen[17]: als „Dialog des Lebens" (Leben teilen in ‚Freude und Hoffnung, Trauer und Angst'); als „Dialog des Handelns" (Engagement für eine humane Entwicklung von Welt und Gesellschaft); als „Dialog des theologischen Austausches" (Vertiefung wechselseitigen Verstehens) sowie nicht zuletzt als „Dialog der religiösen Erfahrung" (Sensibilität und Bestärkung aus spirituellem Reichtum). Kompetenz zum interreligiösen Dialog setzt neben der Achtsamkeit gegenüber den Anderen auch voraus, sich in der eigenen religiösen Tradition selbst auskunftsstark präsentieren zu können. Auskunftsstärke selbst wiederum setzt reflektierte Kenntnis, Überzeugung *und Diskursfähigkeit* voraus. Interreligiöse Kompetenz ist eine Sonderform interkultureller Kompetenz.

Eine letzte Bemerkung: Christen neigen offensichtlich dann zur Fremdenfeindlichkeit/GMF/extremen Rechten, wenn ihr religiöses Umfeld ein angstbesetztes Weltbild fördert.[18] Tatsächlich sind selbst *kirchliche Autoritäten* nicht davor gefeit, apokalyptische Untergangsszenarien stärker zu bedienen als bei aller berechtigten kritischen Zeitdiagnose auf jenen messianisch langen Atem zu setzen, der statt einer düsteren Verfallsprognose einer überraschungsoffenen Zukunft vertraut. Wo kirchliches Reden und Handeln nicht von einer Hermeneutik des Verdachts, sondern von einer Zuversicht sich bestimmen lässt, die das hoffende Vertrauen auf die Wirklichkeit Gottes gleichsam handgreiflich bekennt und bezeugt, dort entbirgt Kirche eine Strahlkraft, die die ‚Angst vor dem Anderen' abbauen und im umfassenden Sinne des Wortes ‚entängstigend' wirken kann – über kirchliches Lebens hinaus bis weit in die Tiefe der Gesellschaft.

---

[17] *Päpstlicher Rat für den Interreligiösen Dialog/Kongregation für die Evangelisierung der Völker: Dialog und Verkündigung.* Überlegungen und Orientierungen zum Interreligiösen Dialog und zur Verkündigung des Evangeliums Jesu Christi, Verlautbarungen des Apostolischen Stuhls 102, hg. v. Sekretariat der Deutschen Bischofskonferenz, Bonn 1991.

[18] *Küpper/Zick:* Religiosität, 59.

Welche Ekklesiologie brauchen wir?

Plädoyer für eine inhaltlich-theologische Primärorientierung

Michael Welker[1]

Die folgenden Überlegungen zur Frage nach Strukturen einer Ekklesiologie im aktuellen Europa müssen berücksichtigen, wie verschieden die Situation in den verschiedenen Ländern Europas mit ihren sehr verschiedenen kontextuellen Prägungen und unter dem Druck sehr verschiedener kirchlicher, politischer, kultureller und ethischer Herausforderungen sind. Es wird um mehr gehen müssen als auf die heutige deutsche kirchliche Situation konzentrierte Gravamina.

1. Ekklesiologische Aufgabenstellungen heute

Fünf Themenkomplexe stehen bereits im Zentrum der Beiträge dieses Heftes:
- Die Bedeutung und Folgen der „Wende" und des vorläufigen Endes oder genauer der Transformation des sogenannten Kalten Krieges für unsere Gesellschaften und Kirchen;
- das komplexe Verhältnis von Religion, Kirche und Zivilgesellschaften in unseren Ländern – ein Thema mit dem wir uns am FIIT (Forschungszentrum Internationale und Interdisziplinäre Theologie) in Heidelberg schon seit einigen Jahren im Austausch zwischen Deutschland, Ungarn, Südafrika und darüber hinaus beschäftigt haben;

---

[1] *Michael Welker,* Professor em. Dr. Dr. Dres. h. c., ist Geschäftsführender Direktor des Forschungszentrum Internationale und Interdisziplinäre Theologie (FIIT) an der Universität Heidelberg und Honorarprofessor an der Seoul Theological University.

- die Herausforderungen für Kirchen und Gesellschaften durch die in jüngster Zeit erheblich verschärfte aber uns gewiss auf Dauer begleitende sogenannte Flüchtlingskrise;
- die diakonischen und politischen Aufgaben im Umgang mit armen, oft stigmatisierten und manchmal kriminalisierten Minderheiten in unseren Kirchen und Gesellschaften;
- Kirche in Diasporasituationen.

Alle diese Themen besagen, dass eine zukünftige Ekklesiologie nicht von aktuellen politischen, kulturellen und sozialen Rahmenbedingungen des Seins und Lebens der Kirche absehen kann.

Ich möchte das im Folgenden unterstreichen und ernst nehmen, will aber dennoch davor warnen, in einer zukünftigen Ekklesiologie auf eine inhaltlich-theologische Primär-Orientierung zu verzichten und vor allem auf die die Religion herausfordernden und ihre Ausstrahlung möglicherweise verstärkenden Kräfte aus der Reaktion auf aktuelle Krisenlagen zu setzen. Darin bestärken mich nicht nur große theologische Vorbilder – ganz besonders in Deutschland Karl Barth und Dietrich Bonhoeffer in ihren Auseinandersetzungen mit den politischen und religiösen Ideologien ihrer Zeit. Mich bestärkt die Wahrnehmung akuter auch ekklesiologisch brisanter Situationen im heutigen Europa, die sich zu echten kirchlichen und politischen Gefahren auswachsen könnten. Ich sehe die Gefahren der Rechauvinisierung Europas und der Versuchung zumindest in manchen Kirchen Europas, diese zu verstärken, um ihre eigenen Resonanzprobleme zu bearbeiten.

In ihrer sehr lesenswerten Dokumentation empirischer Untersuchungen haben die Münsteraner Soziologen Detlef Pollack und Gergely Rosta unter dem Titel „Religion in der Moderne. Ein internationaler Vergleich" diese aktuellen Gefährdungen aus verschiedenen Perspektiven, besonders mit Blick auf den enormen religiösen Resonanzzuwachs in Russland und auf den starken religiösen Resonanzverfall in den Niederlanden in den letzten Jahren deutlich vor Augen gestellt.[2] Demgegenüber sehe ich als vorbildlich an die Stellungnahme des Berliner Bischofs Markus Dröge in seiner gerade erschienenen Reaktion auf die fünfte EKD-Erhebung über Kirchenmitgliedschaft unter dem Titel „Orientierung gewinnen. Die Bedeutung einer empirisch informierten praktischen Theologie für die Aufgabe der Kirchenleitung".[3] In ekklesiologisch vorbildlicher Weise betont Dröge:

---

[2] *Detlef Pollack/Gergely Rosta:* Religion in der Moderne. Ein internationaler Vergleich, Frankfurt a. M. 2015.
[3] *Markus Dröge:* Orientierung gewinnen. Die Bedeutung einer empirisch informierten praktischen Theologie für die Aufgabe der Kirchenleitung; in: Praktische Theologie 51, 3 (2016), 152–158.

„Kirchenleitung darf sich bei ihrer Aufgabe, die kirchliche Arbeit zu planen und neu erkannte Aufgaben zu definieren, nicht auf verwaltendes und auf sichtliches Handeln beschränken, so sehr dies ebenfalls zu ihrem Aufgabenbereich zählt."[4] Eine von Glaube und Hoffnung geprägte Leitung der Kirche „braucht die Fähigkeit, vom Geist gewirkte kreative Ansätze und Entwicklung wahrzunehmen und diese dann zu unterstützen und zu verstärken".[5] Unverzichtbar für ein solches geistliches Leitungsverständnis sind nach seiner Überzeugung christologische und pneumatologische Orientierungen, die die differenzierte Gegenwart des erhöhten Christus in der Kraft des Geistes in seiner Kirche immer wieder neu zu erbitten, wahrzunehmen und zu bezeugen versuchen in Wort und Tat.

In Anlehnung an Gedanken zur dreifachen Gestalt des Reiches Jesu Christi, die ich in meiner Christologie zur Diskussion gestellt habe,[6] schlägt Dröge vor, die königliche Gegenwart Jesu Christi und seines Geistes in den befreienden Kräften der Liebe und des diakonischen Engagements zu Gunsten unserer Nächsten zu erkennen. Dies hat zahlreiche Auswirkungen in den Engagements im Rahmen der Flüchtlingskrisen und zugunsten der Marginalisierten in unseren Gesellschaften.

Wichtig scheint mir, diese befreienden Kräfte und diakonischen Aufgaben auch auf die Gebiete der Bildung, auch der geistlichen Bildung hin auszudehnen. Ein mahnender Artikel von Antje Rösener, Geschäftsführerin des Evangelischen Erwachsenenbildungswerks Westfalen und Lippe, macht schockierend darauf aufmerksam, dass das Stichwort „Bildung" in der fünften Erhebung der Kirchenmitgliedschaft nur ein einziges Mal auftauche.[7]

Wenn ich Pfarrerinnen und Pfarrer großer und sehr lebendiger Gemeinden in den USA fragte: „Was ist das organisatorische Geheimnis ihrer gemeindlichen Lebendigkeit und Ausstrahlungskraft?", dann erhielt ich regelmäßig die Antwort: 1. eine gepflegte Kirchenmusik, in der in der Regel Chöre eine wichtige Rolle spielten; 2. eine gut vorbereitete, biblisch gegründete Verkündigung und gut vorbereitete doxologische Gottesdienste; 3. eine gut organisierte Kinder-, Jugendlichen- und Erwachsenenbildung; 4. soziales und diakonisches Engagement – in dieser Gewichtungs-Reihenfolge. Die 500-Jahr-Feier der Reformation sollte uns nachdrücklich daran erinnern, dass die Reformation ganz zentral eine Bildungsrevolution mit

---

[4] Ebd., 153.
[5] Ebd.
[6] *Michael Welker:* Gottes Offenbarung. Christologie, Neukirchen ³2016.
[7] *Antje Rösener:* „Christsein leben". Herausforderungen und Perspektiven Religiöser Bildung mit Erwachsenen im Licht der V. KMU; in: Praktische Theologie 51 (2016), H. 3, 158–165.

sich brachte. Allein in Augsburg erschienen zwischen 1518 und 1530 nicht weniger als 457 Drucke von Schriften Luthers – mit einer halben Million Exemplare! Auch in Basel, Emden, Hamburg, Herborn, Hermannstadt (Sibiu), Kronstadt, Leiden, Nürnberg, Speyer, Stockholm, Ulm, Urach, Wien, Worms und an anderen Orten waren Verleger und Druckereien mit großem Erfolg tätig.[8] Eine Ekklesiologie der Zukunft sollte den Zusammenhang von Gottesliebe und Gotteserkenntnis, Nächstenliebe, Diakonie und Freiheit fördernder Bildung in das Zentrum ihrer Aufmerksamkeit rücken.

Neben der königlich-diakonischen Gegenwart und geistlichen Ausstrahlung Jesu Christi ist seine prophetische Gegenwart ekklesiologisch zu würdigen. Sie zeigt sich, wie auch Markus Dröge betont, in der befreienden Kraft der Hoffnung, die sich am gekreuzigten Christus festmacht. Der Gekreuzigte offenbart und überwindet die destruktiven Kräfte dieser Weltzeit. In der Kraft seines Geistes weckt, stärkt und erhält er Wahrheit und Gerechtigkeit suchende Gemeinschaften innerhalb und außerhalb seiner Kirche. Diese Gemeinschaften fragen immer neu nach Gottes Weisung und Gottes Willen in den Konflikten der Gegenwart. Sie verbinden ihr gesellschaftskritisches Engagement mit einer aktiven Diakonie der Liebe. Dies hat direkte Auswirkungen auf die Positionierung der Kirche in der Flüchtlingskrise und im Umgang mit prekären Minderheiten. Wie können wir zugleich, mit Bonhoeffer gesprochen, „die Opfer unter dem Rad verbinden" und „dem Rad in die Speichen fallen"?

Hier müssen – auch ekklesiologisch – größere politisch-analytische Aufgaben in Angriff genommen werden, um die Machtverhältnisse in unseren Gesellschaften und die Möglichkeiten organisierten Handelns in den Kirchen und Zivilgesellschaften differenziert freizulegen. Ohne die theologische und geistliche Primärorientierung zu schwächen, sollten dabei Kooperationsformen mit außerkirchlichen zivilgesellschaftlichen Gruppen verbessert bzw. neu entwickelt werden. In der Arbeit der letzten Jahre und auf einem Treffen von Vertretern und Vertreterinnen der Standorte unseres globalen Netzwerks in Zürich Anfang 2016 (Global Network of Research Centers for Theology, Religious, and Christian Studies) haben wir verschiedene Typen von Zivilgesellschaft in unseren Ländern identifiziert. Die einen entwickeln ein Netzwerk von Assoziationen und Institutionen, die sich primär einer praktischen Kultur des Helfens und der friedlichen Intervention verpflichtet sehen; in anderen Ländern geht es primär um die Artikulation und Pflege einer moralisch und politisch prägenden öffentlichen

---

[8] Vgl. dazu *Michael Welker, Michael Beintker* und *Albert de Lange* (Hg.): Europa Reformata. 48 Reformationsstädte und ihre Reformatoren, Leipzig 2016.

Meinung; in wieder anderen Ländern stellt die Zivilgesellschaft praktisch die politische Opposition. Hier bestehen viele Bezüge zu Themenspektren, die mit der Frage verbunden sind: „Welche Ekklesiologie brauchen wir?"

An dritter Stelle heben Markus Dröge und ich die priesterliche Gegenwart Jesu Christi und seines Geistes hervor. Sie zeigt sich in der befreienden Kraft des Glaubens und gewinnt ihre zentrale Orientierung an den Auferstehungserscheinungen. Das gottesdienstliche Leben der Kirche: Friedensgruß, Verkündigung, Erschließen der Schrift, Gebet, Brotbrechen, Taufbefehl, missionarische Sendung – sie konzentrieren immer wieder neu auf den rechten Gottesdienst, die wahre Gotteserkenntnis, das Gedächtnis Jesu Christi, die gottesdienstlichen Gaben des Geistes. Diese gottesdienstliche Konzentration verbindet die Kirchen in Diasporasituationen auch mit den großen kirchlichen Organisationen und stellt sie ihnen prinzipiell gleich.

Woran aber liegt es, fragt Markus Dröge, dass in Deutschland heute „nur eine geringe Zahl von Evangelischen (16,3 Prozent) und eine verschwindend geringe Zahl von Konfessionslosen (0,3 Prozent) angeben, gerne häufiger einen Gottesdienst zu besuchen"?[9] Die wichtige und offensichtlich vielerorts vernachlässigte Konzentration auf den vielgestaltigen priesterlichen Dienst in der Nachfolge Jesu Christi und in der Kraft seines Geistes sollte allerdings nicht die diakonischen und die prophetischen Dimensionen der Gegenwart Christi und seines Geistes ausblenden oder verdunkeln. Denn alle Dimensionen der Christusnachfolge sollten sich wechselseitig verstärken. Dem geht Dröges Frage nach: „Wie ist die empirische Erkenntnis einzuschätzen, dass Werte wie Gerechtigkeit, Freiheit und Frieden von 65 Prozent der Konfessionslosen und von 21 Prozent der Evangelischen (jedenfalls in Deutschland heute) nicht als religiöse Themen gewertet werden?"[10] Auch an dieser Stelle ist die Aufklärungs- und Bildungsarbeit dringend erforderlich.

Schließlich würdigt Bischof Dröge das auch in einer zukünftigen Ekklesiologie zu beachtende erstaunliche Engagement Kirchenferner und Konfessionsloser, die sich zum Beispiel für den Erhalt und die Pflege von Dorfkirchen engagieren oder in Kirchenchören mitsingen. Er plädiert dafür, die für eine lebendige Kirche ganz entscheidende familiale religiöse Sozialisation zu stärken und dafür den Familienbegriff der klassischen bürgerlichen Kultur zu erweitern.[11] Schließlich schärft er die Erkenntnis ein, dass sich

---

[9]   *Dröge,* Orientierung, 155.
[10] Ebd.
[11] Vgl. ebd., 156.

eine von der Kraft des Geistes gelenkte Kirche polyzentrisch entwickelt und sich mit den Erkenntnisformen der Netzwerkanalyse vertraut machen sollte.[12] Wie lassen sich diese aktuellen Erkenntnisse anschließen an und kontrastieren mit zentralen theologischen und auch ekklesiologischen Orientierungsbemühungen, die unsere geistliche Denk-Welt geprägt haben und – jedenfalls im deutschen Sprachraum – noch immer prägen?

2. Ekklesiologische Schlüsselgedanken Schleiermachers, Barths und Bonhoeffers

Am Ende des 18. und am Anfang des 19. Jahrhunderts geriet der christliche Glaube, vor allem in den großen Städten Deutschlands, in eine tiefe Krise. Die Säkularisierung, d. h. die Verweltlichung und Loslösung vieler Menschen von den Kirchen, vor allem in den Großstädten, schlug mit Macht durch. Eine Berliner Zeitung schrieb: „In 20 Jahren wird der Glaube in Deutschland völlig erloschen sein!" In dieser Situation veröffentlichte Friedrich Schleiermacher, der wohl bedeutendste deutsche Theologe des 19. Jahrhunderts, ein fesselndes kleines Buch unter dem Titel: „Über die Religion. Reden an die Gebildeten unter ihren Verächtern."[13] Schleiermacher stellt programmatisch fest: „Es ist Euch gelungen, das irdische Leben so reich und vielseitig zu machen, dass Ihr der Ewigkeit nicht mehr bedürfet, und nachdem Ihr Euch selbst ein Universum geschaffen habt, seid Ihr überhoben an dasjenige zu denken, welches Euch schuf."[14]

Euer irdisches Leben ist so reich und vielseitig, eure eigenen Schöpfungen und Errungenschaften sind so beeindruckend, dass ihr an ein Leben jenseits der irdischen Wirklichkeit und an einen Schöpfer, an euren Schöpfer, gar nicht mehr denkt! Diese Auskunft Schleiermachers ist wohl auch heute, am Beginn des 21. Jahrhunderts, noch in vielen Kontexten unserer Welt aktuell. Viele unserer Kulturen und Gesellschaften sind so reich und abwechslungsreich geworden, dass vielen Menschen die Kraft der Konzentration auf religiöse und geistliche Angelegenheiten einfach fehlt. Es bedarf gar nicht einer Kritik der Religion und der Propagierung atheistischer Weltbilder. Die bloße Umtriebigkeit und Faszinationskraft des säkularen Lebens und seiner kulturellen Errungenschaften reichen aus, die Menschen be-

---

[12] Ebd., 157 f.
[13] *Friedrich Schleiermacher:* Über die Religion. Reden an die Gebildeten unter ihren Verächtern (1799), de Gruyter, Berlin und New York 1999; mit Ergänzungen der zweiten und dritten Auflage von 1806 und 1821, TVZ, Zürich 2012.
[14] *Schleiermacher,* Über die Religion, 1.

ständig zu beschäftigen und von einem vertieften Nachdenken und von ernsten Fragen nach den tragenden Grundlagen und den wahren Zielen ihres Lebens abzulenken.

Schleiermacher wirkt dem entgegen mit einer starken Konzentration auf einen theistischen Gott, einen persönlichen Schöpfergott, der im religiösen Gefühl begegne. Er nennt ihn „das Woher des Gefühls der schlechthinnigen Abhängigkeit", d.h. der absoluten Abhängigkeit.[15] Der christliche Glaube ist nach seiner Überzeugung „das Gefühl der schlechthinnigen Abhängigkeit". In Jesus Christus sieht er dieses Gefühl verkörpert und in seiner Gemeinde ausgebreitet. Viele Intellektuelle, auch viele Theologen, vor allem in Deutschland und in Nord- und Westeuropa, finden diesen Ansatz noch immer faszinierend. Andere sehen ihn als eine Banalisierung des Glaubens, als geistliche Entleerung an, als eine problematische Anpassung an den Geist der Aufklärung. Heute noch wichtig und unverlierbar erscheint aber Schleiermachers Bemühen um eine theologische und geistliche Konzentration inmitten einer aufgeregten, umtriebigen, beständig mit sich selbst beschäftigten Gesellschaft und Kultur. Diese Herausforderung besteht in vielen Weltgegenden heute nicht weniger als zu Zeiten Schleiermachers im Deutschland des frühen 19. Jahrhunderts.

Mit einer wesentlich dramatischeren Situation haben dann die größten deutschen bzw. deutschsprachigen Theologen in den ersten Jahrzehnten des 20. Jahrhunderts zu kämpfen. Die herausragenden Gestalten sind der Schweizer Theologe Karl Barth (1886–1968), der mehrere Jahre in Deutschland, in Göttingen, Münster und Bonn lehrte und dann von den Nationalsozialisten in die Schweiz vertrieben wurde, und der deutsche Theologe Dietrich Bonhoeffer (1906–1945), der wegen seines Widerstands zunächst ins Gefängnis gebracht und dann kurz vor Ende des Zweiten Weltkriegs und der Diktatur Adolf Hitlers ermordet wurde.

Für beide große Theologen ist die starke Konzentration auf Gottes Offenbarung in Jesus Christus maßgeblich.[16] Einem aggressiven Nationalismus, der politischen Ideologie und der Kriegsverherrlichung, der tyrannischen Unterdrückung, Verfolgung und Ermordung ihrer Mitmenschen setzen sie eine konsequent christologische Orientierung des Glaubens und der Kirche entgegen.

---

[15] Dazu ausführlich: *Friedrich Schleiermacher:* Der christliche Glaube. Nach den Grundsätzen der evangelischen Kirche im Zusammenhange dargestellt, Berlin ²1830, Berlin 1960, 23f.

[16] *Dietrich Bonhoeffer:* Widerstand und Ergebung. Briefe und Aufzeichnungen aus der Haft, Dietrich Bonhoeffer Werke 8, Gütersloh 1998; *Karl Barth:* Kirchliche Dogmatik, III/1–3, Zürich; siehe dazu: *Michael Welker:* Theologische Profile. Schleiermacher – Barth – Bonhoeffer – Moltmann, Frankfurt a.M. 2009.

Ihre öffentlich wirksamste Verlautbarung erfährt diese christologische Orientierung gegen die menschenverachtende nationalsozialistische Ideologie in der berühmten Barmer Theologischen Erklärung. Sie wird formuliert von Mitgliedern der sogenannten „Bekennenden Kirche", die sich gegen Hitler, die Nationalsozialisten und die an sie angepassten „Deutschen Christen" wendet. Die Theologische Erklärung der Bekenntnissynode von Barmen vom 31. Mai 1934 gilt als die zentrale theologische Äußerung der Bekennenden Kirche unter der nationalsozialistischen Diktatur in Deutschland 1933–1945. In dieser Erklärung heißt es: „ … Jesus Christus, wie er uns in der Heiligen Schrift bezeugt wird, ist das eine Wort Gottes, das wir zu hören, dem wir im Leben und im Sterben zu vertrauen und zu gehorchen haben. Wir verwerfen die falsche Lehre, als könne und müsse die Kirche als Quelle ihrer Verkündigung außer und neben diesem einen Worte Gottes auch noch andere Ereignisse und Mächte, Gestalten und Wahrheiten als Gottes Offenbarung anerkennen." In fünf weiteren Thesen, die sich alle auf Worte aus dem Neuen Testament stützen, wird diese Botschaft begründet und entfaltet.[17]

Wie Schleiermachers Bemühen um theologische und geistliche Konzentration überhaupt, so ist auch diese von der Theologie Karl Barths geprägte, von Bonhoeffer Denken mitgetragene christologische Konzentration in der deutschen Theologie vorbildlich geworden.[18] Sie ist aufgrund ihrer biblischen und reformatorischen Grundlegung vorbildgebend auch in unserer Zeit und in den verschiedensten Kirchen und gesellschaftlichen Kontexten dieser Welt. Gibt es Aspekte und Perspektiven, die am Beginn des 21. Jahrhunderts dem hinzugefügt und besonders hervorgehoben werden müssen?

Das 20. Jahrhundert hat in unseren Kirchen zu einem starken ökumenischen Bewusstsein, einem vielfältigen befreiungstheologischen Engagement und ausgeprägter ökologischer Besorgnis geführt. Es hat uns darüber hinaus ein stark vertieftes pneumatologisches Denken,[19] d.h. ein auf den Heiligen Geist zentriertes Denken, und eine Sensibilität für globale Entwicklungspro-

---

[17] Die Barmer Theologische Erklärung: Einführung und Dokumentation, hg. v. *Alfred Burgsmüller* und *Rudolf Weth,* Neukirchen-Vluyn 1998; dazu: Begründete Freiheit: Die Aktualität der Barmer Theologischen Erklärung, hg. v. *Martin Heimbucher,* Neukirchen-Vluyn 2009.

[18] Vgl. dazu: *Wolfhart Pannenberg:* Grundzüge der Christologie, Gütersloh (1964) 1993; *Jürgen Moltmann:* Der gekreuzigte Gott. Das Kreuz Christi als Grund und Kritik christlicher Theologie, München (1972) 2002; *ders.:* Der Weg Jesu Christi. Christologie in messianischen Dimensionen, München 1998; *Welker,* Gottes Offenbarung, a. a. O.

[19] Siehe aus dem deutschen Kontext: *Jürgen Moltmann:* Der Geist des Lebens. Eine ganzheitliche Pneumatologie, Gütersloh (1991) Neuauflage 2010; *Michael Welker:* Gottes Geist: Theologie des Heiligen Geistes, Neukirchen-Vluyn (1993), ⁶2015; zur pfingstheo-

254 zesse und globale Interdependenzen gebracht. In den letzten Jahrzehnten hat es uns dann eine geradezu revolutionäre Entwicklung der Digitalisierung und eine damit verbundene ungeheure Beschleunigung der Globalisierungsprozesse beschert. Alle diese Dynamiken wirken in einer ganz besonderen Weise auf unser Lebensgefühl und auch auf unsere Frömmigkeit zurück.

Wir müssen heute nicht nur, wie Schleiermacher vor 200 Jahren, sehen, dass unsere Gesellschaften und unsere Kulturen von unendlich vielen Impulsen und Reizen überflutet werden. Wir müssen nicht nur sehen, dass sie beständig mit sich selbst beschäftigt sind und vielfach für die geistlichen Dimensionen des Lebens, aber auch für die vielfältigen Nöte um sie herum wenig Aufmerksamkeit aufbringen. Wir müssen nicht nur, wie Bonhoeffer und Barth, zahlreiche Situationen der massiven politischen Gefährdung und Unterdrückung, der Verelendung, Verfolgung und Ermordung unserer Mitmenschen und Mitgeschöpfe in der Nähe und in der Ferne wahrnehmen. Wir müssen nicht nur mit Barth und Bonhoeffer nach tragfähigeren geistlichen und ethischen Orientierungsgrundlagen suchen, als sie ein „Gefühl der schlechthinnigen Abhängigkeit" bietet.

Wir sind inzwischen von einem so dichten medial vermittelten Netz von beständigen Signalen von Gewaltanwendung und Not, von beständigen Selbstalarmierungen der globalen Gemeinschaft umgeben, dass dies für viele Menschen den Glauben an einen mächtigen und gütigen Gott sehr ernsthaft infrage stellt und ins Wanken bringt. „Nur der leidende Gott kann helfen" – hatte Dietrich Bonhoeffer eindrücklich in seinen „Briefen aus der Haft" geschrieben. Vom „gekreuzigten Gott" hatte Jürgen Moltmann im Anschluss an den Philosophen Martin Heidegger gesprochen.[20] Doch wie kann der leidende und gekreuzigte Gott helfen in einer Welt voller Gewalt und so ungleich verteiltem Leiden?

3. *Vorausblick auf das globalisierte 21. Jahrhundert:*
Die Ausgießung des Geistes Christi und deren geistliche
und kirchliche Gestaltungskraft

Es gehört zu den großen Herausforderungen am Beginn des 21. Jahrhunderts, die rettende und erhebende Macht Gottes zu erkennen, die sich in Gottes Geist und im Geist Jesu Christi zeigt, und dabei zu einer schöp-

logischen Pneumatologie: *Frank D. Macchia:* Baptized in the Spirit: A Global Pentecostal Theology, Grand Rapids 2006; *Young-Hoon Lee:* The Holy Spirit Movement in Korea: Its Historical and Theological Development, Oxford 2009; *Michael Welker* (Hg.): The Work of the Spirit: Pneumatology and Pentecostalism, Grand Rapids 2006.
[20] Vgl. Anm. 18.

fungstheologischen Ehrlichkeit zu finden. Wir müssen denen widersprechen, die unqualifiziert von Gottes „alles bestimmender Macht" reden und
die Natur und Leben unqualifiziert wie Heilsbegriffe behandeln. Gegenüber einem abstrakten Theismus der Metaphysik müssen wir das biblische
Schöpfungsdenken ernst nehmen.[21] Nach diesem Schöpfungsdenken, das
schon das erste Kapitel der Bibel einem sorgfältigen Lesen und Denken offenbart, räumt Gott seiner Schöpfung große Eigenmacht ein: die Himmel
scheiden, die Gestirne herrschen, die Erde bringt hervor, die Menschen erhalten den Herrschaftsauftrag. Obwohl die Schöpfung von Gott „gut" genannt wird, sogar „sehr gut", ist sie jedoch von Gott unterschieden. Und
die mächtige Natur ist in ihrer Ambivalenz radikal von Gott unterschieden.
Sie ist endlich, und sie ist sterblich, und in ihr lebt Leben unabdingbar auf
Kosten von anderem Leben. Auch Vegetarier und Vegetarierinnen müssen
unendlich viel Leben zerstören, um sich zu erhalten.

Der Mathematiker, Naturwissenschaftler und Philosoph Alfred North
Whitehead hat dies auf die Formel gebracht: "life is robbery" – Leben ist
Raub.[22] Die Natur und der Kosmos sind trotz aller ihrer Wohlordnung und
Schönheit voll von Kräften der Selbstgefährdung und Selbstzerstörung.
Dazu kommt, dass die Menschen dank der ihnen verliehenen Freiheit und
Macht diese Kräfte der Selbstgefährdung und Selbstzerstörung in unverant-
wortlicher Weise steigern können. Die biblischen Überlieferungen nennen
solchen Missbrauch der menschlichen Freiheit „Sünde".

Wollen wir nicht leichtfertigen, illusorischen und zynischen Haltungen
gegenüber dieser realen Verfasstheit von Natur und Welt das Wort reden,
wollen wir uns um eine ehrliche Theologie und Frömmigkeit bemühen, so
müssen wir diese Verfassung des wirklichen Lebens nüchtern ins Auge fassen. Wir müssen nach den Kräften Gottes fragen, die uns nicht in eine
Traumwelt versetzen, sondern die uns in dieser Welt, die gezeichnet ist
von Endlichkeit, Vergänglichkeit, von Gefährdung und Selbstgefährdung
unter der Macht der Sünde, Orientierung geben, uns erhalten, retten und
erheben wollen.

Diese Kraft Gottes ist uns nach den biblischen Zeugnissen durch Gottes Geist gegeben, der im Leben und Wirken Jesu Christi klare Gestalt gewinnt. Leider ist in vielen christlichen Kulturen der Welt und auch in
christlichen Theologien und Kirchen der Geist Gottes mit allen möglichen

---

[21] S. dazu *Michael Welker*: The Theology and Science Dialogue: What Can Theology Con-
tribute?, Neukirchen-Vluyn 2012, Kap. 1.
[22] *Alfred North Whitehead*: Process and Reality: An Essay in Cosmology, Gifford Lectures
1927–28, Corrected Edition, New York 1978, 105.

Geistern, im euro-amerikanischen Bereich der Welt vor allem mit dem Geist der Metaphysik des großen Philosophen Aristoteles verwechselt worden. Der Geist wurde auf Intellekt, Rationalität und Denkkraft reduziert. Demgegenüber sind die biblischen Überlieferungen nicht einfach anti-intellektuell und anti-rational, sie sehen aber, dass der göttliche Geist eine viel weitere Kraft und Macht ist. Sie verwenden das wunderbare Bild der „Ausgießung des Geistes".

Wie der Regen und das Licht vom Himmel kommen und – im richtigen Maß gegeben – die Geschöpfe sprießen, aufblühen und gedeihen lassen, so überkommen auch die Kräfte des Geistes die Menschen in überwältigender Weise. Sie verleihen ihnen die Gaben der Gerechtigkeit, der Barmherzigkeit und der Liebe, sie verleihen ihnen die Kräfte des Glaubens und der Hoffnung.

Nach dem Propheten Joel (Joel 3) werden diese Kräfte sowohl den Männern als auch den Frauen verliehen – und das in patriarchalen Gesellschaften. Sie werden den alten und den jungen Menschen verliehen – und das in gerontokratischen Gesellschaften, d. h. in denen der Rat der Alten das Sagen hat. Sie werden auch auf die Sklaven und Sklavinnen ausgegossen – und das in Sklavenhaltergesellschaften, wie sie alle antiken Gesellschaften waren. Nach dem Zeugnis der Apostelgeschichte (Apg 2), die diese Verheißung des Propheten Joel ausdrücklich zitiert, wird der Geist Gottes und Jesu Christi auf Menschen der verschiedenen Nationen, Kulturen und Sprachen ausgegossen. Ethnozentrische und fremdenfeindliche Einstellungen und Haltungen werden also durch den Geist Gottes beharrlich infrage gestellt und überwunden.

Indem dieser Geist ein Geist der Gerechtigkeit, der Barmherzigkeit und der Liebe ist, wirkt er der natürlichen Tendenz des Lebens zur Selbsterhaltung auf Kosten anderen Lebens behutsam entgegen. Mit der Barmherzigkeit und der Liebe vermittelt Gott seiner Schöpfung die Kräfte der „freien schöpferischen Selbstzurücknahme zugunsten der Mitgeschöpfe".[23] In der Liebe ist diese freie schöpferische Selbstzurücknahme zugunsten anderer sogar in der Regel von Freude begleitet. Der Geist Gottes gibt die Kraft, in der Barmherzigkeit und in der Liebe über die Grenzen der Familie und der Freundschaften weit hinaus zu gehen.

---

[23] S. schon *Michael Welker:* Erbarmen und soziale Identität. Zur Neuformulierung der Lehre von Gesetz und Evangelium II; in: Evang. Kommentare 19 (1986), 39–42; *ders.:* Justice – Mercy – Worship: The 'Weighty Matters' of the Biblical Law; in: *ders./Gregor Etzelmüller* (Hg.): Concepts of Law in the Sciences, Legal Studies, and Theology, Tübingen 2013, 205–224; *ders.:* The Power of Mercy in Biblical Law; in: Journal of Law and Religion 29 (2014), H. 2, 225–235.

Dieser bereits in den alttestamentlichen Überlieferungen bezeugte Geist der Barmherzigkeit und der Nächstenliebe, ja sogar der Feindesliebe, wird in der Offenbarung Gottes in Jesus Christus noch weit klarer erkennbar. Jesus Christus, auf dem nach dem Zeugnis der biblischen Überlieferungen Gottes Geist ruht (vgl. Jesaja 11, 42 und 61 und die neutestamentlichen Bezugnahmen auf diese messianischen Verheißungen) und der von Gottes Geist erfüllt ist, gießt diesen Geist auf seine Zeuginnen und Zeugen aus, gibt ihnen Anteil an diesem Geist. Der große Reformator Calvin hat dies wunderbar zum Ausdruck gebracht mit den Worten: Jesus Christus ist der Heilige Geist „nicht für sich allein (privatim) gegeben worden, sondern er soll eben seine Fülle den Hungernden und Durstigen überfließend zuteilwerden lassen!"[24]

Darüber hinaus macht Calvin deutlich, dass wir das Werk Jesu Christi und das Wirken seines Geistes an uns und unter uns am besten verstehen, wenn wir auf das sogenannte „dreifache Amt Jesu Christi" blicken. „Wollen wir wissen, wozu Christus vom Vater gesandt ward und was er uns gebracht hat, so müssen wir vornehmlich sein dreifaches Amt, das prophetische, königliche und priesterliche, betrachten."[25]

Wir haben im ersten Teil unserer Überlegungen gezeigt, dass diese Orientierung am erhöhten Christus und an der Kraft seines Geistes keineswegs an Überzeugungskraft und Gestaltungskraft verloren hat. Auch für eine Ekklesiologie der Zukunft kann sie formgebend wirken.

Für die Weite und Kreativität der realistischen und vielgestaltigen Christus-Nachfolge in der Kraft des Geistes sollten wir heute unsere und unserer Mitmenschen Augen öffnen. Von der Kraft des Geistes Gottes, der im Leben und Wirken Jesu Christi klare Gestalt gewinnt, sollten wir heute im Glauben und in der Nachfolge, in Wort und Tat, Zeugnis geben. So werden wir auch in einer mit Recht beständig alarmierten, von unendlichen Zeugnissen von Gewalt, Unbarmherzigkeit, Leid, Not und Schuld heimgesuchten Welt am Beginn des 21. Jahrhunderts Gottes schöpferische Gegenwart bezeugen und unsere kirchlichen und zivilgesellschaftlichen Umgebungen gestalten können.

---

[24] *Johannes Calvin:* Institutio Christianae Religionis, Unterricht in der christlichen Religion, II, 15,5 vgl. 15,2; dazu *Welker,* Gottes Offenbarung, a.a.O., Teil 4.1.

[25] *Calvin,* Institutio II, 15,1; vgl. zum Folgenden: *Welker,* Gottes Offenbarung, 4.4–5.5.

Religion, Kirche und Zivilgesellschaft:
Eine persönliche Sicht aus Ostdeutschland

Hunderte frierende Menschen in überfüllten Kirchen, auf harten Kirchenbänken oder Altarstufen sitzend mit Kerzen in nicht nur vor Kälte zitternden Händen. Diese Bilder aus Ostdeutschland gingen im Herbst 1989 um die Welt. Menschen, die in Leipzig und Anklam, Dresden und Greifswald gemeinsam „Dona nobis pacem" sangen und ihre Kerzen an denen der Altäre anzündeten, bevor sie die dunklen Straßen der DDR mit den Rufen: „Keine Gewalt" und „Wir sind das Volk" erfüllten.

In den Kirchen trafen sich die Menschen zu Friedensgebeten und zu Gesprächen. Der schützende Raum der Kirchen ließ die Ängste kleiner und die Hoffnungen größer werden. Diese Fürbittgottesdienste waren eine Form von Protest, mit dem deutlich gemacht wurde, dass einerseits das biblische Wort Zuspruch und Anspruch auf das ganze Leben ist und andererseits dieser Anspruch und Zuspruch sich nicht von der gesellschaftlichen Wirklichkeit trennen lässt. Wir haben erlebt, wie Beten und Singen ein Land verändert.

Könnte es nicht sein, dass gerade dieser Raum, diese Zeit in den Kirchen mit dazu beigetragen hat, dass die Revolution eine friedliche war? Könnte es nicht sein, dass das Beten und Singen, das Schweigen und Hören die Menschen erreicht hat, obwohl viele von ihnen keine Christen waren? Könnte es nicht sein, dass der Geist, die Intentionen der Fürbittandachten mit auf die Straßen – dort wo der kalte Wind der Staatsmacht wehte – hinausgetragen wurde? Dort, wo die Polizei und die Stasi mit massiver Präsenz versuchten, etwas zu retten, was längst nicht mehr zu retten war?

Das, was damals auf den Straßen passierte, ist für mich ein Wunder.

Denn wann ist uns Deutschen je eine Revolution gelungen – ohne Blutvergießen, ohne Krieg und Sieg und Demütigung anderer Menschen und Völker?

Es ist ein Wunder biblischen Ausmaßes, sagt die Theologin in mir.

Es war das multifaktorielle Zusammenspiel von außen- und innenpolitischen Konstellationen, sagt die Politikwissenschaftlerin in mir. Es stimmt beides, sagt die Erfahrung in mir. Und dass in jenen Monaten im Herbst 1989 tatsächlich nicht nur die politischen Kausalitäten wirkten, ist keine nachträgliche fromme Interpretation der Ereignisse, mit der sich die Kirche eine besondere Rolle während des Herbstes 1989 zuschreiben möchte. Dazu möchte ich einen Zeugen zitieren, der über jeglichem Verdacht steht, der Kirche irgendwie nahe zu stehen oder ihre Rolle aus eigenem Interesse über zu bewerten, also tatsächlich einen unbestechlichen Zeugen: Horst Sindermann, hoher SED-Funktionär und Mitglied im Zentralkomitee der SED, hat gesagt: „Auf alles waren wir vorbereitet nur nicht auf Kerzen und Gebete."

Der Bischof der Berlin-Brandenburgischen Kirche, Gottfried Forck, wurde 1989 bei einem Besuch in Westberlin gefragt, ob denn die Fürbittandachten in Ostdeutschland wirkliche Gottesdienste oder Andachten seien, da doch mindestens 90 Prozent der Besucher Leute seien, die gar nichts Geistliches im Sinn hätten, sondern sich nur politisch versammeln wollten. Forck fragte zurück: „Waren Sie schon einmal auf einer solchen Fürbitt-Andacht? Für 25 Mark an der Grenze könnten Sie eine miterleben."

Und Forck betonte weiter, „daß die Fürbittandachten ein wichtiger und bedeutsamer Dienst der Kirche seien, und nicht nur ein Dienst am Rande".[1]

Ja, was denn auch sonst? Was ist denn die Aufgabe der Kirche, der Christen, als zu beten und zu segnen und dies eben gerade nicht im Verborgenen zu tun. Das war es ja gerade, was den Staat so ärgerte. Die Kirche tat ihre ureigenste Sache nicht im Verborgenen. Und so forderte die SED: „Es ist höchste Zeit, unverzüglich dafür zu sorgen und zu garantieren, daß überall Kirche wieder Kirche wird."[2] Aber da hat die Partei irgendetwas nicht begriffen. Denn immer, wenn die Kirche ernsthaft Kirche ist, ihren Auftrag ernst nimmt, wird es hoch politisch sein.

Die Fürbittgottesdienste waren also eine Form von Protest, indem deutlich gemacht wurde, dass einerseits das biblische Wort, Zuspruch und Anspruch auf das ganze Leben ist und andererseits dieser Anspruch und Zuspruch sich nicht von der gesellschaftlichen Wirklichkeit trennen lässt.

Natürlich waren die meisten Besucher bei den Fürbittandachten keine Christen, gehörten doch 1989 nur noch etwa ein Viertel der Gesamtbevölkerung der evangelischen Kirche an. 1949, im Gründungsjahr der DDR waren es noch etwa 80 Prozent.

---

[1] *Manfred Kliem/Klaus Roeber/Malte Wiedemeyer:* Glauben ist Ermutigung zum Handeln. Altbischof Gottfried Forck im Gespräch. Rothenburg 1996, 100; siehe auch epd-Dokumentation 43 (1988), 60.

[2] SED-Politbüromitglied Werner Jarowinsky gegenüber dem Thüringer Landesbischof Werner Leich am 19.02.1988; in: epd-Dokumentation 43 (1988), 60.

Ursachen für diesen massiven Rückgang waren u. a. die aggressive Politik des Staates gegen Christen und Kirchen und die systematische Ausgrenzung, Stigmatisierung und Unterdrückung von Religion. Dies hatte eine Jahrzehnte andauernde tiefgreifende Minorisierung zur Folge. Diese Minorisierung der evangelischen Kirchen in der DDR wurde u. a. deutlich an der Zahl der Kirchenaustritte, dem ständig abnehmenden Besuch der Christenlehre und des Konfirmandenunterrichtes und dem Rückgang von Taufen, Trauungen und Beerdigungen.

Dazu kam die Marginalisierung der Kirche. Marginalisierung umschreibt die Existenz in der Nische, zu der die Kirchen aufgrund des ideologischen Staatsverständnisses der DDR gezwungen waren. Es wurde aus der Randexistenz heraus versucht, sich zur Zukunft der ganzen Gesellschaft zu Wort zu melden und so die Nischenexistenz aufzubrechen. Die Stichworte, die im Bund der Evangelischen Kirchen in der DDR hierzu entwickelt wurden, hießen: „Kritische Solidarität" oder „Zwischen Anpassung und Verweigerung".

Nach der friedlichen Revolution 1989 wurden den evangelischen Kirchen in Ostdeutschland weitreichende Entscheidungen abverlangt, die unter einem erheblichen Zeitdruck getroffen werden mussten. Sie betrafen:

- Einführung des Religionsunterrichtes
- Umstellung des Kirchensteuersystems
- Eine Angleichung des Rechtssystems mit einer Fülle neuer Verordnungen und Gesetze
- Die Übernahme großer Arbeitsfelder im diakonischen Bereich, oft in Konkurrenz zu den anderen Wohlfahrtsverbänden
- Aufbau einer eigenverantwortlichen Soldatenseelsorge
- Die Einführung neuer Beratungs-Seelsorgedienste für Problemfelder der Gesellschaft (Polizei, Grenze usw.)
- Aufbau einer veränderten Verwaltung und Rechnungsführung

Für all diese Arbeitsfelder standen in der Evangelischen Kirche in Deutschland (EKD) Strukturen, Regelungen und Erfahrungen zur Verfügung, die sich in beinahe fünfzig Jahren entwickelt und bewährt hatten. Es lag nahe, sie für die ostdeutschen evangelischen Kirchen zu übernehmen. Diese Strukturen trugen allerdings der Minderheitensituation der Kirchen im Osten nicht Rechnung. Die ostdeutschen Landeskirchen hatten sich kurzfristig neuen staatskirchenrechtlichen und finanzpolitischen Sachzwängen anzupassen. Dabei kam es bei der Wiederherstellung der kirchlichen Gemeinschaft zwischen Ost und West zu unerwarteten Reibungsverlusten und Entfremdungserscheinungen.

Die Diskrepanzen bei der beabsichtigten Angleichung der kirchlichen Verhältnisse zeigten sich darin, dass zwar einerseits die Übereinstimmung im gemeinsamen reformatorischen Erbe als ausreichend betrachtet werden konnte. In der Frage der Kirchengestalt jedoch bot sich andererseits lediglich das westdeutsche, über Jahrzehnte bewährte volkskirchliche Modell an. Eine eigene spezifisch ostdeutsche Kirchengestalt war nicht zu realisieren.

Der ehemalige Präses der Rheinischen Kirche, Peter Beier, beschreibt in seinem Buch „Am Morgen der Freiheit" das deutsch-deutsche Verhältnis nach der friedlichen Revolution folgendermaßen:

„Am Morgen der Freiheit begegneten wir uns auf der Mitte der Brücke [...] und kannten uns nicht wieder. Wichtige Fragen wurden mit übereilten Antworten abgefertigt. Statt eine Weile zu schweigen, wie es Beschenkte tun, denen ein Glück zufiel, das konkreter Hoffnung und politischem Willen längst entzogen schien, redeten wir hektisch aufeinander ein. [...] Wir sagten Staat und unterschätzten das Gewicht, das nach vierzig Jahren Teilung das Wort verformte.

Wir sagten Kirche und nahmen nur mürrisch zur Kenntnis, dass wir sehr unterschiedliche Wege zu gehen gezwungen waren, die die Kirchengestalten im Wesen veränderten."[3]

Hatten manche gehofft, dass nach der Wende die Menschen in Massen wieder in die Kirchen eintreten würden, wurde diese Hoffnung enttäuscht. Die gesellschaftlichen, kulturellen und kirchlichen Veränderungen seit dem Ende der DDR und der Wiedervereinigung Deutschlands haben in Ostdeutschland nicht zu einem Nachwachsen flächendeckender Kirchlichkeit geführt. Vielmehr stellt sich ein weit verbreitetes religionsloses Selbstverständnis der Menschen als normal dar.

Die Minderheitensituation änderte sich nach 1990 somit nicht, sondern trat noch deutlicher hervor, so dass die Zeitung „Die Welt" 2012 titelte: „Nirgends auf der Welt glauben so wenige Menschen an Gott wie in Ostdeutschland."[4] und „Ostdeutsche sind größte Gott-Zweifler der Welt."[5]

3   *Peter Beier:* Am Morgen der Freiheit. Eine Streitschrift, Neukirchen 1995, 9f.
4   *Matthias Kamann:* Warum so wenige Ostdeutsche an einen Gott glauben; in: Die Welt, 19.04.2012, www.welt.de/politik/deutschland/article106205333/Warum-so-wenige-Ostdeutsche-an-einen-Gott-glauben.html (aufgerufen am 20.03.2017).
5   Zitiert in ebd. (KNA/ks).

Diese Überschriften werden durch Studien der Universität Chicago, die 2008 und 2012 den Gottesglauben vergleichend in 42 Ländern untersucht haben, belegt.[6] Das Gebiet der DDR gehört somit zu den am stärksten entkirchlichten und religiös desozialisierten Regionen der Welt.

Zwar hat mit der gesellschaftlichen Ordnung der Bundesrepublik die verordnete Marginalisierung der Kirche in Ostdeutschland ein Ende gefunden. Die Minorisierung ist jedoch geblieben. Also obwohl 1989 die Kirchen als Wegbereiter der friedlichen Revolution angesehen wurden, und viele Kirchenvertreter die Runden Tische sehr kompetent moderierten, führte dies nicht zu einer Kircheneintrittswelle.

Dazu kommt, dass nach 1989/90 die Menschen in Ostdeutschland durch umfangreiche gesellschaftliche Veränderungsprozesse anderes zu tun hatten, als ihr Verhältnis zur Religion zu klären. Offenbar hatten Religion und Kirche als sinn- und haltstiftende Räume ihre Bedeutung verloren. Die Einführung der Kirchensteuer führte zu einer weiteren Austrittswelle. Dazu wurde das Vertrauen in die Kirche durch Enthüllungen über kirchliche Stasi-Verstrickungen erschüttert.

Mit dem 1990 einsetzenden Institutionentransfer von West nach Ost wurde die Kirche trotz ihrer harschen Kritik an den neuen gesellschaftlichen Verhältnissen auf einmal als westliche Institution wahrgenommen und nicht mehr als Vertreterin der Interessen der Bevölkerung. Gerade die Kirche, die in der deutschen Geschichte erstmals die Nähe zum Volk gesucht hatte und dem Staat so kritisch gegenübergestanden hatte wie keine Kirche in der deutschen Geschichte zuvor, wurde nun wieder als Herrschaftskirche und nicht als Kirche des Volkes wahrgenommen. Damit verlor sie jene Sympathien, die sie sich vorher durch ihr unangepasstes Verhalten erworben hatte.

Wir haben also heute die Situation, dass die evangelische Kirche in den neuen Bundesländern eine Minderheitskirche mit volkskirchlichen Strukturen ist. Deutlich wurde dies im Jahr 2009 beim Berliner Volksentscheid über die Forderung nach Einführung eines konfessionellen Religionsunterrichts. Bei der Auswertung der Ergebnisse nach Bezirken zeigte sich eine klare Ost-West-Teilung Berlins, die exakt denen der Besatzungszonen bis

---

[6] Vgl. dazu *Thomas Großbölting:* Der verlorene Himmel. Glaube in Deutschland seit 1945, Göttingen 2013; *Tom W. Smith:* Beliefs about God across Time and Countries, Chicago 2012, www.norc.org/pdfs/beliefs_about_god_report.pdf (aufgerufen am 20.03.2017).

1990 entsprach. Während in jenen Teilen der Stadt, die bis zum Fall der Berliner Mauer zu den amerikanischen, englischen und französischen Sektoren gehörten, die Befürworter der Einführung eines konfessionellen Religionsunterrichtes mit über 60 Prozent überwogen, stimmte der Ostteil, d. h. das Gebiet, das unter sowjetischer Herrschaft stand, mit deutlicher Mehrheit gegen den Gesetzentwurf. Dieses Abstimmungsergebnis ist ein weiteres Indiz dafür, dass es immer noch erhebliche Unterschiede im Verständnis darüber gibt, welche Rolle die Kirche innerhalb der Gesellschaft einnehmen soll.

Als entscheidender Grund für den Mitgliederverlust gelten im Westen wie im Osten Deutschlands häufig die gesellschaftlichen Bedingungen in der DDR. Allerdings betrifft der Erosionsprozess – wenn auch in unterschiedlicher Ausprägung und Intensität – sowohl die östlichen als auch die westlichen Kirchen. Konfessionslosigkeit als Massenphänomen gibt es bereits seit Anfang des Jahrhunderts. Unter der Einwirkung des Nationalsozialismus hat sie erheblich zugenommen. Die ideologische Indoktrination der SED hat in 40 Jahren DDR zu einer weiteren Entkirchlichung in Ostdeutschland geführt.

Während Konfessionslosigkeit ursprünglich eine in der eigenen Biografie begründete persönliche Entscheidung war, ist sie inzwischen über mehrere Generationen in den Familien zu einer selbstverständlichen, gewohnheitsmäßigen Einstellung geworden.

Deshalb stehen die Kirchen im Osten (und auch zunehmend im Westen) wahrscheinlich an einer Epochenwende ihrer Arbeit.

Für viele Menschen gilt: Kirche kommt in ihrem Leben nicht mehr vor, und sie vermissen sie auch nicht. Sie ist entbehrlich geworden. Der Gesellschaft in den östlichen Bundesländern ist die christliche Überlieferung auch in ihren kulturellen Ausprägungen weitgehend abhandengekommen. Weite Teile der Bevölkerung haben zur Kirche kein Verhältnis mehr. Von freundlicher Distanz über Gleichgültigkeit bis hin zu rigoroser Ablehnung spannt sich der Bogen eines „Nichtverhältnisses".[7]

---

[7] Aus der Fülle der Literatur vgl. *Oliver Markert/Peter Seifert:* DDR-Erbe: Das schwere Kreuz mit der Gottlosigkeit; in: www.focus.de/politik/deutschland/mitten-im-osten/kirche-in-ostdeutschland-ddr-erbe-das-schwere-kreuz-mit-der-gottlosigkeit_aid_836379.html (aufgerufen am 20.03.2017); *Kurt Nowak:* Historische Wurzeln der Entkirchlichung in der DDR; in: *Heinz Sahner/Stefan Schwendtner* (Hg.): Gesellschaften im Umbruch. 27. Kongreß der Deutschen Gesellschaft für Soziologie, Halle 1995, 665–669; *Wolfgang Pittkowski:* Ost-West-Deutsche Welten, Erkundungsgänge durch religiöse und religions-

Interessanterweise ist in allen anderen Ländern des ehemaligen Ostblocks der Zusammenbruch der kommunistischen Diktatur mit einem Wiedererstarken von Religion und Kirche verbunden. Die einzigen Ausnahmen bilden Polen, wo die Kirchlichkeit ohnehin schon überdurchschnittlich hoch war, eventuell Tschechien und Ostdeutschland, wie die folgende Skizze zeigt:[8]

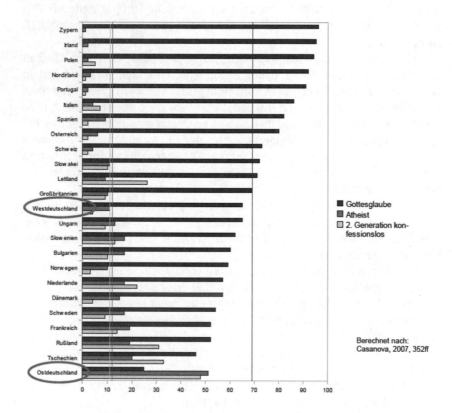

lose Landschaften, www.pittkowski.de/guestrow_web.pdf (aufgerufen am 20.03.2017); *Detlef Pollack:* Der Wandel der religiös-kirchlichen Lage in Ostdeutschland nach 1989. Ein Überblick; in: *ders./Gert Pickel* (Hg.): Religiöser und kirchlicher Wandel in Ostdeutschland 1989–1999, Opladen 2000; *Alan Posener:* Ostdeutschland – die ungläubigste Region der Welt; in: Die Welt, 31.03.2013, www.welt.de/politik/deutschland/article114889749/Ostdeutschland-die-unglaeubigste-Region-der-Welt.html (aufgerufen am 20.03.2017).

[8] *Pittkowski,* Ost-West-Deutsche Welten, 5, www.pittkowski.de/guestrow_web.pdf (aufgerufen am 20.03.2017).

Natürlich gibt es auch unter den Menschen in Ostdeutschland Wertvorstellungen, Suche nach Sinnstiftung, religiöse Bedürfnisse, Sehnsucht nach einem gelingenden Leben. Was die Kirche zu vermitteln hat, ist in Restbeständen durchaus noch im Bewusstsein verankert, aber die Kirche selber kommt dabei kaum noch in den Blick.

Die Kirche ist als Institution weithin nicht mehr gefragt. Christlicher Glaube hat seine Monopolstellung verloren. Er muss sich auf dem Markt der Sinnstifter als ein Angebot neben anderen behaupten.

Nach dem jahrzehntelangen Mitgliederverlust ist Konfessionslosigkeit ein Massenphänomen. Dazu kommt der Vertrauensverlust der gesellschaftlichen Institutionen, dessen Folgen auch die Kirche zu tragen hat. Angesichts der Entwicklung in Ostdeutschland halten manche die Landeskirchen nicht nur wegen ihrer staatsanalogen Struktur, sondern auch wegen der wachsenden Selbstständigkeit der Gemeinden für ein auslaufendes Modell. Aber nicht nur in Ostdeutschland wird ein Umdenken nötig sein, sondern auch auf europäischer Ebene.

Es hat sich gezeigt, dass die evangelischen Kirchen in Europa viel enger zusammenarbeiten müssen, wenn sie auf den politischen und gesellschaftlichen Ebenen Europas wahrgenommen werden wollen. Man braucht – um nur ein Beispiel zu nennen – im politischen Europa eine gemeinsame Adresse und aufeinander abgestimmte Strategien, denn niemand kann von den Politikern in Straßburg und Brüssel erwarten, dass sie bei kirchlichen Angelegenheiten bei jeder der über 100 evangelischen Kirchen Europas einzeln nachfragen. Hier müssen die Kräfte so koordiniert und gebündelt werden, dass die Europäer die Kirchen der Reformation wahrnehmen und erkennen können. Einzelne Landeskirchen werden da kaum etwas ausrichten können, obwohl die Beschlüsse in Brüssel und Straßburg sehr wohl auch Auswirkungen für sie und ihre Arbeit haben können. Ob die evangelische Stimme in Europa gehört wird, hängt wesentlich davon ab, wie die Stimme des Evangeliums in Europa gehört werden kann.

Marie Anne Subklew

(Dr. Marie Anne Subklew, Theologin und Politikwissenschaftlerin, ist Stellvertreterin der Beauftragten des Landes Brandenburg zur Aufarbeitung der Folgen der kommunistischen Diktatur.)

266 Dokumente und Berichte

Religion, Kirche und Zivilgesellschaft: Polen nach der Wende aus evangelischer Perspektive

1. Polen in Zahlen

Polen ist nach dem Zweiten Weltkrieg ethnisch einheitlich geworden und stark von der Dominanz der römisch-katholischen Kirche geprägt. Dies hat in hohem Maße zu der engen Verbindung des römischen Katholizismus mit der polnischen Nationalität beigetragen (die These, ein(e) Pole(in) = ein(e) Katholik(in) war auch schon früher zu hören)[1], was die allgemeine Volkszählung von 2011[2] gezeigt hat.

Bevölkerung Polens: 38,5 Millionen, davon polnische Nationalität (als einzige oder erste) deklariert 97,1 Prozent.

Konfessionsstruktur (diese Frage wurde von 91,3 Prozent beantwortet – unten Angaben, die nur diese Gruppe umfassen):
• römisch-katholisch: 95,95 Prozent (87,8 Prozent der Gesamtbevölkerung)
• orthodox: 0,44 Prozent (156.000)
• Zeugen Jehovas: 0,39 Prozent (137.000)
• lutherisch: 0,2 Prozent (70.000; etwa 15.000 mehr als die innerkirchlichen Gemeindestatistiken umfassen); Protestanten insgesamt: 0,3 Prozent (122.000)
• andere christliche Kirchen: unter 0,1 Prozent
• nicht religiös: 2,41 Prozent (929.000)
• Islam (die größte nichtchristliche Glaubensgemeinschaft): 5.100, Judentum – nur 800 Anhänger

Die römisch-katholische Kirche führt seit 1992 eigene Untersuchungen über die Religiosität durch (in Zusammenarbeit mit dem Hauptamt für Statistik) und zwar jedes zweite Jahr. Die letzte Veröffentlichung stammt

---

[1]   Dies hat zur Folge, dass ein(e) Lutheraner(in) als Deutsche(r), ein(e) Orthodoxe(r) als Russe(in) usw. gelten.
[2]   Struktura narodowo-etniczna, językowa i wyznaniowa ludności Polski: Narodowy Spis Powszechny Ludności i Mieszkań 2011, GUS, Warszawa 2015.

aus dem Jahr 2012 – die Angaben unten aus den Jahren 1992 und 2012 (oder 2011)[3]:

- Berufungen (Alumnus): ein Rückgang von 5,36 Tausend auf 2,96 Tausend, dazu kommen noch Ordensberufungen – von 2,75 Tausend auf 880 Personen
- Angaben zum Glauben (für die Gesamtbevölkerung Polens? – siehe unten):
  o Tiefgläubige: 10 Prozent im Jahr 1992 und 20 Prozent im Jahr 2012
  o Gläubige (zusammen mit den Tiefgläubigen): 90 Prozent und 91 Prozent
  o Unentschiedene: 6 Prozent und 10 Prozent
- Angaben zur Gottesdienstbeteiligung
  o regelmäßig: 52,4 Prozent und 47,5 Prozent
  o unregelmäßig: 31,5 Prozent und 26,5 Prozent
- Beichte wenigstens einmal im Jahr: 76,2 Prozent und 76,9 Prozent,
- tägliches Gebet: 62 Prozent und 53,2 Prozent
- Angaben aus den Zählungen (nur an einem einfachen Sonntag im Jahr):
  o Gottesdienstbeteiligung: etwa 55 Prozent (in den Jahren 1980–87) und 40 Prozent (2012),
  o Teilnahme am Abendmahl: etwa 8 Prozent und mehr als 15 Prozent

Die Angaben scheinen eine sehr langsam sinkende Zahl der Gläubigen bei gleichzeitiger Intensivierung der Religiosität zu zeigen. Die Selbstauskünfte der Menschen zeigen, dass die Teilnahme am Kult in den Neunzigern des vorigen und Anfang dieses Jahrhunderts zuerst gestiegen und erst danach gesunken ist. Die Entwicklungen nach der Wende waren grundsätzlich nicht geradlinig.

Aber schon katholische Forscher melden Zweifel bezüglich der Angaben an. Bei diesen Massenzählungen gibt es keine Kontrolle über die Durchführung der Zählung. Ich möchte noch weitere Bedenken nennen: die Zählungen wurden ein einziges Mal, an einem Sonntag im Jahr, durchgeführt. In Veröffentlichungen über Untersuchungen der Religiosität bei den Gliedern der römisch-katholischen Kirche wurde stets die undurchsichtige Kategorie „Polen" für die Befragten benutzt. Der Fragebogen mit

---

[3] Kościół Katolicki w Polsce 1991–2011: rocznik statystyczny, GUS/ISKK, Warszawa 2014.

einer begrenzten Zahl möglicher Antworten (oder zu vielen!) ist ein weiteres Problem. Die neueste Untersuchung (vertiefte Interviews) zeigt, wie unterschiedlich die Fragen von den Befragten verstanden wurden,[4] was m. E. zu dem Schluss führen sollte, dass diese Angaben sehr zweifelhaft sind. Die Umfragen des Public Opinion Research Center scheinen zu beweisen, dass die Zahl der Gläubigen im Allgemeinen nicht sinkt, im Gegenteil: in den Jahren 1992–2009 sollte sie sogar etwas gestiegen sein.[5] Die Unterschiede kann man als statistische Fehler betrachten, weil sie unter drei Prozent liegen.

Vielleicht lassen sich auch Schlüsse aus den Wahlergebnissen von 2015 ziehen, die man wegen der geringen Wahlbeteiligung von ca. 50 Prozent sehr zurückhaltend behandeln muss. Wenn die Wahlpräferenzen nach verschiedenen Kriterien (Alter, Ausbildung usw.) analysiert werden, ist erkennbar, dass bei der jungen Generation das traditionelle ethnisch-römisch-katholische Denken wieder stärker vertreten ist (sicher aus unterschiedlichen Gründen).

2. Die Kirchen vor der Wende

Die römisch-katholische Kirche war vor der Wende eine sehr bedeutende politische Kraft, mit der die kommunistische Macht rechnen musste. Die Kirche bot einen freien Raum für alle oppositionellen Tätigkeiten, aber – grob gesagt – nicht, weil sie die Freiheit liebte. Die Kirche kämpfte um die Herrschaft über die Seelen der Menschen, die Seele des Volkes (Kardi-

[4] Die Ergebnisse der kognitiven Studie (Wie [un]religiös sind Polen?) wurden von *Marta Bożewicz,* Doktorandin am Soziologischen Institut der Warschauer Universität, am 1. Oktober 2016 präsentiert.

[5] Siehe Dwie dekady przemian religijności w Polsce: Komunikat z badań BS/120/2009, CBOS, Warszawa 2009: www.cbos.pl/SPISKOM.POL/2009/K_120_09.PDF (aufgerufen am 01.10.2016).

[6] Erzbischof, Metropolit, Primas Polens und Vorsitzender der Bischofskonferenz in den Jahren 1948–1981, die Hauptfigur im römischen Katholizismus in Polen in der Nachkriegszeit bis zur Epoche der Solidarność. Zu der hier besprochenen Problematik siehe *Jerzy Zawiejski:* Dzienniki. Tom I: Wybór z lat 1955–1959, Ośrodek KARTA/Dom Spotkań z Historią, Warszawa 2011 (Band I) – vor allem die Berichte aus dem Jahr 1958 (484–485, 503–505, 513, 521, 523, 539–541, 580), sowie die Einleitung in diesem Band von *Andrzej Friszke* (ebd., 33) oder die zitierte Meinung von *Czesław Miłosz* (ebd., 577); *ders.:* Dzienniki, Tom II.: Wybór z lat 1960–1999, Ośrodek KARTA/Dom Spotkań z Historią, Warszawa 2012 (Band II), 225–226, 272–273, 334, 380, 511. Das war auch für die kommunistische Macht klar (siehe z. B. Band I, 650).

nal Stefan Wyszyński)[6]. Der Weg dazu war die Volksfrömmigkeit (stark vom Marienkult geprägt).[7] Die kleinen Kirchen fühlten sich mit gutem Grund von beiden Seiten in ihrer Existenz bedroht: von der römisch-katholischen Kirche und der kommunistischen Macht. Die leitenden Personen der meisten von ihnen hatten sich für unterschiedliche Formen der Kooperation mit der Regierung als den Weg der Bewahrung ihrer eigenen Kirche(n) entschieden (die Intensivität war unterschiedlich und veränderte sich im Laufe der Zeit).[8] Es sollte aber kaum bedeuten, dass das Verhalten der Kirchen vor der Wende einfach und eindeutig zu beurteilen ist (z. B. kann man zweifeln, ob es unter Kardinal Wyszyński wirklich eine gemeinsame Front mit der römisch-katholischen Kirche gab)[9].

3. Die Kirchen nach der Wende

Wieder grob gesagt: die Rolle der römisch-katholischen Kirche für die Demokratisierung Polens wurde anerkannt, und die Kirche gewann Ansehen und großen politischen Einfluss auf die Machtausübung in allen Bereichen des öffentlichen Lebens (bis hin zum Verfassungsgericht). Sie hat ihre eigene finanzielle und Vermögenssituation sowie ihre Bedeutung rechtlich abgesichert. Als Institution des gesellschaftlichen Lebens hat sie einen Vorsprung gewonnen und versucht auch, die Themen des öffentlichen Diskurses zu bestimmen, und zwar mit eindrucksvollem Erfolg. Die Kirche ist überall präsent, das gilt unbegrenzt für Schulen, Krankenhäuser, Ämter, Regierung und Parlament. Für die nicht römisch-katholischen Gremien, Organisationen und Menschen, teilweise auch für einige Katholiken, bedeutet die Politik der römisch-katholischen Kirche eine Gefährdung der Freiheit. Die Kirche wurde zur konservativ-völkischen (sic!) Institution, obwohl es auch andere katholische kirchliche Stimmen gibt, sogar von einigen wenigen Bischöfen.[10]

---

[7] Die schreckte nicht nur die Protestanten ab, sondern auch einige, sogar bedeutende Katholiken in Polen (z. B. *Zawiejski,* s. vorige Anmerkung: Band II, 434, 577) sowie im Ausland (ebd., 425).

[8] Was noch nicht sorgfältig und komplex untersucht wurde (es gibt einige Publikationen, vor allem *Jarosław Kłaczkow:* Kościół Ewangelicko-Augsburski w Polsce w latach 1945–1975, *Wydawnictwo Adam Marszałek,* Toruń 2010. Allerdings weckt diese Publikation meine methodologischen Zweifel.).

[9] Es genügt, hier nur an das Bonmot: „Jeder Pole ist ein Katholik" (Kardinal Wyszyński – dazu Zawiejski: Dzienniki Band II, 570–571) zu erinnern.

[10] Z. B. Bischof Eugeniusz Czaja, Oppeln (http://opole.wyborcza.pl/opole/1,35114,

Das gilt auch für ethische Fragen: die römisch-katholische Kirche oder die mit ihr verbundenen Institutionen versuchen ihre Ethik – vor allem Sexualethik – rechtlich durchzusetzen. Sie ist aber wenig an den sozialen Problemen ausgerichtet. Die kirchliche Hilfsorganisation Caritas macht zwar eine gute Arbeit und es finden auch eindrucksvolle lokale Initiativen statt, aber laut sind nur die Forderungen nach sozialen Regelungen, etwa Sonntagshandelsverbot, die eng mit religiösen Pflichten zusammenhängen. Obwohl die Nichtregierungsorganisationen in der Sozialarbeit die engsten Verbündeten der Kirche sein könnten, stellen sich die Kirchenleute in Konkurrenz zu säkularen Organisationen. Am deutlichsten äußert sich dies an den fast ausnahmslos sehr kritischen Stellungnahmen zum sogenannten Orchester der Weihnachtshilfe – eine Initiative, die sich auf das Engagement von Jugendlichen stützt und seit mehr als zwanzig Jahren Geld für medizinische Hilfe für Kinder und Senioren sammelt. Es gibt in Polen kaum eine pädiatrische oder geriatrische Krankenhausabteilung ohne Ausstattungsgegenstände (Spezialgeräte), die von dieser Initiative gekauft wurden.

Andere Kirchen berufen sich auf die Verfassung und kämpfen im Namen der Gleichberechtigung um eigene Interessen und Beachtung (teilweise erfolgreich). Sie fühlen sich oft vom Staat benachteiligt und werden als Feigenblatt betrachtet. Wenn man sich über die Minderheitskirchen Gedanken macht, muss man jedoch ihre geringere Mitgliederzahl berücksichtigen. Sie können nicht erwarten, ein nennenswertes Interesse an ihrer Lage, ihren Problemen und Postulaten zu wecken.

Die oben genannten Zahlen zeigen, dass in Polen keine (fortgeschrittene oder fortschreitende) Säkularisierung festzustellen ist. Obwohl ich diese Angaben nicht für ganz zuverlässig halte, scheint mir, dass wir vielleicht zwei gegenläufige Bewegungen beobachten können, deren Ausmaß und Bedeutung nicht gleichwertig sind. Zum einen eine sehr langsame und auf wenige gesellschaftliche Kreise begrenzte Abwendung von der Kirche (den Kirchen). Dies ist, wenn überhaupt, nur in den Großstädten und in Debatten, in denen intellektuelle und kulturelle Eliten zu Wort kommen,

20713270,biskup-czaja-ostro-po-sprzedawalo-wartosci-pis-depcze-ludzka.html?disableRedirects=true; aufgerufen am 20.09.2016); Senior-Primas Erzbischof Henryk Muszyński („Biskupi nie będą milczeć", Tygodnik Powszechny, 9. Oktober 2016). Dazu kann man auch die Mut machende Ausnahme – die Stellungnahme zur Flüchtlingsfrage rechnen (siehe http://episkopat.pl/tag/uchodzcy/ [aufgerufen am 01.10.2016]).

zu spüren. Zum anderen die innerliche Konsolidierung in kirchlichen Kreisen mit einer starken Tendenz zur Abgrenzung – das gilt vor allem für die römisch-katholische Kirche. Das Problem der römischen Katholiken scheinen die sinkenden Berufungen zu sein, aber ich glaube, das hat mehrere Gründe, etwa Zölibat und zurückgehende Attraktivität des Berufs für Jugendliche aus den Städten. Im Allgemeinen und nicht nur im kirchlichen Milieu kann man von Polarisierungstendenzen sprechen.

Längere Zeit nach der Wende haben viele gedacht und gehofft, dass die politischen und gesellschaftlichen Änderungen eher zu einer Ausdifferenzierung und offenen Gesellschaft führen würden. Die ideologische Gewalt des Nationalismus ist von den meisten Mitgliedern der Solidarność-Bewegung der 80er Jahre des letzten Jahrhunderts alles andere als gewollt.[11] Zur Zeit scheint es aber, als wiesen die gesellschaftlichen Vorgänge in eine andere Richtung: zum ethnischen Religionsstaat. Um es etwas näher zu schildern: Es gibt verblüffende Ähnlichkeiten zwischen dem römisch-katholisch geprägten Polen und der islamistisch geprägten Türkei.[12]

Wir polnische Protestanten sind ein (äußerst kleiner) Teil der polnischen konservativen Gesellschaft, und das bedeutet, dass unsere Gemeindeglieder auch oft die dominierenden Überzeugungen (z. B. nationalistische Überzeugungen, die Gleichgültigkeit gegenüber der Stellung der Frauen in der Gesellschaft und den Kirchen) teilen. Meine (selbst)kritische Vermutung lautet, dass wir Evangelischen in vielen Bereichen nicht anders als die Katholiken sind, nur haben wir keine Kraft, unsere Interessen und Überzeugungen durchzusetzen (obwohl ich mir nicht vorstellen kann, dass die evangelischen Kirchen z. B. für sexuelle Rechtsregelungen kämpfen würden).

4. Einige Bemerkungen zu Herausforderungen für die evangelischen Kirchen Polens

Eine wichtige *theologische Herausforderung* ist die Identitätsstiftung, nicht in Abgrenzung – was gedanklicher Abhängigkeit gleichkäme – von der römisch-katholischen Kirche. Das heißt ständige Erinnerung an die

---

[11] Dazu jüngst *Ireneusz Krzemiński:* „Fałszywe korzenie państwa PiS", Gazeta Wyborcza, 7. Oktober 2016.

[12] Das von *László L. Balogh:* Von der Wende zur Kehrtwende. Politische Transformationsprozesse in Zentral- und Osteuropa nach 1989, in dem genannten Aufsatz (i. d. H., S. 142–152) postulierte ideologische Vakuum scheint mir für Polen nicht zuzutreffen.

Grundprinzipien biblisch fundierten evangelischen Glaubens und Lehre und ihre Aktualisierung, was wiederum heißt, daraus Folgerungen für das Leben der Gläubigen, der Gemeinden und der postmodernen Gesellschaft zu ziehen. Dies ist nicht ohne eine angemessene Sprache, die der evangelischen Identität entspricht, zu erreichen. Ich kann sie mir nicht ohne die Freiheit in Christus aus dem Glauben vorstellen. Aus dieser Freiheit erwächst die Übernahme von Verantwortung für die Armen und Bedeutungslosen (unter anderem Diakonie, diakonische Arbeit in den Gemeinden), für die Umwelt und das Eintreten für die gerechte Verteilung der Lebensmittel im weiten Sinne, für die Gleichberechtigung der Frau und die Freiheit des Gewissens.

Damit verbunden sind die *Bildungsherausforderungen* und die *praktischen Herausforderungen* für Kirchen, Gemeinden und für den Religionsunterricht (Katechese). Wir sollten uns gemeinsam das Wichtige in unserem Glauben vergegenwärtigen, miteinander lernen und andere unterrichten. Ich meine damit den Mut des modernen und sozialoffenen Denkens. Die Minderheitskirchen sind zu klein, um die öffentliche Debatte zu gestalten, aber sie können versuchen, Zeichen zu setzen, einige Spuren zu hinterlassen (bei kontroversen Themen suchen sogar nicht-konservative Medien anderslautende Meinungen von Christen oder Kirchen). Dazu müssen die evangelischen Kirchen eine angemessene Sprache des Glaubens, die die eigene Glaubenserfahrung ausdrücken kann, lernen und pflegen. Diese Sprache ist unentbehrlich, um sich selbst (sic!) und andere gegen die dominierende konservativ-nationalistische, ja völkische Sprache zu verteidigen. Kurzum: die evangelischen Kirchen sind zu klein, um institutionell etwas bedeuten zu können, aber dennoch haben sie eine Sprache anzubieten, die die Freiheit zum Guten unterstützen kann.

Es gibt auch weitere *praktische Herausforderungen*. Die (Minderheits-) Kirchen sollten sich für eine offene, säkulare Zivilgesellschaft und für einen säkularen Staat einsetzen (wenigstens so lange nichts Besseres erfunden wird), die als einzige unsere Grundrechte und unsere Freiheit schützen können.[13] Eine Zusammenarbeit mit den staatlichen, säkularen

Wir haben es mit einer Kontinuität des Nationalismus zu tun, die schon vor der Wende von beiden Mächten – der römisch-katholischen Kirche und der kommunistischen Partei und Regierung propagiert wurde (obwohl beide ideologisch universal sein sollten). Die wirtschaftlichen und gesellschaftlichen Reformen wurden stark vom Neoliberalismus geprägt.

[13] Siehe auch *Tadeusz Bartoś:* „Spóźnione kazanie", Gazeta Wyborcza, 16.–17. Juli 2016.

Institutionen (des Staates und der Zivilgesellschaft) sollte als Muss betrachtet werden, und zwar um die öffentlichen Fragen – vor allem ethische und rechtliche, aber auch solche gerechter Ökonomie – mitbestimmen zu können. Ich wünsche mir, dass die Kirchen, wenn es nur möglich ist, ihre Stimme für die Armen und die sozial Vernachlässigten, für die Bedrückten und die Fremden – etwa für Flüchtlinge – und für die Umwelt erheben. Es geht mir wieder auch um die Sprache: die Sprache der Liebe und der Verantwortung für die Schwächeren.

Es gibt selbstverständlich auch Katholiken, die den politischen Druck der Kirche scharf kritisieren. Dies öffnet zusätzliche Möglichkeiten für eine ökumenische Zusammenarbeit. Kleine Minderheitskirchen sind auf die Zusammenarbeit mit anderen angewiesen. Es gilt unbegrenzt, dass das ökumenische Engagement in der theologischen Arbeit wie in der alltäglichen Tätigkeit nicht zu unterschätzen ist.[14] Jede(r), die (der) für die Gewissensfreiheit und die verantwortliche Freiheit plädiert, ist als Verbündete(r) anzunehmen.

Jakub Slawik

(Jakub Slawik ist Professor für Altes Testament und zur Zeit Dekan an der Christlichen Theologischen Akademie in Warschau, die eine staatliche ökumenische Hochschule ist, an der neben pädagogischen Studien sowohl evangelische, orthodoxe als auch altkatholische Theologie studiert werden kann.)

---

[14] Als Beispiel kann ich die gemeinsame Erklärung des Episkopats und des Polnischen Ökumenischen Rates in der Frage der Flüchtlinge nennen (http://episkopat.pl/przeslanie-kosciolow-w-polsce-w-sprawie-uchodzcow-2/ [aufgerufen am 01.10.2016]).

Kirche(n) in der Ukraine nach der Wende

Seit 1991 ist die Ukraine ein unabhängiger Staat, in dem mehrheitlich ethnische Ukrainer leben. Es gibt jedoch größere Gruppen russisch-, rumänisch-, ungarisch-, polnischstämmiger Bevölkerung. Das spielt eine Rolle, wenn man über *traditionelle* Religionen bzw. Konfessionen des Landes spricht.

Dazu muss man berücksichtigen, dass die Ukraine in ihren Grenzen seit 1939–1940 existiert. Fast 300 Jahre lang (seit 1654) gehörte früher der größere Teil der heutigen Ukraine zum Russischen Reich bzw. zur Sowjetunion. Kleinere Teile gehörten bis zum Zweiten Weltkrieg zu Polen, Ungarn und Rumänien. Das ist der Grund dafür, dass man heute die *„West-Ukraine"* als ein spezifisches Gebiet betrachten kann. Hier kann man *Galizien* als Sonderfall sehen, das sich von den zwei anderen westlichen Gebieten der Ukraine – Transkarpatien und Volyn' – deutlich unterscheidet. Daran sieht man, dass kulturelle und konfessionelle Unterschiede *geschichtlich* geprägt sind.

Ukrainer spielten eine wichtige Rolle in der Sowjetunion. Zum Beispiel waren die Staatschefs der Sowjetunion Nikita Chruschtschow und Leonid Breschnew ethnische Ukrainer. Das hatte zur Folge, dass die Ukrainer keine Unterdrückung erleben mussten, um zur Integration und Mitarbeit bereit zu sein. Nach dem Zweiten Weltkrieg gab es jedoch in der West-Ukraine eine Bewegung für Unabhängigkeit von der Sowjetunion, die häufig mit dem Namen von Stepan Bandera verbunden wird.

Diese politischen Fakten erklären die *Vielfältigkeit* der konfessionellen Landschaft der Ukraine. Vor allem muss man über liberale religiöse und konfessionelle Gesetze sprechen. Nach der religiösen Unterdrückung der Sowjetzeit gehört Religionsfreiheit zu den wichtigsten Werten der Ukraine. Schon 25 Jahre ist das liberale „Gesetz über Gewissenfreiheit und religiöse Organisationen" gültig.[1]

---

[1] Vgl. http://zakon5.rada.gov.ua/laws/show/987-12 (aufgerufen am 20.03.2017).

Dank dieser Freiheit existieren in der Ukraine seltene Freikirchen und Sekten.[2] Die *kleinsten Gruppen* sind die Anglikaner (2), Scientologen (3), Mennoniten (6) und Methodisten (7). Etwas größer sind Presbyterianer (62), Neuapostolische Kirche (57) und Mormonen (44). Es gibt auch Mitglieder anderer traditioneller *Weltreligionen* wie Juden (270), Muslime (229) und Buddhisten (58). Meistens sind sie jedoch unter sich zersplittert und bilden einige getrennte Gruppen innerhalb ihrer Religion.

In der Ukraine existieren *traditionelle Kirchen der Reformation* – lutherische und reformierte. Die Lutherische Kirche ist in zwei Strukturen präsent. Die erste heißt *Ukrainische lutherische Kirche* und hat 31 Gemeinden. Sie entstand im Jahre 1926 in Galizien aus den ehemaligen griechisch-katholischen und orthodoxen Priestern und Laien, die gegen Latinisierung der Gottesdienstsprache und gegen Verbot des byzantinischen Ritus gekämpft haben. Soviel ich weiß, ist diese die einzige lutherische Kirche der Welt, die ihre Gottesdienste im byzantinischen Ritus hält. Ihr einziges theologisches Seminar und damit Ideenzentrum befindet sich in der Stadt Ternopil, Westukraine.

Es gibt weiterhin die *Deutsche Evangelisch-lutherische Kirche der Ukraine*, die 30 Gemeinden in verschiedenen Städten der Ukraine verbindet. Geschichtlich ist sie vor allem mit den deutschen Kolonisten verbunden und hat ihr Zentrum in Odessa, Südukraine. Deutsche Kolonisten lobten in den Gebieten am Schwarzen Meer, nachdem sie in der Mitte des 18. Jahrhunderts vom Osmanischen Reich befreit wurden. Damals wurden die Deutschen hierher eingeladen und blieben jahrhundertelang hier. Mehrere von ihnen verließen die Ukraine nach der Wende und emigrierten nach Deutschland. Möglicherweise wachsen in dieser Kirche Spannungen und Konflikte wegen der politischen Situation und Beziehungen zu Russland in der jüngsten Zeit. Bis jetzt aber hat diese Krise nicht zu Änderungen in der Struktur geführt, was aber nicht ausschließt, dass das bald passiert.

In der Ukraine existiert auch die *Reformierte Kirche.* Die meisten Gemeinden (114 von 128) befinden sich in Transkarpatien, d. h. in dem Gebiet, das früher zu Ungarn gehörte. Im Gottesdienst wird dort sowohl Ukrainisch als auch Ungarisch gesprochen.

Diese traditionellen Richtungen der Reformation bilden jedoch keinen großen prozentualen Anteil der Konfessionen in der Ukraine. Die Gesamt-

---

[2] Vgl. dazu und zu weiteren statistischen Angaben: http://risu.org.ua/ua/index/resources/statistics/ukr2016/63055/ (aufgerufen am 20.03.2017).

zahl der religiösen Gemeinden in der Ukraine liegt bei über 34.000 (34.183 am 01.01.2016). Davon fallen unter 200 auf alle lutherischen und reformierten Gemeinden zusammen, was einen Anteil von 0,6 Prozent bedeutet.

Viel stärker sind neue Kirchen der Reformation präsent, die man zu den Freikirchen zählt: Baptisten (2.853), Pfingstler (2.624), Charismatiker (1.337), Adventisten (1.082) und Evangelische Freie Christen (349). Insgesamt zählen sie 8.245 Gemeinden, also über 24 Prozent aller religiösen Gemeinden der Ukraine.

Teilweise existieren sie auf dem Territorium der heutigen Ukraine seit dem 18.–19. Jahrhundert, erfuhren aber erst im letzten Vierteljahrhundert eine starke Verbreitung, also nach der Wende. Zu den wichtigen Gründen ihrer Verbreitung gehören aktive Mission und finanzielle Unterstützung seitens der Partnerkirchen in Westeuropa und besonders in den USA.

Es ist jedoch wichtig zu wissen, dass man in der Ukraine kaum feste kirchliche Mitgliedschaft kennt. Soziologische Umfragen zeigen eine deutlich andere Situation als die Zahl der Gemeinden. Für diese neuen protestantischen Kirchen bedeutet das konkret, dass sie mit 24 Prozent aller Gemeinden nur 2,4 Prozent der Bevölkerung erfassen, dass also die Zahl zehnmal geringer ist.[3] Sie sind jedoch meistens gut organisiert und jedes erwachsene Mitglied kennt die Grundlagen seiner konfessionellen Lehre im Durchschnitt deutlich besser als die orthodoxen oder katholischen Christen.

Teilweise gibt es auch Doppelidentifikationen, wenn ein Mensch sich formell zu der Orthodoxen Kirche als der kulturell traditionellen Kirche bekennt, aber gleichzeitig gerne Gottesdienste in den Gemeinden der charismatischen Richtung besucht. Ein bekannter Fall war die Aktivität von Sunday Adelaja, einem Missionar nigerischer Herkunft, der die charismatische Gemeinde „Embassy of God" gründete. Zu Mitgliedern dieser Gemeinde gehörte auch Leonid Tschernowezkyj, der sechs Jahre lang (2006–2012) Bürgermeister von Kiew war.

Kulturell traditionell und ziemlich verbreitet sind drei orthodoxe Kirchen und zwei griechisch-katholische Kirchen. Manchmal nennt man diese „Kirchen der Wolodymyrs Taufe". Damit ist die Bevölkerungstaufe im Jahre 988 gemeint, als die damals heidnische Bevölkerung unter dem Druck seitens des Fürsten Wolodymyr den christlichen Glauben übernommen hat.

---

[3] Viel Statistik ist hier zu finden: https://uk.wikipedia.org/wiki/Релігія_в_Україні (aufgerufen am 20.03.2017).

Die *Ukrainische Griechisch-katholische Kirche* ist vor allem in der Westukraine verbreitet. Hier stellen ihre Gläubigen fast 30 Prozent der Bevölkerung, während in anderen Teilen der Ukraine die Zahl unter 0,5 Prozent liegt.[4] Das Zentrum dieser Kirche liegt in Galizien, wo ihre Gemeinden ungefähr 50 Prozent aller religiösen Gemeinden der Region bilden. Dazu kommt auch die *Griechisch-Katholische Kirche in Transkarpatien* mit 22 Prozent der religiösen Gemeinden der Region.

Allgemein kann man sagen, dass die griechisch-katholische Kirche eine dynamische Mission in der ukrainischen Gesellschaft durchführt. In der Zeit zwischen 1946 und 1989 wurde sie verboten und unterdrückt, jetzt genießt sie ihre Blütezeit. Unter anderem ist ihre „Ukrainische Katholische Universität" in Lemberg weit bekannt. Heutzutage wird Position und Meinung der führenden Personen der Ukrainischen Griechisch-Katholischen Kirche in der Gesellschaft hochgeschätzt.

Die Situation in der Orthodoxen Kirche der Ukraine ist schwieriger zu beschreiben. Vor allem muss man eine Spaltung (Schisma) erwähnen, die meistens mit ideologischen und geopolitischen Fragen zu tun hat.

Die *Ukrainische Orthodoxe Kirche (UOK),* zu der auch ich gehöre, stellt die größte religiöse Institution des Landes dar. Heutzutage bildet sie mit ihren 12.334 Gemeinden über ein Drittel aller religiösen Gemeinden des Landes. Über 20 Jahre, von 1992 bis 2014, wurde sie vom Metropoliten Volodymyr (Sabodan) geleitet und hatte ein stabiles positives Image in der Gesellschaft. Sie ist ziemlich gleichmäßig in der ganzen Ukraine verbreitet. Von der Gemeindezahl her war sie und bleibt sie die größte Konfession in 23 von 26 Gebieten des Landes (außer Galizien). In den jüngsten zwei Jahren wird sie jedoch für ihre Verbindung zu ihrem kanonischen Zentrum in Moskau stark kritisiert. Das hat direkt mit dem Konflikt um die Krim und in der Ostukraine zu tun, der von den meisten Menschen als eine Einmischung Russlands gesehen wird. Aus dieser Perspektive wird die Ukrainische Orthodoxe Kirche als Anhängerin der Ideologie der „Russischen Welt" (Russkij mir) kritisiert.

---

[4]   Als eine aktuelle soziologische Umfrage siehe: Religion und Kirche in ukrainischer Gesellschaft: soziologische Forschung; in: Religion, Kirche, Gesellschaft und Staat: zwei Jahre nach Majdan, Kiew 2016, 22–44 (auf Ukrainisch). Die soziologischen Daten und die Analyse wurden hier gemeinsam von dem Razumkow-Zentrum und der Konrad-Adenauer-Stiftung in der Ukraine erarbeitet.

M. E. ist das eine falsche Einschätzung, die zurzeit intensiv durch ukrainische Massenmedien propagiert wird. Es geht jedoch eher um ein lokales Heimatgefühl, wenn Vertreter der Ost- und Südukraine sich in ein Gegenüber westukrainischer Werte stellen und so ihre eigene Identität verteidigen. Hier sind historische, kulturelle und sprachliche Unterschiede zu beachten.

Der Hauptkonkurrent dieser Kirche ist die so genannte *Ukrainische Orthodoxe Kirche – Kiewer Patriarchat.* Ihre Gemeindezahl liegt bei 4.921, also 2,5-mal weniger als die UOK. Trotzdem wird sie in den jüngsten Jahren vom Staat und von mehreren Politikern aktiv unterstützt als ideologischer Partner im Kampf gegen den russischen Einfluss. Ihr Oberhaupt Patriarch Filaret ist seit über 50 Jahren Metropolit von Kiew. Dieses Jubiläum wurde groß gefeiert,[5] ohne dass dabei deutlich wahrgenommen wurde, wie unterschiedlich die Phasen der letzten 50 Jahre für die Kirche in der Ukraine waren. Filaret kam in den schwierigen Jahren der atheistischen Verfolgung ins Amt, als der KGB alle Sphären der Gesellschaft stark kontrollierte. Er verspottete die ukrainische Sprache und Kultur am Ende der Sowjetzeit, als die ukrainische Nationalbewegung ihre ersten Schritte machte. Jetzt wie auch früher dient er als treuer Verbündeter der säkularen staatlichen Macht, egal welche Politik sie in dieser Zeit führt.

Es stellt sich nun die wichtige Frage, inwieweit die christliche Kirche von irdischen Mächten abhängig sein darf und wie weit sie mit Kompromissen gehen kann. M. E. ist es gerechtfertigt, vom „postkolonialen Syndrom" zu sprechen. Das „Kiewer Patriarchat" kritisiert die UOK dafür, dass sie sich der Ideologie des Nachbarstaates anschlösse, bedient aber selbst die Interessen des ukrainischen Staates. In beiden Fällen spielt die Kirche eine untergeordnete Rolle gegenüber der staatlichen Macht.

Es ist jedoch wichtig zu wissen, dass die ukrainische Gesellschaft in den Jahren 2013–2014 eine sogenannte "revolution of dignity" erlebte. Eine der Folgen war die Verstärkung der Zivilgesellschaft, die zum wichtigen Subjekt und Akteur des sozialen Lebens in der Ukraine wurde. Die Kirche in ihrer irdischen Hypostase soll m. E. ihre aktive Rolle erfüllen.

Außerdem muss man daran erinnern, dass die Kirche von eigener Art ist und damit über den Rahmen der ideologischen Stütze des Staates hinausragt. Dafür sind für mich die Worte Jesu aus dem Johannesevangelium

---

[5] Vgl. die Festrede des Präsidenten Poroschenko: www.president.gov.ua/news/vistup-prezidenta-ukrayini-na-urochistostyah-iz-nagodi-50-ri-37089 (aufgerufen am 20.03.2017).

von Bedeutung: „Mein Reich ist nicht von dieser Welt." Dazu bemerkte er weiter: „Du sagst es, ich bin ein König. Ich bin dazu geboren und in die Welt gekommen, dass ich für die Wahrheit zeugen soll. Wer aus der Wahrheit ist, der hört meine Stimme" (Joh 18,36–37).

Dieses Zeugnis der christlichen Wahrheit sollte m.E. die wichtigste Aufgabe jeder christlichen Kirche sein und bleiben.

Sergii Bortnyk

(Sergii Bortnyk, Dr. theol., ist seit 2014 Dozent an der Kiewer Theologischen Akademie in der Ukraine.)

In memoriam

Günther Gaßmann (1931–2017)

Die Ökumenische Rundschau trauert um Günther Gaßmann, der von 1977–1995 einer ihrer Mitherausgeber war. Mit ihm verließ uns vermutlich einer der letzten Ökumeniker, die bis zur Pensionierung weder mit Hilfe eines Computers noch mit Hilfe von sozialen Medien gearbeitet haben, sondern für die der Kern der ökumenischen Arbeit in direkten Begegnungen und persönlichen theologischen Diskussionen bestand.

1931 wurde er in Bad Frankenhausen in Thüringen geboren. Wie er selbst erzählte, kam er durch einen Pfarrer schon in jungen Jahren mit der ökumenischen Bewegung in Berührung.[1] Aber den eigentlichen Anstoß für seine spätere Karriere in der Ökumene erhielt er vor allem ab 1951 während seines Theologiestudiums an der Universität Heidelberg durch den lutherischen Theologen Edmund Schlink, der 1946 das erste ökumenische Universitätsinstitut in Deutschland gegründet hatte. Außerdem verbrachte Gaßmann ein Studienjahr in Oxford und schrieb dann bei Schlink seine Doktorarbeit zum Thema „Das historische Bischofsamt und die Einheit der Kirche in der neueren anglikanischen Theologie".[2] Ordiniert wurde er schließlich in Hamburg (damals „Evangelische Kirche im Hamburgischen Staate") und leitete in den 1960er Jahren für 10 Jahre das mit dem Institut verbundene Ökumenische Wohnheim für Studierende in Heidelberg.

Seine weitere berufliche Karriere brachte ihn zunächst von 1969 bis 1976 als Forschungsprofessor an das Ökumenische Institut des Lutherischen Weltbundes in Straßburg. Von dort ging er für einige Jahre zurück nach Deutschland als Präsident des Kirchenamtes der VELKD in Hannover und wurde dann 1982 für kurze Zeit Assoziierter Direktor der Studienabteilung des Lutherischen Weltbundes in Genf, bevor er schließlich im Jahre 1984 zum Direktor der Kommission für Glauben und Kirchenverfassung

---

[1] Vgl. „Interview mit Günther Gaßmann"; in: Una Sancta 66 (2011), 327 f.

[2] *Günther Gaßmann:* Das historische Bischofsamt und die Einheit der Kirche in der neueren anglikanischen Theologie (Forschungen zur systematischen und ökumenischen Theologie, 15), Göttingen 1964.

des Ökumenischen Rates der Kirchen berufen wurde, was er bis zum Eintritt in den Ruhestand 1994 blieb.

Seine Verantwortung für die Kommission für Glauben und Kirchenverfassung fiel in die Periode nach der Veröffentlichung des ersten Konvergenzdokumentes zu den Themen „Taufe, Eucharistie und Amt" (auch bekannt als „Lima-Dokument"), als die offiziellen Antworten der Kirchen auf diesen Text gesammelt und ausgewertet wurden. Unter seiner Leitung führte Glauben und Kirchenverfassung aber auch Studien über den Apostolischen Glauben[3] und zum Thema „Kirche und Welt"[4] durch und begann einen Studienprozess zu „Ekklesiologie und Ethik" zusammen mit der ÖRK-Abteilung zu „Gerechtigkeit, Frieden und die Bewahrung der Schöpfung". Zu Gaßmanns Verantwortung gehörte auch die regelmäßige Durchführung des sogenannten „Bilateralen Forums", auf dem sich bis heute die christlichen Weltgemeinschaften über die Ergebnisse der verschiedenen bilateralen Dialoge austauschen und über deren Konsequenzen diskutieren, sowie die Mitarbeit in der Gemeinsamen Arbeitsgruppe des ÖRK mit der römisch-katholischen Kirche.

Er bezeichnete es als eine „beglückende Erfahrung, dass während meiner Lebens- und Berufszeit kaum vorher erwartete tiefgreifende Veränderungen in den Beziehungen der Kirchen verwirklicht wurden und dass ich beteiligter Zeuge dieser Veränderungen sein konnte",[5] Günther Gaßmann hatte immer ein besonderes Interesse an den Beziehungen zwischen Protestanten und der römisch-katholischen Kirche wie auch an den Beziehungen zwischen Lutheranern und Anglikanern. Seine besondere Leidenschaft waren die Bemühungen um theologische Konvergenz in den ökumenischen Gesprächen, und er ließ es sich nie nehmen, so genau wie möglich an den Formulierungen in offiziell erarbeiteten Texten zu feilen. Dabei waren für ihn der multilaterale Dialog und die verschiedenen bilateralen Dialoge aufeinander bezogen. Daher war ihm auch die regelmäßige Einberufung des sogenannten Forums zu den bilateralen Dialogen ein Anliegen, das unter der Ägide von Glauben und Kirchenverfassung eine Plattform für

---

[3]   *Kommission für Glauben und Kirchenverfassung:* Gemeinsam den einen Glauben bekennen. Eine ökumenische Auslegung des apostolischen Glaubens, wie er im Glaubensbekenntnis von Nizäa-Konstantinopel (281) bekannt wird, Studiendokument 140, Frankfurt a. M./Paderborn 1991.

[4]   *Kommission für Glauben und Kirchenverfassung:* Kirche und Welt. Die Einheit der Kirche und die Erneuerung der menschlichen Gemeinschaft, Studiendokument 151, Frankfurt a. M. 1991.

[5]   „Interview", a. a. O.

die christlichen Weltgemeinschaften ermöglichte, um die Ergebnisse verschiedener bilateraler Dialoge in den größeren Rahmen der Gesamtheit von bilateralen und multilateralen Dialogen zu stellen.

Gewissermaßen der Höhepunkt seines Wirkens war die Planung und Durchführung der fünften Weltkonferenz für Glauben und Kirchenverfassung 1993 in Santiago de Compostela mit dem Motto „Koinonia im Glauben, Leben und Zeugnis", die in vieler Hinsicht seine Handschrift trug.[6] Bevor er dann im darauf folgenden Jahr in den Ruhestand ging, brachte er noch eine Studie zur Ekklesiologie auf den Weg, die ihm auch danach ein Anliegen blieb und die dann 2013 in der Veröffentlichung eines weiteren Konvergenztextes von Glauben und Kirchenverfassung resultierte mit dem Titel „Die Kirche: Auf dem Weg zu einer gemeinsamen Vision"[7].

Auch im Ruhestand, den er mit seiner Frau Ulla in Tutzing verbrachte, war Gaßmann noch theologisch tätig. Er unterrichtete als Gastprofessor in Gettysburg und Bratislava, sowie in Yale, Dorpat, Tallinn und Riga, Sao Leopoldo (Brasilien), Rostock und Rom. Außerdem publizierte er noch einiges zur lutherischen Theologie, u. a. ein „Historical Dictionary of Lutheranism"[8] sowie eine englischsprachige Einführung in die lutherischen Bekenntnisschriften[9] (beides gemeinsam mit Duane Larson und Mark W. Oldenburg).

Eigentlich war Günther Gaßmann kein typischer Konferenz-Ökumeniker. Er hat selbst einmal geäußert, dass er kein Fan großer Versammlungen sei, aber er hatte eine Passion für die Einheit der Kirche und ein großes Geschick, das manchmal schwierige Ringen um die Wahrheit zwischen profilierten Theologen verschiedener Konfessionen zu moderieren. Gleichzeitig war es ihm immer ein Anliegen, die jüngere Generation für die Ökumene zu gewinnen. Ebenso achtete er darauf, dass auch Frauen in der vor allem zu seiner Zeit noch starken Männerdomäne der ökumenischen Dialoge ihre Rolle bekamen.

---

[6] Vgl. *Günther Gaßmann/Dagmar Heller* (Hg.): Santiago de Compostela 1993. Fünfte Weltkonferenz für Glauben und Kirchenverfassung 3. bis 14. August 1993. Berichte, Referate, Dokumente, (Beiheft zur Ökumenischen Rundschau Nr. 67), Frankfurt a. M. 1994.

[7] *Kommission für Glauben und Kirchenverfassung:* Die Kirche: Auf dem Weg zu einer gemeinsamen Vision, Studiendokument 214, Gütersloh/Paderborn 2014.

[8] *Günther Gaßmann* mit *Duane Larson* und *Mark W. Oldenburg:* Historical Dictionary of Lutheranism, Scarecrow Press, 2001.

[9] *Günther Gaßmann* und *Scott H. Hendrix:* Fortress Introduction to the Lutheran Confessions, Fortress Press, 1999.

Gaßmann war nicht nur akademischer Theologe, sondern hatte auch eine seelsorgerliche Ader. An all seinen verschiedenen Wohnorten während seines erwachsenen Lebens half er auch in der jeweiligen Kirchengemeinde mit der Leitung von Gottesdiensten aus und gab jüngeren Kollegen wertvolle Ratschläge. Er war bekannt für seinen Humor und seine Begabung, andere Menschen musikalisch oder mit Geschichten zu unterhalten. In seinen Gottesdiensten wurde viel gelacht.

Nicht von ungefähr steht auf der Traueranzeige seiner Familie anlässlich seines Todes am 11. Januar 2017 als „Lebensmotto" der Vers aus dem 17. Kapitel des Johannesevangeliums „dass sie alle eins seien". Mit seinem Tod verliert nicht nur die ökumenische Bewegung einen großen Theologen und Ökumeniker, sondern die Weltkirche einen Pastor, der trotz seiner tiefen Verwurzelung in der lutherischen Tradition ein Brückenbauer war – zwischen den Konfessionen, zwischen den Generationen und zwischen den Geschlechtern.

Dagmar Heller

(Pfarrerin Dr. Dagmar Heller ist Dozentin für Ökumenische Theologie und Studiendekanin am Ökumenischen Institut Bossey sowie Studienreferentin für Glauben und Kirchenverfassung beim Ökumenischen Rat der Kirchen.)

Im Jahre 2005 setzten die *Altkatholischen Kirchen der Utrechter Union und die Kirche von Schweden* eine Dialogkommission ein, die 2013 ihren Schlussbericht vorlegte: *"Utrecht and Uppsala on the way to communion"* (die englische Originalfassung ist im Internet abrufbar, eine überarbeitete deutsche Übersetzung ist derzeit in Vorbereitung, sie werden beide in einem Beiheft zur IKZ erscheinen). Darin wurde nicht nur auf die Geschichte, die kennzeichnenden Aspekte und die gegenwärtigen Probleme der jeweiligen Kirchen eingegangen, sondern auch eine vergleichende Beschreibung der Übereinstimmungen und Unterschiede der theologischen und spezifischen ekklesiologischen Standpunkte gegeben. Der Bericht enthält daher nach einer Einleitung (Kapitel 1 und 2) die Beschreibung jeder der beiden Kirchen (Kapitel 3 und 4), eine gemeinsame Sicht der Kirche als Geschenk der Anwesenheit Gottes in der Welt (Kapitel 5) sowie weiter zu besprechende Themen und Empfehlungen (Kapitel 6 und 7). Die erreichte Übereinstimmung führte zur Empfehlung an die betroffenen Kirchenleitungen, förmlich die vollständige Gemeinschaft festzustellen und sie feierlich zu bestätigen. Nachdem beide Kirchen ihre entsprechenden innerkirchlichen Konsultationsprozesse vollzogen hatten, nahmen beide den Schlussbericht an. In der Eucharistiefeier am Schluss der Generalsynode der Kirche von Schweden in Uppsala unterzeichneten am 23. November 2016 die Erzbischöfin von Uppsala, Antje Jackelén, und der Erzbischof von Utrecht, Joris Vercammen, *eine Vereinbarung*. Eine weitere *feierliche Bestätigung* wird Mitte Januar 2018 in der alt-katholischen St. Gertrudiskathedrale Utrecht (Niederlande) *im Rahmen einer Eucharistiefeier*, bei der die Erzbischöfin von Uppsala anwesend sein wird, geschehen. Vgl. http://www.utrechter-union.org/pagina/397/die_kirche_von_schweden.

Bei dem Besuch einer ÖRK-Delegation von Kirchenleitenden vom 20. bis 24. Januar im Irak stand die *Zukunft schutzbedürftiger Menschen der irakischen Gesellschaft* nach der erwarteten militärischen Niederlage des sogenannten „Islamischen Staates" (IS) im Zentrum. Die Delegation rief internationale Geber dringlich dazu auf, die Bemühungen zur Sicherung, Stabilisierung und zum Wiederaufbau betroffener Gemeinschaften und Gesellschaften zu unterstützen. Die ÖRK-Delegation begrüßte die *Verpflichtung von politischen Leitenden* in Bagdad und Erbil, die kulturelle, ethnische und religiöse Vielfalt des Landes zu schützen.

Baden-Württemberg hat als fünftes Bundesland nach Bayern, Hessen, Niedersachsen und Nordrhein-Westfalen orthodoxen *Religionsunterricht* als ordentliches Lehrfach an Regelschulen eingeführt. Der *Erlass zur Orthodoxen Religionslehre* wurde zum Jahresbeginn in Kraft gesetzt und wird jetzt in den entsprechenden Medien veröffentlicht.

Der Ökumenische Rat der Kirchen (ÖRK) hatte für die Woche vom 20. bis 27. Februar eine *Tagung der Referenzgruppe des Pilgerwegs der Gerechtigkeit und des Friedens in Nigeria* einberufen. Ziel der Tagung war eine Situationsbestimmung, wie sich der Pilgerweg entwickelt, und die Sammlung von Vorschlägen für verschiedene Initiativen und Aktivitäten mit speziellem Fokus auf Afrika in diesem Jahr. Höhepunkte des Pilgerwegs im letzten Jahr waren die Broschüre „Einladung zum Pilgerweg der Gerechtigkeit und des Friedens", die Planung der Serie regionaler Publikationen und Bibelarbeiten und die Arbeit an der anstehenden Neuauflage des beliebten ökumenischen Fürbittkalenders des ÖRK unter dem Titel „*Pilgergebet*". Inspiriert durch den letztjährigen Schwerpunkt auf dem Heiligen Land wurde ein Text mit dem Titel „*Pilgerweg der Gerechtigkeit und des Friedens im Heiligen Land*" für Kirchen entwickelt, die eine solche Pilgerreise organisieren wollen, welche wiederum das Bewusstsein für die Mitgliedskirchen im Nahen Osten aufrechterhält.

Sieben Wochen im Zeichen des Wassers (1. März bis 16. April):

Das Ökumenische Wassernetzwerk lud ein, die Fastenzeit zu nutzen, um sich zu überlegen, wie die Menschen bessere Haushalterinnen und Haushalter von Gottes Schöpfung sein und Gottes Liebe in ihrer Beziehung zu ihren Mitmenschen leben können. Seit 2008 stellt das ÖWN in der Fastenzeit wöchentliche Bibelbetrachtungen und andere Ressourcen zum Thema Wasser bereit.

Die *Orthodoxe Bischofskonferenz in Deutschland* (OBKD) hat auf ihrer Frühjahrsvollversammlung in München (5.–7. März) die *freundschaftlichen Beziehungen zu den Protestanten in Deutschland* bekräftigt. In einem Schreiben an den EKD-Ratsvorsitzenden Heinrich Bedford-Strohm betonte der OBKD-Vorsitzende, Metropolit Augoustinos, das Reformationsjubiläum sei ein „willkommener Anlass", auf fünf Jahrhunderte wechselseitiger Beziehungen zurückzublicken. Dankbar hätten die Bischöfe zur Kenntnis genommen, dass es bei dem Jubiläum nicht um die Glorifizierung Martin Luthers oder anderer Gestalten der Reformationszeit gehen solle, sondern um ein *Christusfest*. In seinem *Dankschreiben* betonte Bedford-Strohm die Verbundenheit der EKD und der Orthodoxen Kirche.

Mit dem liturgischen Friedensgruß und der Selbstverpflichtung, „*weitere Schritte auf dem Weg zur sichtbaren Einheit der Kirchen zu gehen*", ist am 11. März in Hildesheim der zentrale Buß- und Versöh-

286 nungsgottesdienst der Kirchen in Deutschland zu Ende gegangen. Der Vorsitzende der katholischen Deutschen Bischofskonferenz, Kardinal Reinhard Marx, und der Ratsvorsitzende der EKD, Landesbischof Heinrich Bedford-Strohm, sprachen von einem „Tag der Freude und der Hoffnung". Die Feier in der Sankt-Michaelis-Kirche, der zweitältesten sogenannten Simultankirche in Deutschland, stand am Ende eines *mehrjährigen Prozesses der „Heilung der Erinnerung"*. Bereits im vergangenen Herbst hatten die beiden Kirchen dazu eine gemeinsame Erklärung mit dem Titel *„Erinnerung heilen – Jesus Christus bezeugen"* vorgelegt – ein Basistext für die gemeinsame Feier des Reformationsgedenkens in diesem Jahr.

Das Johann-Adam-Möhler-Institut für Ökumenik (Paderborn) und das Konfessionskundliche Institut (Bensheim) luden zur *61. Europäischen Tagung für Konfessionskunde* über die *„Perspektiven des Glaubens"* vom 16.–18. März in Ludwigshafen ein. Die Tagung beschäftigte sich in ökumenischer Perspektive mit der Frage nach Glauben, untersuchte sie in biblischer und historischer wie systematischer Hinsicht und versuchte, für die Gegenwart zu ergründen, wie sich der christliche Glaube heute relevant aussagen lässt, und dabei auch den Differenzen im Glaubensverständnis auf den Grund zu gehen.

Im Rahmen ihrer Mitgliederver*sammlung erinnerte die Arbeitsge**meinschaft Christlicher Kirchen in Deutschland* auf ihrer Tagung am 29. und 30. März mit einem feierlichen Gottesdienst im Dom zu Magdeburg an die *gegenseitige Anerkennung der Taufe*. Sie wurde vor zehn Jahren von elf Mitgliedskirchen der ACK in Magdeburg unterzeichnet. Außerdem diskutierten die 50 Delegierten mit den Beauftragten der Kirchen bei der Bundesregierung über Religion im öffentlichen Raum.

Das 500. Reformationsjubiläum wird von großen Ausstellungen begleitet. Am 12. April wird die Schau *„Der Luthereffekt. 500 Jahre Protestantismus"* im Berliner Gropius Bau eröffnet. Hier wird der Protestantismus von Luther ausgehend als eine globale Bewegung gezeigt. Dabei kommen auch andere Reformatoren wie Hus oder Zwingli und andere Länder wie die USA, Korea und Tansania in den Blick. Auf der *Wartburg bei Eisenach* beleuchtet die Ausstellung *„Luther und die Deutschen"* ab dem 4. Mai, wie Luther und das Luthertum Deutschland beeinflussten, aber auch, wie jede Epoche ein eigenes Luther-Bild entwarf. Um die Person des Reformators geht es schließlich in *„Luther! 95 Schätze – 95 Menschen"* ab 13. Mai im Wittenberger Augusteum. Vorgestellt werden zudem 95 Männer und Frauen aus aller Welt und ihre sehr persönliche Beziehung zu Luther – von Astrid Lindgren über Goethe bis hin zu Steve Jobs. Die Sonderausstellungen sind der Beitrag der staatlichen Träger des Lutherjahres 2017. Andere Perspektiven auf Luther und seine Ideen sind in den Kunstmuseen zu erleben: Welche Rolle Lucas Cranach d. Ä. bei der Verbreitung der Reformation im 16. Jahrhundert spielte, soll im Museum Kunstpalast in Düsseldorf unter dem Titel *„Meister – Marke – Moderne"* sichtbar werden (ab 8. April). Unter dem Stichwort „Luther und die Avantgarde" wird in drei Städten – Berlin, Kassel und Wittenberg – zeitgenössische Kunst zu den Themen Freiheit, Individualität und Religion präsentiert, u. a. mit Werken von Anselm Kiefer und Günther Uecker (ab 18. Mai).

Der 25-köpfige *Exekutivausschuss des Ökumenischen Rates der Kirchen* tagt zweimal im Jahr, um die Aufsicht über die laufende Arbeit und den Haushalt auszuüben, und sich mit Angelegenheiten zu befassen, die der Zentralausschuss an ihn überwiesen hat. Den Vorsitz dieses Leitungsgremiums, dessen Mitglieder Kirchen aus allen Regionen der Welt vertreten, hat Dr. Agnes Abuom inne. Die nächste Tagung ist vom 5.–10. Juni in Bossey (Schweiz).

Die *26. Generalversammlung der Weltgemeinschaft Reformierter Kirchen* (WGRK) vom 29. Juni bis 7. Juli in Leipzig steht unter dem Motto *Lebendiger Gott, erneure und verwandle uns.* Es spiegelt nicht nur die Tradition der WGRK wider, sondern stellt den Gott des Lebens in den Mittelpunkt der Vollversammlung und fordert die Teilnehmerinnen und Teilnehmer dazu heraus, sich selbst und die Kirche zu erneuern, damit die Welt verwandelt werden kann.

Zu einem großen *Ökumenischen Fest* laden die beiden großen Kirchen anlässlich des Reformationsgedenkjahrs am 16. September nach Bochum ein. Unter dem Leitwort *„Wie im Himmel, so auf Erden"* wollen die Deutsche Bischofskonferenz, die Evangelische Kirche in Deutschland (EKD), der Deutsche Evangelische Kirchentag (DEKT) und das Zentralkomitee der deutschen Katholiken (ZdK) ein Zeichen der Verbundenheit setzen und ihre gemeinsame Verantwortung für die Gesellschaft bekunden.

Vom 6.–9. Dezember findet in der Universität Osnabrück der Ökumenische Kongress *„Frauen in kirchlichen Ämtern. Reformbewegungen in der Ökumene"* statt. Der Kongress wird vorbereitet von Margit Eckholt, Universität Osnabrück, Ulrike Link-Wieczorek, Universität Oldenburg, Dorothea Sattler, Universität Münster, und Andrea Strübind, Universität Oldenburg. Die Eröffnungsvorträge mit einem systematisch-theologischen und kirchlich-pastoralen Zugang halten Eva-Maria Faber, Professorin für Dogmatik und Fundamentaltheologie an der Theologischen Hochschule Chur (Schweiz) und Bischof Franz Josef Bode, Bistum Osnabrück.

Von Personen

Stanley Noffsinger, ist seit September 2016 neuer Direktor des Amtes des Generalsekretariats. Von 2003 bis 2016 diente Noffsinger als Generalsekretär oder Chief Executive Officer für die Kirche der Brüder (Church of the Brethren).

Benjamin Simon, bis Ende August 2016 landeskirchlicher Beauftragter für Mission und Ökumene der Evangelischen Kirche in Baden, ist ab 1. September 2016 Inhaber eines Stiftungslehrstuhl für Ökumenewissenschaften und Interkulturelle Theologie am Ökumenischen Institut Château de Bossey. Hinzu kommen Planung und Durchführung der „Interreligious Summerschool", an der Studierende aus jüdischen, christlichen und muslimischen Kontexten teilnehmen.

Georges Lemopoulos, stellvertretender Generalsekretär des ÖRK, wurde am 26. Januar nach 30 Jahren Dienst im ÖRK und in der ökumenischen Bewegung mit einer Feier in den Ruhestand verabschiedet. Er gehört dem Ökumenischen Patriarchat von Konstantinopel an. Im Jahre 1987 wurde Lemopoulos nach zwölf Jahren im Orthodoxen Zentrum in Chambésy, Schweiz, Mitarbeiter der Kommission für Weltmission und Evangelisation des Ökumenischen Rates der Kirchen als Sekretär für orthodoxe Studien und Beziehungen. 1999 wurde er zum stellvertretenden ÖRK-Generalsekretär ernannt.

Ani Ghazaryan Drissi ist seit Januar 2017 Programmleiterin der Kommission für Glauben und Kirchenverfassung des Ökumenischen Rates der Kirchen (ÖRK).

Harald Rückert, Pastor der Evangelisch-methodistischen Kirche (EmK), ist am 15. März von der Zentralkonferenz der Evangelisch-methodistischen Kirche zum neuen Bischof der EmK als Nachfolgerin von Rosemarie Wenner gewählt worden. Rückert wirkte lange Jahre als Vorstandsmitglied der ACK in Baden-Württemberg, zudem ist er gegenwärtig als Mitglied im Lenkungsausschuss des Projektes „Weißt du, wer ich bin?" ein wichtiger Berater der ACK-Arbeit. Er wird am 19. März in Hamburg in sein Amt eingeführt und am 12. Mai die Amtsgeschäfte übernehmen.

Rosemarie Wenner, bisher Bischöfin der Evangelisch-methodistischen Kirche, ist am 18. März mit einem großen Dankfest der Mitglieder der Zentralkonferenz zusammen mit Gästen aus der Ökumene und mit methodistischen Gesandten aus Europa und den USA in den Ruhestand verabschiedet worden.

In der ACK Bremen hat der übliche Wechsel im Vorsitz stattgefunden; neue Vorsitzende ist *Elaine Rudolphi,* pastorale Mitarbeiterin der römisch-katholischen Kirche in Bremen. Die bisherige Vorsitzende war *Susanne Kayser,* Pastorin der Bremischen Evangelischen Kirche.

Ellen Ueberschär, Generalsekretärin des Deutschen Evangelischen Kirchentages, wird nach dem Kirchentag 2017 in Berlin und Wittenberg in den Vorstand der Heinrich-Böll-Stiftung wechseln. Sie tritt ab 1. Juli die Nachfolge von *Ralf Fücks* an, der in den Ruhestand geht, und teilt sich den Stiftungsvorsitz mit *Barbara Unmüßig,* die sich zur Wiederwahl gestellt hatte.

Julia Helmke wird zum 1. Juli als Nachfolgerin von *Ellen Ueberschär* neue Generalsekretärin des Deutschen Evangelischen Kirchentages (DEKT). Zuletzt arbeitete Helmke seit 2015 als Referatsleiterin für gesellschaftspolitische Grundsatzfragen im Bundespräsidialamt und war hier für die Auftritte des Bundespräsidenten bei Kirchen- und Katholikentagen zuständig, aber auch für die Bereiche Literatur und Film, Kirchen und Religionsgemeinschaften, Gedenken und Engagementpolitik. Die promovierte Pfarrerin stammt aus der bayerischen Landeskirche. Sie ist ausgebildete geistliche Begleiterin, ehrenamtlich engagiert in der evangelischen Filmarbeit und lehrt als Honorarprofessorin für Christliche Publizistik in Erlangen.

Helmut Dieser, seit November 2016 als Nachfolger von *Heinrich Mussinghoff,* neuer Bischof des Bistums Aachen, hat zu verstärkten ökumenischen Bemühungen gemahnt. Die Kirche sei nur glaubwürdig, „wenn wir immer mehr lernen, mit einer Stimme zu sprechen".

Es vollendeten

das 70. Lebensjahr:

Joachim Vobbe, Bischof i.R. des Katholischen Bistums der Alt-Katholiken in Deutschland (1995–2010), am 5. Januar;

das 75. Lebensjahr:

Irmgard Schwätzer, frühere Bundesministerin für Raumordnung, Bauwesen und Städtebau, seit November 2013 Präses der Synode der Evangelischen Kirche in Deutschland, am 5. April;

das 80. Lebensjahr:

Ako Haarbeck, früherer Landessuperintendent (1980–1996) der Lippischen Landeskirche, von 1985–1994 Mitglied des Rates der Evangelischen Kirche in Deutschland (EKD), von 1987–1999 Vorsitzender der Deutschen Bibelgesellschaft, am 20. Januar;

Claus-Jürgen Roepke, von 1997 bis zu seinem Ruhestand 2001 Mitglied des Rates der EKD, sowie Delegierter der Arbeitsgemeinschaft Christlicher Kirchen in Deutschland und Mitglied der Kommission der EKD für den Dialog mit der Russisch-Orthodoxen Kirche, am 23. Januar;

das 85. Lebensjahr:

Otto von Campenhausen, ehemaliger Präsident des Kirchenamtes der EKD (1989–1997), dessen Amtszeit geprägt war von der Vereinigung der evangelischen Landeskirchen in Ost- und Westdeutschland, am 7. Februar;

das 90. Lebensjahr:

Werner Leich, Landesbischof der Evangelisch-Lutherischen Kirche in Thüringen von 1978–1992; von 1986–1990 als Nachfolger von Johannes Hempel Vorsitzender der Konferenz der Kirchenleitungen des Bundes der Evangelischen Kirchen in der DDR (BEK). am 31. Januar,

Verstorben sind:

Trutz Rendtorff, international renommierter evangelischer Theologieprofessor, im Alter von 85 Jahren, am 24.12.2016;

Günther Gaßmann, Direktor der Kommission für Glauben und Kirchenverfassung des ÖRK (1984–1994), im Alter von 85 Jahren am 11. Januar (s. Nachruf i. d. H., S. 280 ff);

Horst Reller, lutherischer Theologe und Oberkirchenrat im Kirchenamt der Evangelisch-Lutherischen Kirche, Herausgabe des *Evangelischen Erwachsenenkatechismus* sowie des *Handbuchs Religiöse Gemeinschaften, Freikirchen, Sondergemeinschaften, Sekten, Weltanschauungsgemeinschaften, Neureligionen,* im Alter von 88 Jahren, am 17. Januar;

Ernst Petzold, ehemaliger Direktor des Diakonischen Werkes in der DDR, im Alter von 86 Jahren, am 21. Januar;

Kurt Marti, Schweizer Schriftsteller und reformierter Pfarrer, im Alter von 96 Jahren, am 11. Februar;

Theo Sorg, Altbischof der Evangelischen Landeskirche in Württemberg, im Alter von 87 Jahren, am 10. März;

Hermann Martin Barth, früherer Präsident des Kirchenamtes der EKD (2006–2010), war Mitglied im Nationalen, später im Deutschen Ethikrat, im Alter von 71 Jahren, am 15. März.

Zeitschriften und Dokumentationen

*I. Ökumenische Herausforde-
rungen*

Andreas Schmidt, Die Rückge-
winnung des Vertrauens – Ökumene als Konfliktbewältigung, Ca-
tholia 4/16, 300–320;

Markus Lersch, Der Ablass –
nicht mehr der ökumenischen Rede
wert?, ebd., 247–265;

Bernd Oberdorfer, Unionen im
Protestantismus – ein ökumeni-
sches Modell?, US 1/17, 2–16:

Christian Schad, Konfessionelle Identität und ökumenische
Herausforderungen – Notizen zu
den anstehenden Unions-Jubiläen
2017, ebd., 30–38;

II. Amoris Laetitia

Martin Bräuer, Ein Rückblick
auf das „Heilige Jahr der Barmherzigkeit" zwischen Pilgern und der
Diskussion um „Amoris Laetitia",
MDKonfInst 1/17, 3–5;

Eberhard Schockenhoff, Tradi-
tionsbruch oder notwendige Weiter-
bildung? Zwei Lesarten des Nach-
synodalen Schreibens „Amoris
laetitia", StimdZ 3/17, 147–158;

Volker Resing, Tappen im Dun-
keln. Das Wort der Deutschen Bischöfe zum Papstschreiben „Amoris
Laetitia", HerKorr 3/17, 4–5.

*III. Religiöse Perspektiven der
Anerkennung*

Isolde Karle, Die Suche nach
Anerkennung und die Religion,
EvTh 6/16, 406–414;

Anna Henkel, Zwischen Rolle
und Person. Parasitäre Verhältnisse
der Anerkennung, ebd., 427–439;

Marcia Pally, Recognition as
Societal Glue: Theologies of Relatio-
nality as a regulatory principle,
ebd., 451–461;

Jörg Lauster, Glück und Gnade
– religiöse Perspektiven der Anerkennung, ebd., 462–469.

IV. Kirchenunionen

Martin Ohst, Protestantische
Kirchenunionen im 19. Jahrhundert, US 1/17, 17–29;

Thomas Kremer, Unionen der
katholischen Kirche mit den Kirchen des Ostens, ebd., 39–52;

Jelena Kolyadyuk, Zur Identität
der Unierten in der Ukraine, ebd.,
53–61;

Walter Fleischmann-Bisten,
Kirchenunionen im Bereich der
Freikirchen, ebd., 62–69;

Themenheft: Neue Forschungs-
beiträge zum armenischen Schis-
mas (1871–1879/1881) mit Beiträgen von Klaus Unterburger,
Hermann H. Schwedt; Mariam Kar-
tashyan, Jakub Osiecki und Hacik
Gazer; IKZ 106 (2016), 225–328.

Neue Bücher

SCHULD UND VERGEBUNG

Ulrike Link-Wieczorek (Hg.), Verstrickt in Schuld, gefangen von Scham? Neue Perspektiven auf Sünde, Erlösung und Versöhnung. Neukirchener Theologie, Neukirchen-Vluyn 2015. 210 Seiten. Kt. EUR 39,–.
Sándor Fazakas/Georg Plasger (Hg.), Geschichte erinnern als Auftrag der Versöhnung. Theologische Reflexionen über Schuld und Vergebung. Neukirchener Theologie, Neukirchen-Vluyn 2015. 199 Seiten. Kt. EUR 30,–.

Der Umgang mit Schuld und beschämenden Erfahrungen bleibt ein wichtiges Thema für jeden Menschen, die Reflexion darüber und die Begleitung von Menschen in solchen Situationen eine zentrale Aufgabe der Theologie. Zwei Sammelbände widmen sich aus unterschiedlicher Perspektive dieser Thematik. Der Band *Verstrickt in Schuld, gefangen in Scham?* dokumentiert die Beiträge zur Jahrestagung der Gesellschaft für Evangelische Theologie 2015. Er nimmt die Frage nach dem Verhältnis von Schuld und Scham auf. Während in den USA schon längere Zeit dafür plädiert wird, in der Exegese biblischer Texte das Paradigma *Gerechtigkeit vs. Schuld* durch das von *Ehre vs. Scham* (*honor and shame*) zu ersetzen, wird im deutschsprachigen Raum eher selten darüber diskutiert. Insofern ist der Band eine hilfreiche Einführung in diese Thematik.

Dies gilt insbesondere für den einführenden Beitrag der Herausgeberin Link-Wieczorek: *Leben mit Schuld und Mitschuld, Sünde, Schuld, Scham und Versöhnung* (7–21). Sie umreißt in knappen Strichen die Thematik und stellt die einzelnen Beiträge des Bandes vor. Sehr eindrücklich zeigt Theo Sundermeier: *Scham und Schuld. Religionsgeschichtlich-interkulturelle Perspektiven* (23–31), an praktischen Beispielen (einschließlich der „Ehrenmorde") die Unterschiede zwischen Scham- und Schuldkultur auf. Stefan Marks: *Scham – Hüterin der Menschenwürde. Jugendpädagogische Beobachtungen zur Scham-Entwicklung* (33–42), führt in grundlegende Aspekte des Phänomens Scham ein und stellt auch dessen positive Bedeutung heraus. Das ist auch der Grundton des Beitrags von Dagmar Zobel: *Scham in der Seelsorge* (43–57). Ein praktisches Beispiel mit theologischer Reflexion bringt Katharina Peetz: *Scham und Schuld in den Berichten von Opfern und Täter_innen des ruandischen Genozids* (59–76). Sehr reflektiert geht Christiana-Maria Bammel: *Überdosis*

Fremdscham? Theologisch-ethische Anfragen an Phänomene der gemeinschaftlich empfundenen oder stellvertretenden Scham (77–91), ihr komplexes Thema an, wobei sie ein problematisches „Fremdschämen" von einer hilfreichen „Mit-Scham" unterscheidet, die ein Pendant zu stellvertretender Schuldübernahme darstellt. Michael Beintker: *Unter der Macht der Sünde. Scham, Schuld, Trauer und die christliche Hoffnung auf ihre Überwindung* (93–109), fokussiert seine Ausführungen vor allem auf die theologische Sicht von Schuld, Sünde und ihrer Vergebung.

Etwas speziell in diesem Rahmen erscheinen mir die Beiträge von Julia Enxing: *Schuld und Sühne in Marjorie Suchokis Werk. The Fall to Violence* (111–125) und Dominik Gautier „*Als Beschämte stehen wir da". Christologische Überlegungen zur Scham – mit Karl Barth und James Cone* (127–136), denen (so spät?) auch noch zwei exegetische Beiträge folgen: Ruth Poser: *Scham in der Hebräischen Bibel* (137–154), zeigt die differenzierte Darstellung von Scham und Schuld im Ersten Testament auf, während Moisés Mayordomo: *Zwischenmenschliche Vergebung in der Perspektive des Matthäusevangeliums* (155–173), nach einer Reihe grundsätzlicher Überlegungen das Ineinander von göttlicher und menschlicher Vergebung bei Matthäus analysiert. Danach folgt eine Reihe kürzerer Texte und Berichte, die bei der Tagung vorgelegt worden sind. Der Band bietet eine Fülle von wichtigen Einsichten und Impulsen. Was fehlt – wie meist bei Tagungsberichten – ist noch einmal eine systematische Bündelung der Ergebnisse, hier insbesondere im Blick auf das Verhältnis von Scham und Schuld, auch wenn der einführende Beitrag der Herausgeberin ein Stück weit Entsprechendes leistet.

Ebenfalls ein Tagungsbericht ist das zweite, von Sándor Fazakas und Georg Plasger herausgegebene Buch: *Geschichte erinnern als Auftrag der Versöhnung.* Hier handelt es sich um Vorträge bei einem Treffen deutsch- und ungarischsprachiger reformierter Theologen im Jahr 2014. In ihm geht es um die Aufarbeitung schuldhaft empfundener oder auch als Opfer erlittener Vergangenheit. Der Band erhält seine Farbe dadurch, dass jede Thematik von einem deutschsprachigen und einem ungarischen Theologen behandelt wird, so auch die Einführung *Was leistet Aufarbeitung der Vergangenheit?* durch Michael Beintker (1–13) und Sándor Fazakas (14–34), die beide die Themenfrage sehr differenziert und vorsichtig beantworten. Im ersten Themenblock behandelt Ulrich H.J. Körner: *Geschichte erinnern – Beobachtungen zur österreichischen Perspektive* (35–50), kritisch die Rolle der Evangelischen Kirche in Österreich in der Nazizeit und deren zögerliche Aufarbeitung in der Zeit da-

294 nach, während László Levente Balogh: *Das Opfer als Deutungs- und Erinnerungsmuster in der ungarischen Erinnerungskultur von dem 19. Jahrhundert bis zur Gegenwart* (51–67), die Rolle der ungarischen „Opfernarrative" bei der Bewältigung nationaler Leiderfahrung beleuchtet. Dann haben die Exegeten das Wort, die aus unterschiedlicher Perspektive die Bedeutung der Erinnerung für die Interpretation von erfahrenem Unrecht und Leiden darstellen: István Karsszon: *Leidensgeschichte erinnern: Israel im Exil* (68–78); Thomas Neumann: *Der leidende Gottesknecht als Erinnerungsfigur zur Bearbeitung katastrophaler Erfahrungen – eine Betrachtung zu Jes 52,13 – 52,12* (sic! gemeint ist 53,12! 79–102); Andreas Lindemann: *Die Passion Jesu als erinnerte Leidensgeschichte* (103–130); Imre Peres: *Die Johannesapokalypse als erinnerte Leidensgeschichte* (131–148).

Ausgehend von ganz persönlichen Erinnerungen zieht Michael Welker ein systematisches Fazit: *Geschichte erinnern – heilende und zerstörerische Formen der Erinnerung und des Gedächtnisses* (149–160), während Ulrike Link-Wieczorek: *Wiedergutmachung statt Strafe?* (161–180) und Dávid Németh: *Schuld und Vergebung im seelsorgerlichen Gespräch* (181–198), mit sehr differenzierten und weiterführenden Überlegungen die praktischen Konsequenzen dieser Überlegungen ausloten. Der Band zeichnet sich durch eine für solche Tagungsberichte seltene thematische Geschlossenheit aus, bietet aber zugleich eine Fülle sehr unterschiedlicher Impulse.

Walter Klaiber

DIALOG MIT ISLAMISCHER THEOLOGIE

Aaron Langenfeld, Das Schweigen brechen. Christliche Soteriologie im Kontext islamischer Theologie. Verlag Ferdinand Schöningh, Paderborn 2016. 427 Seiten. Kt. 56,– €.

Christliche Soteriologie steht neuzeitlich unter einem erheblichen Legitimationsdruck und ist gerade in den letzten Jahren in den Mittelpunkt des theologischen Interesses gerückt. Von Erlösung zu sprechen scheint nach der Aufklärung dem Selbstbewusstsein wie der Selbstvergewisserung des Menschen unangemessen, weil es eine letzte Selbst-Unverfügbarkeit voraussetzt: Der Mensch soll die Fülle des Lebens nicht aus sich selbst hervorbringen, sondern – endlich und schuldverstrickt, wie er sich vorfindet – allein durch die Gabe erlangen können, die Gott ihm durch seinen Selbst-Einsatz im Leben und der Sendung Jesu Christi zugänglich macht. Traditionelle Auslegungen dieser Selbst-Unverfügbarkeit wie der Gabe, in der der Sünder sich aus Gott in Christus durch den Heiligen Geist neu empfängt, erscheinen so Vernunft-inkompatibel, dass es nicht verwunderlich ist, zu welchen Kontroversen (etwa in der angewandten Soteriologie, der Gnadenlehre) zwischen den Konfessionen es gekommen ist und auf wieviel Unverständnis das unterscheidend Christliche bei Nichtchristen gestoßen ist. Aaron Langenfelds Projekt stellt sich dem hier entstandenen Legitimationsdruck mit dem höchstmöglichen Anspruch. Christliche Soteriologie soll so reformuliert werden, dass sie unabdingbaren Vernunft-Standards genügt und zugleich der Infragestellung durch die islamische Theologie gewachsen ist, sie auch noch darüber ins Gespräch ziehen kann, inwieweit gegenwärtige Entwürfe den Vernunft-Standards genügen, denen sich christliche Soteriologie verpflichtet weiß. Diese zugleich fundamentaltheologische und komparativ-theologische Perspektivierung, wie sie am Paderborner *Zentrum für Komparative Theologie und Kulturwissenschaften* profiliert wurde, markiert die Aufgabenstellung dieses Buches und gibt den Rahmen vor, in dem sein Erkenntnisgewinn theologisch bedeutsam wird.

Die fundamentaltheologische Selbstverpflichtung auf eine vernünftig nachvollziehbare Begründung soteriologischer Aussagen löst Langenfeld durch die kritische, im Wesentlichen aber zustimmende Rezeption der theologischen Anthropologie *Thomas Pröppers* ein. Mit Pröpper wird als das nervöse Zentrum der Problemgeschichte die Spannung zwischen der menschlichen Selbstbestimmung in Freiheit und der in Bibel und Tradition unterschiedlich akzentuierten, aber nachhaltig geltend gemachten Selbst-Unverfügbarkeit des Menschen – des Sünders – ausgemacht, die diesen auf das Erlösungswerk Jesu Christi angewiesen sein lässt. Mit beeindruckender Konsequenz zeichnet Langenfeld nach, wie die in dieser Spannung gegebene Denk-Herausforderung in der Problemgeschichte von Soteriologie und Gnadenlehre aufgegriffen und immer wieder auch verfehlt wurde, im Entscheidenden natürlich bei Augustinus und – so wäre hinzuzufügen – bei Luther, der in Langenfelds Durchgang nur marginal vorkommt. Langenfeld zeigt auf, wie in der Tradition des Augustinus die Selbst-Unverfügbarkeit des Sünders so überzeichnet wird, dass nicht mehr sichtbar wird, in welchem Sinne es sein Selbst ist, das sich von dem in Jesus Christus neu realisierten Beziehungsangebot Gottes ansprechen lassen und auf es eingehen kann. Anselms Satisfaktionslehre erscheint in diesem Kontext als der im Letzten inadäquat bleibende, weil immer noch äquivalenz-logisch durchgeführte Versuch, Augustins Einseitigkeit auszugleichen.

Präzis und gegenwärtige Diskussionen genau nachzeichnend korreliert Langenfeld Augustins Einseitigkeit mit der Inkonsistenz seiner Erbsündenlehre, in der die universelle Selbst-Entzogenheit des Sünders als zurechenbare Schuld geltend gemacht und so die moralische Selbst-Verantwortlichkeit des Menschen im Kern getroffen wird. Mit Pröpper plädiert Langenfeld für eine Revision der augustinischen, aber auch der tridentinischen Erbsündenlehre, darüber hinaus für eine theologische Fassung der Erlösungsbedürftigkeit, die sie nicht erst in der Schuldverfallenheit, sondern schon in der tiefen Ambivalenz der menschlichen Selbst-Gegebenheit begründet sieht, welche den Menschen in der Bedrohung durch die Absurdität seines Daseins auf *unbedingte* Bejahung und Anerkennung angewiesen sein lässt.

Diese Bejahung ist, wie im Anschluss an Pröpper ausgeführt wird, Urereignis der Freiheit, die sich frei – sich selbst bestimmend – dazu entscheiden kann, den Anderen als sich selbst bestimmende Freiheit unbedingt anzuerkennen (zu bejahen) und so den unbedingten Gehalt zu vollziehen, der ihrer formalen Unbedingtheit entspricht. Die Wahrheit dieser Bejahung aber müsste angesichts der vom Bejahenden und seiner Selbstbestimmung nicht zu bestimmenden, absurdübermächtigen Wirklichkeit der Verneinungen in der Welt von einem absoluten Subjekt der Bejahung verbürgt werden, dessen unbedingte Bejahung allein die Menschen aus der Ambivalenz eines Daseins retten kann, das in der Welt des Endlichen immer der Möglichkeit einer grundlegenden Nicht-Bejahbarkeit ausgesetzt bleibt.

Problembewusst diskutiert Langenfeld die Einwände, die gegen Pröppers Konzept und sein Freiheitsverständnis problematisieren. Ist menschliche Freiheit tatsächlich absolut selbstursprünglich, so dass sie als solche auch gegenüber dem Gnadenangebot Gottes bestehen und Freiheit zum Ja oder Nein sein muss? Oder zeigt sich nicht spätestens hier ein Zugleich von heilsamem Ergriffenwerden und Sich-ergreifen-Lassen, das nicht mehr einseitig auf das ursprüngliche *Sich*-Öffnen der menschlichen Freiheit für die Gnade, sondern gleichursprünglich auf das Geöffnet*werden* der Freiheit für sich selbst und die Gnade zurückgeht? Wie verhalten sich dann Geöffnetwerden und Sich-Öffnen zueinander? Ist das Geöffnetwerden durch Gnade nur kontingente Bedingung des unbedingten menschlichen Selbstvollzugs in Freiheit, so dass gesagt werden dürfte, Erlösung sei das Zugänglichwerden eines unbedingten Bejahtseins, das mich – als kontingente Gegebenheit – in die Lage versetzt, meinen Selbstvollzug in Freiheit zu setzen, mich und den Anderen unbedingt zu bejahen? Oder sollte nicht auch gesagt werden, dass menschliche Freiheit am Geschenk eines Beziehungsangebots entsteht, das mir als unbedingt bejahenswert einleuchtet, mich durch die Faszination des Guten, die mir hier wahrnehmbar und anziehend wird, überhaupt erst motivieren kann, mich für sie zu entscheiden? Die Diskussion ist hier wie in anderen Fragen noch weiter zu führen; es ist klar, dass sie von höchstem ökumenisch-theologischen Interesse sind. Die Studie von Langenfeld markiert die Punkte, an denen sie anzusetzen hat. Es ist dieser Studie nicht anzulasten, dass sie in aller Problematisierung letztlich doch bei Pröppers Konzept bleibt, um von ihm her Kriterien der Rationalität einer Soteriologie zu formulieren, nach denen auch islamische Theologie in ihren anthropologischen Voraussetzungen befragt werden kann. Grundsätzlich zu bedenken bleibt, ob die transzendentalphilosophisch erreichte Klärung der leitenden Begriffe nicht letztlich doch in der Gefahr steht, Spannungen in der Sache einseitig aufzulösen.

Im Gespräch mit repräsentativen Positionen gegenwärtiger islamischer Theologie prüft Langenfeld, ob diese dem christlichen Verständnis von Erlösung in dessen transzendentaltheologischer Rationalisierung Raum geben oder es fruchtbar zum Gespräch herausfordern können, auch wenn sich der Islam nicht als Erlösungsreligion verstehen will. *Farid Esacks* islamische Befreiungstheologie akzentuiert die Herausforderung durch „die Unge-rechtigkeit der Welt als Ort des heilsdramatischen Geschehens zwischen Gott und den Menschen" (327) und proviziert – wie christliche Befreiungstheologien – die Rückfrage, ob für die Gnade Gottes hier genügend Raum bleibt. *Mahmoud Ayoub* eröffnet mit seinem Konzept der solidarischen Fürsprache im zerstörerischen Leid christologische Gesprächsperspektiven, bleibt jedoch hinter einem freiheitstheoretisch ausgelegten Erlösungsverständnis zurück. *Seyyed Hossein Nasrs* eher weisheitliches Konzept bestimmt Gnade (und Erlösung) als die von der Offenbarungs-Erschütterung durch das Göttliche ausgelöste erlösende Erkenntnis des Heiligen; es mutet damit aber letztlich – so Langenfeld – der menschlichen Vernunft selbst die Überwindung der sündigen Befangenheit in der Welt zu. *Mohammad Mojtahed Shabestari* trifft sich mit dem Konzept von Erlösung der vielfach bedingten Freiheit zu sich selbst – als Selbst-Affirmation der Freiheit im glaubenden Ergreifen des sie „anziehenden", unbedingt Bejahbaren –, lässt es aber nach Langenfeld an freiheitstheoretischer Präzision des Gedankens fehlen. So wird hier nicht recht deutlich, inwiefern der Selbstvollzug der Freiheit auf das ihr Gegebene – Gnade – angewiesen ist. Bei *Ahmad Milad Karimi* schließlich hebt Aaron Langenfeld hervor, dass er Gottes erlösendes Nahekommen im ästhetischen Ereignis des Koran geschehen sieht,

298

in dem Gottes vorbehaltlos-freie Liebe ihren die Menschen zur freien Anerkenntnis des Schöpfers bewegenden Ausdruck findet. Karimis Konzept wird so zur Anfrage an die christliche Soteriologie, ob sie die ästhetisch-bewegende Qualität der erlösenden Gottesoffenbarung im Blick hat. Diese Anfrage könnte noch einmal ein Licht auf das Verhältnis der sich selbst bestimmenden Freiheit zum Bestimmtwerden des Menschen zur Freiheit in der Liebe werfen, das sich in der transzendentalen Reflexion als „neuralgisch" herausgestellt hat. Wenn mit Goethe gesagt werden darf, „dass das [ethisch-ästhetisch] Vortreffliche eine Macht ist, dass es auf selbstsüchtige Gemüter auch nur als eine Macht wirken kann, dass es dem Vortrefflichen gegenüber keine Freiheit gibt als die Liebe" (bei Langenfeld auf S. 398 zitiert), was trüge das aus für die Bedingtheit erlöster Freiheit durch die Widerfahrnis des „Vortrefflichen" in einem konkretgeschichtlich begegnenden Menschen?

Die Qualität dieses Buches zeigt sich nicht zuletzt darin, dass es dieser Frage konsequent auf der Spur bleibt und an ihrer Ausarbeitung sowohl die vernünftige Selbstreflexion christlicher Soteriologie wie den Gesprächsbedarf und den Gesprächsertrag artikuliert, den eine komparative Theologie im Dialog mit islamischer Theologie geltend machen darf. Dass es innerchristlich noch erheblichen methodisch-

soteriologischen Gesprächsbedarf zum mitunter angemeldeten „Alleinvertretungsanspruch" transzendentaler Theologie auf rationale Ausarbeitung des christlichen Erlösungsglaubens gibt, mögen meine Anfragen in Erinnerung gebracht haben. Aaron Langenfeld ist sich dessen auf jeder Seite seines umfangreichen und sehr zu empfehlenden Buches selbst bewusst.

Jürgen Werbick

GOTTESGLAUBE UND RELIGIONSKRITIK

Ulrich H. J. Körtner, Gottesglaube und Religionskritik. (Forum Theologische Literaturzeitung ThLZ.F 30). Evangelische Verlagsanstalt, Leipzig 2014. 166 Seiten. Pb. 18,80 EUR.

Der Aufsatzband widmet sich einem klassischen Thema christlicher Theologie. Fünf Vorträge und Aufsätze des Autors, von denen einige an anderer Stelle bereits veröffentlicht sind, wurden für den Sammelband noch einmal überarbeitet. Sie beleuchten unterschiedliche Kernaspekte des komplexen Themenfeldes und bieten prägnante Grundmarkierungen in einer mitunter diffusen Debatte.

Vom „neuen Atheismus" (Dawkins u.a.) handelt der erste Beitrag (17–42). Diese Gegenbewegung zu einem fundamentalistischen Wiedererstarken der Religion und einer damit verbundenen „Retheologisierung der Politik" zeichnet sich durch eine offensive und polemisch agierende Schärfe aus. Erklärtes Ziel ist, Religion als zivilisationsfeindlich und unwissenschaftlich zu entlarven und zu bekämpfen. Vielfältige Argumente gegen die „Unvernünftigkeit" der Religion werden dazu ins Feld geführt. Maßstab dafür ist ein konsequent naturalistisches und materialistisches Weltbild, das als einzig angemessener „wissenschaftlicher" Zugang zur Wirklichkeit postuliert wird. Religion wird als wesenhaft intolerant, fanatisch, destruktiv und gewalttätig eingestuft im Unterschied zu einem humanitären und friedfertigen Atheismus. Sowohl der eindimensionale naturalistische Denkansatz als auch die pauschalen Bewertungen zeugen für Körtner von einer ideologisierten und doktrinären Haltung. Von diesem religionsverachtenden „neuen Atheismus" ist ein nachdenklicher tiefgründiger Atheismus zu unterscheiden, der u. a. von Herbert Schnädelbach vertreten wird. Hier wird das Christentum mit seiner radikalen Frage nach dem „Tod Gottes" ernst genommen und in seiner Tiefendimension reflektiert. Dieser Atheismus stellt für Körtner eine bedeutsame Herausforderung für die christliche Theologie dar. Er wirkt wie ein „Gegengift" gegen die Gefahr einer „Selbstsäkularisierung" der christlichen Kirchen. In der Moderne kann nicht von einem fraglosen Dasein Gottes, sondern muss von seinem Strittigsein (Ebeling) ausgegangen werden. Im Kontext einer radikalen „Gotteskrise" und der Erfahrung der „Abwesenheit" Gottes verantwortlich von Gott zu reden, ist die elementare Aufgabe heutiger christlicher Theologie. Dies ist nach Ansicht Körtners nur im Rückgriff auf den Kern der christlichen Botschaft möglich: das Kreuz Christi als letztgültige Offenbarung Gottes. Diese Rückbindung beinhaltet, dass christliche Theologie nicht im Überlegenheitsgestus, sondern nur in Form eines angreifbaren „schwachen Denkens" gegenüber dem Atheismus auftreten kann, weil sie selbst an der „Ohnmacht und Strittigkeit des gekreuzigten Gottes" teilhat.

Die hier ansichtig werdende Leitperspektive wird im zweiten Aufsatz vertieft und bekräftigt, und zwar durch eine dialogische Aufnahme von Martin Walsers Essay „Über die Rechtfertigung, eine Versuchung" (43–64). In Anknüpfung an die frühe dialektische Theologie Karl Barths hinterfragt Walser die Selbstgefälligkeit und Oberflächlichkeit des neuen Atheismus und erinnert daran, dass mit dem „Verlust Gottes" nicht weniger auf dem Spiel steht als die Dimension der Rechtfertigung. „Wer sagt, es gebe Gott nicht, und nicht dazu sagen kann, dass Gott fehlt und wie er fehlt, der hat keine Ahnung" (Walser, zit. 47). Auch wenn Körtner nicht allen Deutungen Walsers folgen kann, so sieht er in seinem Aufsatz doch einen für die Theologie wichtigen Ruf zur Sache. Im neuzeitlichen Kontext, in dem die metaphysischen Denkmodelle obsolet geworden sind und das apologetische Schema von Frage und Antwort nicht mehr funktioniert, kommt es darauf an, die Rede von Gott angesichts der erfahrenen Verborgenheit Gottes in der Erinnerungsspur der biblischen Gottesoffenbarung zu verankern und zu entfalten. Und dass dabei, beim Thema „Gott", nicht die Frage der Antwort, sondern umgekehrt die biblisch bezeugte Antwort der Frage vorausgeht, bleibt für Körtner eine wesentliche und bleibende Einsicht Barths und der Dialektischen Theologie.

Das dritte Kapitel thematisiert das Wesen und die Dimensionen der religiösen Religionskritik (65–94). Diese ist ein substantieller Bestandteil der biblischen Tradition und eine Grundkonstante des christlichen Gottesglaubens. Theologie kann für Körtner insofern als reflektierte Selbstprüfung des christlichen Glaubens verstanden werden. Zwischen Gottesglaube und Religion ist zu unterscheiden. Das gilt auch für christliche Formen der Religion, die nicht frei sind von Ambivalenz. Angesichts einer von manchen euphorisch begrüßten und oft voreilig ausgerufenen „Wiederkehr des Religiösen", die weder den vielschichtigen und komplexen neuzeitlichen Prozessen gerecht wird noch genug die oft zweifelhaften religiösen Formen (Fundamentalismus, diffuse Spiritualität) beachtet, ist die religionskritische Kraft des Evangeliums zur Geltung zu bringen. Auf dem weiten „Markt der religiösen Möglichkeit" wie auch im Kontext einer wachsenden Religionspluralität und Säkularisierung ist es eine entscheidende Aufgabe der christlichen Kirchen, zu einer dialogischen gesellschaftlichen Mitgestaltung religiöser Veränderungsprozesse beizutragen und zugleich die Identität des eigenen Glaubens deutlich zu machen. Identitätsmarker bleibt dafür das Christusbekenntnis, in dem der zentrale inhaltliche Bezugspunkt für die (selbst-)kritische Aufgabe theologischer Religionskritik zu sehen ist.

Kapitel 4 widmet sich unter der Überschrift „Gott und Gehirn" (95–132) der neurowissenschaftlichen Forschung und ihren religionskritischen Ableitungen. Eine naturalistisch-konstruktivistisch verfahrende „Neurotheologie" nötigt einerseits dazu, die inhaltliche Bestimmtheit und offenbarungstheologische Verwiesenheit der Theologie neu zu verdeutlichen und gegenüber den eher deskriptiven Ansätzen einer Kultur- und Religionswissenschaft zu profilieren. Dies beinhaltet allerdings nicht, dass religiöse Erfahrungen einen Sonderbereich beanspruchen. Sie sind als Sprachgeschehen des Evangeliums eine „Erfahrung mit der (profanen) Erfahrung", d.h. eine kommunikativ vermittelte, kognitiv erfasste und psychisch empfundene Erfahrung, die naturgemäß mit Hirnaktivitäten verbunden ist. Aus solchen neurophysiologischen und anthropologisch bedingten Korrelaten können jedoch keine Kausalitäten oder gar Urteile über die Realität transzendenter Wirklichkeiten abgeleitet werden.

Das abschließende Kapitel steht unter dem Thema „Gottesglaube und Toleranz" (133–165). In diesem Beitrag geht Körtner im Vorfeld des Reformationsjubiläums dem Thema „Toleranz" bei den Reformatoren nach. Neben dem historischen Rückblick, der einen eher widersprüchlichen Befund zeigt, steht das Anliegen im Mittelpunkt, Luthers rechtfertigungstheologische Reflexionen über die „Toleranz Gottes" für eine christliche Sicht von Toleranz auf dem Hintergrund gesellschaftlicher Diskurse fruchtbar zu machen.

Der schmale Aufsatzband ist äußerst lesens- und empfehlenswert. Er bietet eine vielfältige und anregende Lektüre, die einige pointierte Markierungen enthält. Mit ihren Differenzierungen können manche der inhaltlichen Akzentsetzungen einen trennschärfenden und klärenden Beitrag in den einschlägigen Diskursen leisten.

Klaus Peter Voß

EXIL UND BEFREIUNG

Annegreth Schilling, Revolution, Exil und Befreiung. Der Boom des lateinamerikanischen Protestantismus in der internationalen Ökumene in den 1960er und 1970er Jahren. Vandenhoeck & Ruprecht, Göttingen 2016. 330 Seiten. Gb. 65,– EUR.

„Die protestantischen Kirchen und die Theologie aus Lateinamerika (…) nahmen für die Globalisierung des ÖRK in den 1960er und 1970er Jahren eine besondere Rolle ein, indem sie einerseits theologische Impulse aus dem ÖRK und aus Europa aufnahmen und verarbeiteten und andererseits mit ihren eigenen kontextuellen theologischen Beiträgen die Arbeit der internationalen Ökumene beeinflussten" (17). Dieser These geht Annegreth Schilling in drei Schritten nach, indem sie zunächst den historischen Protestantismus in Lateinamerika darstellt, dann die ökumenischen Entwicklungen und Impulse auf dem lateinamerikanischen Kontinent nachzeichnet und schließlich den entscheidenden Beitrag lateinamerikanischer Theologie in der Positionierung des Ökumenischen Rates der Kirchen (ÖRK) in den 1960er und vor allem 1970er Jahren analysiert. Letzteres macht sie anschaulich an den Porträts von vier Vertretern lateinamerikanischer Befreiungsimpulse fest. Sie stellt Person und Werk von Leopoldo Niilus, Paulo Freire, Julio de Santa Ana und Emilio Castro vor. Alle vier haben in den siebziger Jahren im Büro des ÖRK in Genf gearbeitet und die Programmarbeit maßgeblich mitgeprägt.

Einen besonders großen Raum nimmt in der vorliegenden Arbeit die Debatte um die einander entgegenstehenden Begriffe und Konzepte „Revolution" und „Entwicklung" ein. Der Gedanke, dass Gesellschaften nicht kontinuierlich entwickelt werden können, sondern dass einer wirklichen Veränderung ein revolutionärer Impuls zur Neugestaltung der gesellschaftlichen, wirtschaftlichen und politischen Verhältnisse vorausgehen muss, wird kontrovers diskutiert. Schilling enthält sich einer Bewertung dieser Frage und unterstreicht vielmehr die kontextbedingten Unterschiede der jeweiligen Argumentationen. Eine weitere Dimension der lateinamerikanischen Prägung der Arbeit im ÖRK ist die Exilerfahrung der vier genannten Theologen. Aus dem Exil heraus drängen sich die Themen Menschenrechte, Demokratie und politisches Engagement der Kirchen auf. Das dritte Stichwort neben Revolution und Exil, das im Buchtitel erscheint, ist Befreiung. Es gelingt Schilling auf wenigen Seiten eine Darstellung der Grundzüge der Befreiungstheologie, indem sie diese anhand der konkreten Bezugnahme auf eine Konferenz des Ausschusses für Gesellschaft, Entwicklung und Frieden des ÖRK und der Päpstlichen Kommission Justitia et Pax (SODEPAX) in Cartigny bei Genf 1969 skizziert. Es geht darum, „den Menschen als Subjekt der Geschichte in das Zentrum theologischer Reflexion zu stellen", es geht um die „Unterscheidung der Geister", um „eine neue Sprache", um eine „politische Theologie" und eine „Kirche der Armen". Als Vertreter dieses theologischen Aufbruchs werden Ruben Alves und Gustavo Gutiérrez, die beide für die Konferenz in Cartigny von Bedeutung waren, zitiert. Es geht um einen „Prozess der Humanisierung" und um eine „radikale Utopie" (181–187).

Kulturtheoretische Überlegungen rahmen die materialreiche, detailreich recherchierte und informative Darstellung. Schilling wendet die Kategorie der Transkontextualität auf die Wechselbeziehung zwischen dem ÖRK und lateinamerikanischer Theologie des Bezugszeitraums an und hält fest: „Die transkulturelle Perspektive auf ökumenische Prozesse zeigt, dass im ökumenischen Dialog ein ,Zwischenraum' entstehen kann, innerhalb dessen die miteinander in Konflikt stehenden Positionen aufeinandertreffen und ausgehandelt werden" (266).

Insgesamt ist es bemerkenswert, dass diese Veröffentlichung, der eine Dissertation zugrunde liegt, als grundlegende Einführung in die lateinamerikanische Theologie im Kontext der Ökumene gelten kann und deshalb nicht nur einem hochspezialisierten Kreis theologischer Leser*innen zu empfehlen ist.

Uta Andrée

Prof.in Dr. Elzbieta Adamiak, Institut für Katholische Theologie, Universität Koblenz-Landau, Campus Landau, Bürgerstraße 23, 76829 Landau; Dr. Uta Andrée, Missionsakademie an der Universität Hamburg, Rupertistraße 67, 22609 Hamburg; Dr. László Levente Balogh, Institut für Politikwissenschaft, Egyetem tér 1, H-4032 Debrecen, Ungarn; Dr. Sergii Bortnyk, Kiewer Theologische Akademie, ul. Skovorody 2, Kiew 04655, Ukraine; Prof. Dr. Sándor Fazakas, Reformierte Theologische Universität Debrecen, Kálvin tér 16, H-4024 Debrecen, Ungarn; Pfarrerin Dr. Dagmar Heller, Ecumenical Institute at Château des Bossey, Chemin Chenevière 2, CH-1279 Bogis-Bossey, Schweiz; Bischof i. R. Dr. Walter Klaiber, Albrechtstraße 23, 72072 Tübingen; Prof. Dr. Andreas Lob-Hüdepohl, Bötzowstr. 63, 10407 Berlin; Dr. Tim Noble, Karls-Universität Prag, Ovocný trh 560/5, CZ–116 36 Praha 1, Tschechische Republik; Prof.in Dr. Miriam Rose, Theologische Fakultät, Friedrich-Schiller-Universität Jena, Fürstengraben 6, 07743 Jena; Prof. Dr. Jakub Slawik, Christlich-Theologische Akademie in Warschau, ul. Miodowa 21c, PL-00-246 Warszawa, Polen; Dr. Marie Anne Subklew, Stellv. Beauftragte des Landes Brandenburg zur Aufarbeitung der Folgen der kommunistischen Diktatur (LAkD), Hegelallee 3, 14467 Potsdam; Prof. Dr. Stefan Tobler, Institut für Ökumenische Forschung Hermannstadt/Sibiu, Str. Mitropoliei 30, Ro-550179 Sibiu, Rumänien; Dr. Klaus Peter Voß, Bergstraße 61, 58579 Schalksmühle; Prof. em. Dr. Michael Welker, Forschungszentrum Internationale und Interdisziplinäre Theologie (FIIT), Hauptstraße 240, 69117 Heidelberg; Prof. Dr. Jürgen Werbick, Seminar für Fundamentaltheologie und Religionsphilosophie, Johannisstraße 8–10, 48143 Münster.

Titelbild: Große Reformierte Kirche (Nagy templon) in Debrecen

Thema des nächsten Heftes 3/2017:

Reformatorische Identitäten

mit Beiträgen u. a. von Wanda Falk, Walter Fleischmann-Bisten, Astrid Giebel, Ulrike Schuler, Lothar Vogel, Peter Zimmerling

304 ÖKUMENISCHE RUNDSCHAU – Eine Vierteljahreszeitschrift

In Verbindung mit dem Deutschen Ökumenischen Studienausschuss (vertreten durch Thomas Söding, Bochum) herausgegeben von Angela Berlis, Bern; Petra Bosse-Huber, Hannover; Daniel Buda, Genf/Sibiu; Amelé Ekué, Genf/Bossey; Fernando Enns, Amsterdam und Hamburg (Redaktion); Dagmar Heller, Genf; Martin Illert, Hannover (Redaktion); Heinz-Gerhard Justenhoven, Hamburg; Ulrike Link-Wieczorek, Oldenburg/Mannheim (Redaktion); Viola Raheb, Wien; Johanna Rahner, Tübingen (Redaktion); Barbara Rudolph, Düsseldorf (Redaktion); Dorothea Sattler, Münster; Oliver Schuegraf, Hannover (Redaktion); Athanasios Vletsis, München; Rosemarie Wenner, Frankfurt am Main, Marc Witzenbacher, Frankfurt am Main (Redaktion).

ISSN 0029-8654   ISBN 978-3-374-04945-5

www.oekumenische-rundschau.de

Redaktion: Marc Witzenbacher, Frankfurt a. M. (presserechtlich verantwortlich)
Redaktionssekretärin: Gisela Sahm
Ludolfusstraße 2–4, 60487 Frankfurt am Main
Tel. (069) 247027-0 · Fax (069) 247027-30 · e-mail: info@ack-oec.de

Verlag: Evangelische Verlagsanstalt GmbH
Blumenstraße 76 · 04155 Leipzig · www.eva-leipzig.de
Geschäftsführung: Arnd Brummer, Sebastian Knöfel

Satz und Druck: Druckerei Böhlau · Ranftsche Gasse 14 · 04103 Leipzig

Abo-Service und Vertrieb: Christine Herrmann
Evangelisches Medienhaus GmbH · Blumenstraße 76 · 04155 Leipzig
Gläubiger-Identifikationsnummer: DE03EMH00000022516

Tel. (0341) 71141-22 · Fax (0341) 71141-50
E-Mail: herrmann@emh-leipzig.de

Anzeigen-Service: Rainer Ott · Media Buch + Werbe Service
Postfach 1224 · 76758 Rülzheim
www.ottmedia.com· ott@ottmedia.com

Bezugsbedingungen: Die Ökumenische Rundschau erscheint viermal jährlich, jeweils im ersten Monat des Quartals. Das Abonnement ist jeweils zum Ende des Kalenderjahres mit einer Frist von einem Monat beim Abo-Service kündbar.
Bitte Abo-Anschrift prüfen und jede Änderung dem Abo-Service mitteilen.
Die Post sendet Zeitschriften nicht nach.
Preise (Stand 1. Januar 2013, Preisänderungen vorbehalten):
Jahresabonnement (inkl. Versandkosten): Inland: € 42,00 (inkl. MWSt.),
Ausland: EU: € 48,00, Nicht-EU: € 52,00 (exkl. MWSt.)
Rabatt (gegen Nachweis): Studenten 35 %.
Einzelheft: € 12,00 (inkl. MWSt., zzgl. Versand)

Die nächste Ausgabe erscheint Juli 2017.